梅兰芳和孟小冬

李伶伶 —— 著

团结出版社

图书在版编目（ＣＩＰ）数据

　　梅兰芳和孟小冬 / 李伶伶著. -- 北京 ：团结出版
社，2018.1
　　ISBN 978-7-5126-5798-4

　　Ⅰ.①梅…　Ⅱ.①李…　Ⅲ.①梅兰芳（1894-1961）
一生平事迹 ②孟小冬（1907-1977）一生平事迹
Ⅳ.①K825.78

　　中国版本图书馆 CIP 数据核字(2017)第 292477 号

出　版：团结出版社
　　　　（北京市东城区东皇城根南街 84 号　邮编：100006）
电　话：(010) 65228880　65244790　（出版社）
　　　　(010) 65238766　85113874　65133603（发行部）
　　　　(010) 65133603（邮购）
网　址：http://www.tjpress.com
E-mail：zb65244790@vip.163.com
　　　　fx65133603@163.com（发行部邮购）
经　销：全国新华书店
印　装：三河腾飞印务有限公司

开　本：160mm×230mm　　16 开
印　张：21
字　数：305 千字
印　数：4045
版　次：2018 年 1 月　第 1 版
印　次：2018 年 1 月　第 1 次印刷

书　号：978-7-5126-5798-4
定　价：62.00 元

目录

闹闹的"五大名伶新剧夺魁投票活动"／扑朔迷离的一桩"血案",凶手姓李?姓王?／梅、孟关系蒙上阴影

开篇

"只是一切都过去了。"

据说，这是孟小冬晚年常挂在嘴上的一句话。她不说"一切都过去了"，而是说"只是一切都过去了"。如果她说"一切都过去了"，那么人们就可以感受得到她对过去了的人和事的确已经从容而淡然。但是，她却在"一切都过去了"之前加上了"只是"两个字。这也许是她无心而为，却恰恰从中透出她心底隐秘之处仍然错综杂乱。

"只是"，包含了太多无法言明的东西，可以理解为"不论……，只是……"，也可以理解为"哪怕……，只是……"，更可以理解为"尽管……，只是……"。这"不论""哪怕""尽管"后面的一切，客观上，是过去了；主观上，却沉淀在了她的内心深处。它们组成了她的人生，于是，她这一辈子，就是不想耿耿于怀似乎也不行了。

长久以来，孟小冬这个名字，留在很多人记忆中的，已不单单是一代红伶，一介名优，而是一个在旧时代受封建遗毒侵害、历经坎坷的悲惨女人。很多人为她两次为人妾、一生无后而掬同情之泪。于是，无论何时提及孟小冬，总绕不过另外一个人的名字，梅兰芳。有人说，梅兰芳开始了孟小冬的悲剧人生；也有人说，孟小冬使梅兰芳的清白人生留下了一块阴影。这些说法都带有强烈的主观意识，不免失之偏颇。

梅兰芳选择了孟小冬，孟小冬也选择了梅兰芳。这是他们的选择。如果说孟小冬选择梅兰芳，结局是悲剧的话，那么，深层的原因，恐怕当归于她是女人，是一个生活在旧时代的女人，是一个生活在旧时代却偏偏以唱戏为生的女人。这一切，使她的命运不可逆转。有一句话似乎已经成为经典：性格决定命运。换句话说，选择，也决定了命运。

家世

生养在梨园世家

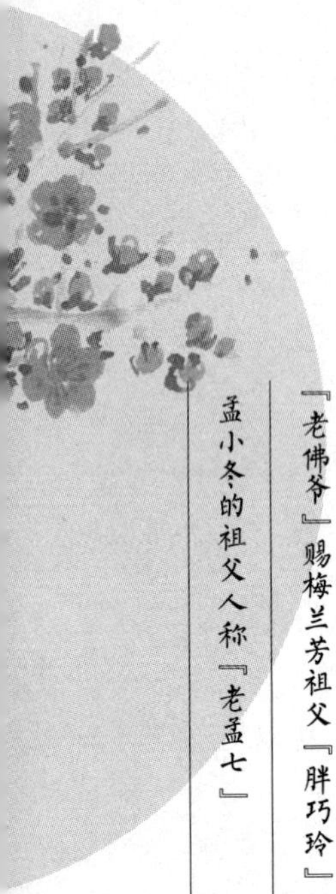

梅兰芳的家世背景清晰明了

孟小冬·身世成谜

梅兰芳出生于梨园旦行世家，三世唱旦

孟小冬成长于梨园生行世家，三代唱生

『老佛爷』赐梅兰芳祖父『胖巧玲』

孟小冬的祖父人称『老盖七』

无论孟小冬真正的身世如何，她成长于梨园世家，那是肯定的。这样说来，生活在梨园世家，这是梅兰芳和孟小冬唯一的共同之处。

既然如此，他们最终踏上戏路，并非仅限于秉承子续父业、光宗耀祖的中国传统家族观念，而是无从选择，也不能选择。自宋代起而遗留下来的"唱戏的子女只能从事唱戏"的户籍陋习到了清末虽已不再具有强制性，但它的余毒仍然左右着人们的思想。对于梅兰芳和孟小冬来说，命运早就为他们铺就了一条艰辛却光辉的艺术之路。在他们还没有来得及细细辨清世界的真相时，就已经无奈地站在了艺术的起跑线上并跨进了京剧之门。

梅兰芳的祖父梅巧玲

到梅兰芳和孟小冬这一辈，梅家和孟家都是三代梨园。梅兰芳的祖父叫梅巧玲。他有个雅号，叫"胖巧玲"。说来很有意思，这个雅号的来历，跟"老佛爷"慈禧太后有关。由于梅巧玲生的脸圆体胖，和他为人的一团和气相称，爱看他戏的慈禧太后就赐了他这个雅号。这位雅好看戏的老佛爷还有点美学眼光，她说巧玲身材的肥胖恰能显示雍容华贵。

在祖父梅巧玲之前，梅家世代以雕刻为生。道光十年至咸丰十年间苏北里下河一带的水患不断，导致无数人家沦为赤贫，梅巧玲的父亲梅天材穷病而死，巧玲和两

梅兰芳、福芝芳和他们的四个孩子

个弟弟随母亲颜氏逃难江南，可富庶的江南并没有改变一家人的命运。颜氏不能眼见儿子们饿死，只得忍痛先将8岁的长子巧玲卖给苏州的一个江姓鳏夫作义子。之后巧玲的两个弟弟下落不明，颜氏只身回到故乡，不久也饿死了。

梅巧玲被卖到江家，逃却了饿死的噩运。义父江某一度也将他视为己出，但好景不长。江某在娶妻生子之后，对巧玲的态度就变了。有一天，江妻在屋里的炉子上用砂罐烧红烧肉，吩咐巧玲照看着。巧玲不小心将砂罐碰翻了，当时没人看见，巧玲自然不敢声张。等到大家追究起来，发现巧玲的鞋底下沾有肉汁，这下惹了大祸。江某夫妇怒发冲冠，借口巧玲做了坏事还抵赖，竟三天三夜不给巧玲饭吃以示惩戒，把巧玲饿得天昏地暗。还是家里的一个厨子起了善心，偷偷用荷叶包了点饭给他吃，这才算没有饿出个好歹来。

在巧玲11岁那年，江氏夫妇又将他卖了出去。

梅巧玲这回被卖到一个叫"福盛班"的戏班子做徒弟，这是梅家与京剧结缘的开始。这时，京剧已经形成并正急速成长。梅巧玲苦学皮黄，历经磨难。福盛班班主杨三喜擅长昆曲，却以虐待徒弟闻名。他对徒弟非打即骂，还特别喜欢用硬木板打徒弟手心，据说巧玲的手纹都被打平了。

有一年除夕之夜，杨三喜莫名地就不给巧玲饭吃，让巧玲抱着他的孙子杨元在地上拣饭粒吃。许多年以后，梅巧玲做了四喜班班主，也收了徒弟，杨元被请来给学徒教戏。也许是自小耳濡目染，杨元对学徒也很苛求，动不动就要挥舞木板条。梅巧玲对杨元说："这儿不是福盛班，我不能看着你糟蹋别人家的孩子，干脆给我教吧。"杨元后来死在一座庙里，没有人去理会，还是梅巧玲心软，派家人将杨元的尸首收殓了。

梅巧玲离开杨三喜后，跟了一个叫夏白眼的师父，这又是一个喜欢虐待徒弟的师父。梅巧玲在他手上也吃了不少苦头。直到跟了第三个师傅罗巧福，他才算是彻底脱离了苦海。罗巧福人很厚道，他原是杨三喜的徒弟，满师后独立门户开课授徒，他见巧玲在夏白眼那里受尽折磨，很不忍心，便花了一笔钱将巧玲赎了出来，收在自己门下。罗巧福教戏很认真，从此巧玲安心向罗巧福学皮黄，进步很快。

至于梅巧玲究竟是什么时候进京的，目前已无法考证。可以确知的是，梅巧玲满师后也自立门户，他立即派人到家乡去，打算接家人出来同住，却不知母亲早死，两个弟弟不知去向。梅巧玲直到死也没有打听到家人的下落。那么，他是不是有可能是在出师后随即进京的呢？

梅巧玲应工花旦，却又不满足于本行，他大胆革新身段、表情、神气、台步以及扮相，打破了过去京剧舞台上贞女烈女"行不动裙、笑不露齿"的动作程式，又吸取青衣的唱工技巧，逐渐红透京城，成为"同光十三绝"之一，也顺理成章地接管了"四大徽班"之一的"四喜班"成为班主（另外三个班是三庆班、春台班、和春班）。

梅兰芳日后在京剧舞台上不断创造和变革，与其说是基于他具有顺应时代潮流的意识和善于听取有识之士建议的从善如流的虚心态度，倒不如说是他的血管里本即流淌着祖父遗传下来的永远向前的血液。他不仅完全继承了祖父不安现状勇于冲破传统樊笼的个性，而在祖父奠定了的基础上进一步发扬光大了"花衫"这一融青衣、花旦于一炉的新的表演方法，更延袭了祖父诚实好学而又精通音韵、唱腔、书法的文化素养，正如梅兰芳自己所说："我好结交、善看书、爱绘画及收集文物的习性，也可说是祖传给我的天资。"

孟小冬的祖父孟七，本名孟福保，又名孟长七，"孟七"是他的艺名。在他的三子孟鸿荣被人称为"小孟七"后，孟福保就被人称作"老孟七"了。孟家祖籍山东济南。跟梅巧玲不知何时进京一样，孟七具体是什么时候来到北京的，也已无从考证。据估计，是在太平天国运动失败之后。一个唱戏的，如何跟太平天国运动扯上关系呢？这颇具戏剧性。

早先，孟七和他的哥哥孟六一起在戏班里唱武生和武净。太平天国运动风起云涌时，年轻又有一身好武艺的孟七怀着一腔热血毅然脱离戏班，南下江苏投身太平军。他在军中是否建立功勋，甚至是否真正意义上参加过和清军的作战，都不得而知。太平军英王陈玉成在军中办了一个同春班，因为孟七是唱戏出身，又有武艺，自然而然地被聘为同春班教习。闲时，他教徒授艺，当然，既教唱戏，更教武艺。战事间隙，他们以唱戏、表演劳军。

自然的，太平天国运动失败后，孟七不得不重操旧业，北上搭班，继续以唱戏为生。也许就在这个时候，他进了京。目前可知的是，他在北京最早搭的戏班是久和班，常演《铁笼山》《收关胜》《八蜡庙》《下河东》《大名府》《武十回》等武戏。由于他武艺超群，当时的受众群又都是男子，偏爱武戏，因此他很受欢迎。同治初年，他应上海丹桂茶园老板刘维忠的邀请，和同班的杨月楼、任春廷、沈韵秋等同往上海。从此，他滞留于沪。

梅巧玲1860年娶著名小生陈金雀之女陈氏为妻。陈氏心地很善良，善于治家，比梅巧玲小2岁。两人婚后育有二子二女。两个儿子，一个是梅兰芳的伯父梅雨田，一个就是他的父亲梅竹芬。

梅雨田年轻时就有"六场通透"的美称，是公认的戏曲音乐家。他之所以从事戏曲音乐，跟父亲梅巧玲有关。梅巧玲有"义伶"之称，但他的"义"并不总能得到回报，当角儿或场面（即乐队成员）闹脾气而告假罢演时，梅巧玲痛心疾首之余便在妻子面前发牢骚说："我一定要让咱们的儿子学场面。"

仿佛老天爷有意成全梅巧玲，梅雨田从小就喜欢音乐。他出生于1865年，刚满3岁，就坐在一个木桶里，抱着一把破弦子，叮叮咚咚地弹着玩儿。8岁时其父问他想学什么，他说："我爱学场面。"梅巧玲听了别提心里有多欢喜。此后，他便把京城里的吹拉敲弹各路好手都请来教儿子。"四喜班"的琴师贾祥瑞成为梅雨田的开蒙老师，京城其他名手如李春泉、樊景泰、韩明儿、钱春望都教过梅雨田。

梅兰芳的祖母陈氏是名小生陈金雀之女

梅雨田天资聪慧，在音乐方面也有天分，无论什么他一学就会，吹拉弹样样拿手，终于没有辜负梅巧玲的一片苦心和厚望。

梅雨田性格孤僻高傲，常与和他合作的演员闹不愉快。当时的场面只有六人，分武场、文场。武场有单皮鼓、大锣、小锣；文场有胡琴、月琴、三弦，而胡琴又兼笛子、水镲、唢呐；月琴要兼铙钹、笛子、唢呐；三弦要兼堂鼓、海笛、唢呐。梅雨田因为无论武场还是文场，无论胡琴还是月琴样样精通，因此就有了"六场通透"称号。

梅兰芳的伯父梅雨田

有几年，梅雨田被召进宫，为著名老生、"谭派老生"的创始人谭鑫培操琴多年。谭老板的唱腔，梅雨田的胡琴，配上鼓师李五的鼓，可谓珠联璧合。三人被公认为最理想的搭档。可却因各自孤傲的性格而常闹意见，甚至平日里谁也不愿低头向对方请教，外界一会儿盛传他们散伙了，一会儿又说他们和好了，莫衷一是。不过只要一上台，谭老板唱得来劲，梅雨田弹得畅快，李五的鼓敲得也痛快，唱得拉得打得，三人之间的配合天衣无缝。

梅兰芳没有见过他的祖父，因为梅巧玲去世时，梅竹芬也只有 10 岁。后来，梅竹芬和著名武生杨隆寿的女儿杨长玉成了亲。她就是梅兰芳的母亲。杨长玉出生于 1876 年，比梅竹芬小 4 岁。梅竹芬遗传了梅巧玲善良温顺的性格，又做事认真而不投机取巧。他最早学的是老生，后改小生，最后承乃父衣钵，唱青衣花旦。因为他的唱法极似梅巧玲，长相也酷似父亲，故有"梅肖芬"之称。

当时，梅竹芬搭班福寿班。班里有些演员常闹脾气，告假不唱。每到这个时候，班主总是让竹芬上场代唱。他也从不推辞，而且每次唱的都是梅巧玲的唱功本戏。戏班为多挣钱，营业性的演出异常频繁，又有经常性的外串堂会。梅竹芬因家境每况愈下也不得不卖命地唱。长此以往，他的

梅兰芳的父亲梅竹芬

身体备受损伤。26岁时患上"大头瘟"的毛病，吃了药也不见效，只几天工夫就死了。

对于梅竹芬的英年早逝，最悲伤的自然莫过于梅兰芳的祖母陈氏，她痛心地说："竹芬是累死的，因他忠厚老实，什么累活都叫他干。"因此，她对班主有些怨恨。竹芬出殡那天，班主在灵前痛哭流涕，陈氏心里想："你们恐怕不容易再找到这么一位好说话的角儿了。"

梅家由于只有梅巧玲一人在京，又只生了两个儿子，而且二儿子、梅兰芳的父亲梅竹芬英年早逝，加上梅雨田一生无子，梅竹芬又只有梅兰芳一个儿子，所以，人丁不旺，传承也就很单一。

孟家却不一样。老孟七和其兄孟六都工武生、武净。老孟七又育有七个儿子，除了七子未入戏界外，其余六个儿子均从事戏曲。

长子孟鸿芳，幼随父习武生，后改工文武丑。民国初年，他在上海搭麒麟童周信芳的班，常演《小上坟》《杀子报》《串珠八出》等戏。更多的时候，他跟周信芳合作演出。

次子孟鸿寿，幼年因病致发育欠佳，两足内翻，有点跛行。老孟七有意让他司鼓、操琴，后来成为鼓师。不过，他好胜心强，非常好学，武艺竟然也不输兄弟。由于他长相怪异，不仅矮胖，而且"头大如斗，腰阔数抱"，因此，他很聪明地选择工丑行，最终由鼓师转行成为丑角，擅演《花子拾金》《戏迷传》《盗魂铃》《傻子成亲》《猫狗告状》《洞房献佛》《水底大》《强中强》《十八扯》等。他嗓音洪亮，不仅擅长生、丑行，也能唱旦角戏，而且还积极排演新戏，因此一时成为众戏班争扮的好角儿，终成名丑。他自称"第一怪"。

三子孟鸿荣，也就是"小孟七"。他之所以有此雅号，是因为他最像老孟七。当然，这个"像"，不仅是长相，更有技艺。也就是说，在他的身上，最能体现老孟七当年的风采。其实，他幼年学的是武旦，师从王庆云。老孟七为什么让"小孟七"以武旦开蒙，不得而知。不过后来，"小孟七"还是转入了"正行"。在老孟七于"小金台"科班任教习期间，"小孟七"进入该班，转学武生、武净，也学老生戏。不仅如此，他还擅长编剧，编演过《鹿台恨》等剧。

老孟七六个从艺的儿子中，只有四子孟鸿祥不是登台唱戏的演员。正如梅家出了一个场面一样，孟家也有一人从事戏曲音乐，他就是孟鸿祥。

孟家第五个儿子，也就是孟小冬的父亲孟鸿群，因排行老五，人称"孟五爷"，工武净和文武老生，擅演《铁笼山》《收关胜》《艳阳楼》《通天犀》等剧。民国初年，"伶界大王"谭鑫培受聘南下上海演戏，孟鸿群有幸和谭鑫培合作《连营寨》，饰演赵云，深得谭老板赏识。这是他一生最为自豪的经历。跟他合作最多的沪上名角儿是周信芳，他们曾合演过《大名府》《宋教仁遇害》《要离断臂》等。

六子孟鸿茂是老孟七继室所生，也出科于小金台班，初学花脸，后改工文丑，曾和四大名旦之一的荀慧生合作过《小放牛》，和名老旦龚云甫合作过《钓金龟》，和四大须生之一的高庆奎合作过《戏迷传》等。在丑行，他也算首屈一指。20 世纪 30 年代，他曾应丽歌唱片公司之邀，灌录了一张旨在宣传禁烟的《烟鬼叹》唱片。

孟小冬是否是孟氏血脉，目前存有争议。在 20 世纪 30 年代的小报、剧刊上登载的有关孟小冬的身世介绍，基本上别无二致，都说她是孟家后代，祖父孟七，父亲孟鸿群。然而，民间却传说她非孟鸿群亲生，而是孟鸿群在汉口演出时领养的。关于领养的时间，有两种说法，一说此时是清朝末年；一说此时她已经 7 岁了。这么说来，她似乎应该是汉口人。

又传说孟小冬本姓"董"。孟鸿群在汉口演出时，寄居在戏院附近一个姓董的人家。董家有 4 个女儿，小冬是老三，原名令辉，乳名若兰。当时，小冬很爱听戏，常出入戏院。孟鸿群见她聪明伶俐，又酷爱唱戏，闲时随口教她唱几句。谁知，她唱得竟然有模有样，令孟鸿群十分惊异，觉得这孩子将来定能成大器，便有心栽培她。在汉口的演期约满后，孟鸿群要回上海了，有些舍不得小冬，董家女儿多，便将小冬送给了孟鸿群。从此，小冬成了孟鸿群的女儿。据说，孟鸿群之前一直称小冬为"小董"，之后，大概是在她 15 岁时，孟鸿群将其更名"小冬"，并改"董"为"孟"姓。

此说有些牵强。如果孟小冬被领养时的确是 7 岁，那么，孟家祖籍是山东，后来定居上海，就山东人、上海人的称呼习惯，不可能称呼一个只有 7 岁的姓董的小女孩为"小董"。除此之外，她出生于 1908（或 1907）年，15 岁时，应该是 1923（或 1922）年。实际上，她在 1919 年 12 月首次离沪去无锡演出时，就已经使用"孟筱冬"的艺名了。因此，她在 15 岁时更改姓名的说法，便是不可能的了。

但是，孟小冬非孟氏所出的说法又并非空穴来风。上海作家沈寂曾经撰文称他于 20 世纪 50 年代初在香港拜访过孟小冬，孟小冬亲口告知她的身世。沈寂在文章中这样写道：

> 我提起孟氏的名伶世家，不知道她是出于对我的信任，还是另有原因，竟然告诉我有关她自己的一段身世秘史（或许已不是秘密，而我却是第一次听到，估计很多人并不知道）。她目光黯然，神色苦涩。
>
> "我非孟氏所生……"只说一句就停口。
>
> 我当然很是惊愕，也不便多问。然而这句话对我始终是个谜。

如果"非孟氏所生"的确是孟小冬亲口所言，那么它就坐实了民间传说。但是，还有一件事情也十分蹊跷，从另一个侧面似乎又否认了这样的传说。孟氏祖籍山东，自孟七开始，由北京移居上海，从此生活繁衍于此。据说，孟小冬出生于上海。她在谈到她是哪里人时，不说是山东，也不说是上海，却说是宛平。比如，20 世纪 50 年代，著名老生余叔岩的好友孙养农撰写了一本《谈余叔岩》，作为余叔岩的弟子，孟小冬亲书序言"仰思先师"，署名为"宛平孟小冬"。她的弟子李嘉有回忆说，孟师曾亲口对他说她是"河北宛平人"。"河北宛平"原属河北，20 世纪 50 年代初归属北京。也许正是据于此，《中国大百科全书》和《中国京剧史》等戏曲词典中，都说孟小冬祖籍山东，是北京人。

孟小冬之所以说她是北京人，恐怕缘于祖父孟七曾在北京生活过，而且孟七的儿子，即孟小冬的父亲孟鸿群很可能就出生在北京。她一方面说她"非孟氏所生"，一方面却又以孟鸿群的出生地作为自己是北京人的依据。那么，她到底是不是真的说过"非孟氏所生"这句话呢？如果她非孟氏所生，那么，她又为什么说自己是北京人呢？不知是不是她欲言又止而故意留给后人一个难解的谜，还是她的确另有苦衷不便言明。总之，关于她的身世，恐怕无人能说得清了。

尽管孟小冬身世成谜，但她成长于梨园世家，这是毋庸置疑的，这也就注定她日后必然以唱戏为生，就像梅兰芳出生于梨园世家一样。梅家除了梅巧玲、梅雨田、梅竹芬父子三人从事着唱戏这一行外，梅兰芳的祖母、母亲、姑母、伯母也都出身梨园。祖母陈氏是著名昆曲小生陈金雀的千金，母亲杨长玉是有"活武松"之称的著名皮黄武生演员杨隆寿的女儿，大姑母嫁给了旦角演员秦稚芬，二姑母的丈夫是武生演员王怀卿，伯母是旦角演员胡喜禄的侄女。

不同的是，梅兰芳以男人身份唱了旦，孟小冬以女人身份唱了生。台上的阴阳颠倒拉近了他们的关系，成就了他们的故事。

正因为梅家三代在舞台上饰演女人，梅兰芳的性格柔弱而温和，不急、不躁、不怨、不怒，永远的彬彬有礼、谦和从容、从善如流；孟家不是武生就是老生，加上老孟七早年还征战过沙场，性格自然相反。孟小冬虽然是女人，但她在舞台上饰演的却是生，不是小生，偏偏是老生。角色需要她摒弃妇人的柔绵和哀怨，取而代之以阳刚和霸气。日久天长，她的性格中刚烈的成分更多一些。这是他俩的不同，也许也是他俩无法天长地久的原因之一。

出生

两人注定为戏中人

甲午战争那年，梅兰芳出世

孟小冬出生时，正逢国丧期

梅家道中落，梅兰芳十岁之前，「几乎成了一个没人管束的野孩子」

孟小冬的童年单纯而快乐

梅兰芳4岁丧父、14岁丧母

幼时的孟小冬常被母亲带着进庙烧香拜佛

梅兰芳出生的那天，整个北京城的气氛很压抑。就在这天，即1894年10月22日，李鸿章中堂被摘去了三眼花翎、褪去了黄马褂。北洋水师"济远号"战舰管带方伯谦因在10天前的海战中畏敌逃逸，也在这天在菜市口被斩首示众。这一切都缘于几个月前爆发的中日之间的战争，史称"甲午战争"。

北洋水师节节败退，日本军队横扫东北，清廷被迫签订了诸多丧权辱国的条约，割地赔银，几乎掏空了国库。列强虎视眈眈，大清国垂死挣扎，南方革命党不断起义。就在这样一个风雨飘摇的国势之下，梅兰芳诞生在北京李铁拐斜街的梅家。有人说，出生时，他和一般的婴儿并无区别，不过，哭声很响亮，很高亢。家人很欣慰地说："又是一个唱戏的。"

由于孟小冬的身世说法不一，目前大多数资料倾向于认为她就是孟氏后代。至于她的出生年月，又有两种不同的说法，一说1907年12月9日，一说1908年12月9日。月份相同，只是年份相差了一年，很可能缘于实足年龄和虚岁的差异。1977年，她去世于台湾时，外界都说她享年七十。如果是1907年出生的话，她实足七十，而如果是1908年出生的话，她是虚岁七十。就传统观念而言，人们习惯上以虚岁论。因此，她出生于1908年的可能性更大一些。

目前普遍说法是，孟小冬出生于上海法租界的民国路（今人民路）同庆街观盛里（今观津里）的孟家。不知是不是巧合，也有人说她出生时哭得很响亮，家人便由衷地说："是块唱戏的料。"客观地说，无论是梅兰芳，还是孟小冬，出生时的哭声应该都无别于其他婴孩。之所以都说他们的哭声如何，并断定他们"又是一个唱戏的"以及"是块唱戏的料"，不过是梨园世家对后代本能的主观期望罢了，也有图个吉利的意思。

孟小冬的母亲张云鹤，是孟鸿群的继室。孟鸿群的元配王氏没有为孟家留下子嗣，很早就去世了。假设孟小冬的确是张云鹤亲生，那么，小冬就是孟鸿群的第一个孩子，孟家的长女。可以想象，一心求子的孟鸿群很可能将小冬当作儿子来养，盼望着她将来能承其衣钵。

小冬弟妹几人？又有两种说法，一说孟五爷只有孟小冬和孟小冬的弟弟孟学轲（又说学科）两个孩子；一说孟小冬以下，还有二妹孟佩兰，弟弟孟学轲，三妹孟幼冬。之所以如此，原因恐怕在于：一、孟佩兰的情况无人了解；二、小孟小冬 10 岁、乳名银子的孟幼冬少时（据说是在 8 岁），因家庭生活困难，被父亲送给了姨父仇月祥，后来改名仇乐弟。此说似乎不确。孟幼冬 8 岁时，孟小冬 18 岁，18 岁的孟小冬不仅早已经四处跑码头唱戏，甚至可以挂头牌了。如此说来，孟家不太可能还处于"生活困难"的状态。不管怎么说，孟幼冬曾一度改"孟"为"仇"姓。

孟家姐弟，除了孟佩兰，其余三人都入了戏界，孟小冬、孟幼冬唱老生；孟学轲初唱花脸，后改武生，后来，练功时受了伤，从此退出梨园，改行做了会计。

"小冬"之名的来历，据说跟她出生在冬天有关。12 月初的上海，虽然还没有真正意义上进入严冬，但从节气上来说，早已经立了冬。气象上，人们感受到了冷，心理上，他们更感受到了寒。因为就在她出生不久前，准确地说在 25 天前，光绪皇帝死了，奇的是，皇帝死后第二天，"老佛爷"慈禧太后也死了。孟小冬出生时，正逢"国丧"期。

何为"国丧"？何为"国丧期"？清帝制时代，皇帝或太后、皇后死了叫做"国丧"，民间称"断国丧""断国服"。早年，皇帝死后 3 年、皇后或太后死后 1 年之内，是国丧期。国丧期间，必须"遏密八音"①。国人在这段期间，必须身着丧服为他们服丧戴孝。除此之外，还不许剃头，不许宴会，不许娱乐，不许动任何响器，甚至连街上做小买卖而使用的唤头（如鼓、锣、铃、钹等）都禁止敲打。如果背着的箱子、柜子是红色的，在"国丧"期间，也得改成黑色、蓝色。清朝末年，"国丧期"一律改为 100 天。100天后，半开国服。就娱乐业而言，半开国服，意味着由完全禁止转为有限禁止。这时，演员可以上台，但不能着行头，必须穿便衣，名为"说白清唱"。

显然，孟小冬出生时，皇帝、太后死了不足百日，尚处于"国丧期"。这个期间，既然禁止一切娱乐，各戏院自然全部停业。以唱戏为生的孟家，

① 八音：指金、石、丝、竹、匏、土、革、木；遏密八音，即禁止弹奏各种乐器。

一时歇了业，也就暂时断了生活来源。不过，反过来说，正因为无所事事，孟鸿群也就有时间和精力，满怀期待地将他的长女迎到了这个世界。

孟小冬出生这年，对于梅兰芳来说，也是刻骨铭心的。对于一个15岁的孩子而言，1908年给予他的，不是皇帝的死，也不是太后的亡，而是母亲的早逝。

梅竹芬死时，梅兰芳只有4岁。他跟着母亲杨长玉依靠大伯梅雨田生活。走向衰败的家庭是没有欢乐与幸福可言的，那时的梅家老宅充满了沉闷与阴森的空气。母亲杨长玉年纪轻轻就守寡，得靠别人养活，心情可想而知。

由于梅雨田一连生了几个女儿，没有儿子，梅兰芳于是有了肩挑两房、集传承梅家香火于一身的责任。话虽如此，由于梅家由梅雨田夫妻管家，雨田之妻胡氏又严厉有余，梅兰芳母子的日子并不好过。在家道中落的环境下，在伯母冷峻的目光下，失去丈夫依靠的老实巴交的杨长玉大气不敢出，小小的梅兰芳就更不敢言语了，天长日久，便养成了低眉顺眼不敢正视他人的所谓"木讷"相。据他的姑母回忆说："他幼年的遭遇，是受尽了冷淡和漠视的。从家庭里得不到一点温暖，在他10岁以前，几乎成了一个没人管束的野孩子。"

1900年，庚子年，八国联军打进了北京。杨长玉当时只有24岁，为躲避兵匪，不得不每天化装，用煤炭将脸涂黑，躲着不敢见人。当时梅家为了缩减开支，将李铁拐斜街的老宅卖了，搬到百顺胡同居住。梅雨田夫妇和他们的女儿加上梅兰芳母子和祖母陈氏及两个姑母一家8口租住3间房。因为考虑到百顺胡同房浅窄，洋兵很容易闯入而不够安全，杨长玉带着儿子兰芳搬回娘家居住。杨隆寿家其实也不安全。杨长玉在娘家也不能随处走动，整日躲在杨家摆砌末（即道具）的房里。

果然有一天几个洋兵冲进了杨家，每个房间绕过后执意要进这件杂物房看看，杨隆寿当然不答应，把着门不让进，双方便起了冲突，洋兵竟拔出枪来对准杨隆寿，嘴里叽里咕噜地恐吓威胁了一番。为保全女儿，杨隆寿仍坚持不让洋兵进屋。洋兵无奈，只得快快离去。杨隆寿却受惊吓过度，不久就病倒了，这一病竟再也没能回转过来，死了。杨长玉只好带着梅兰芳回到梅家。

这个时候，梅兰芳只有 7 岁。前一年，在伯父的安排下，梅兰芳进了百顺胡同的一间私塾就读。后来，私塾搬到万佛寺湾，他也随去继续读书。那时的他，因为木讷、内向而常常受同学的欺负。他自己，也不好好读书，常因背不出《三字经》《百家姓》之类而遭先生打手心。这一切都使他越来越惧怕上学。于是，他就和大多数淘气的孩子一样，为躲避背书和责打而逃学。每天早晨，他在祖母的殷殷叮咛声中规规矩矩地背着书包走出家门，却并不去上学，而是悄悄溜到一条干涸的小沟旁，将书包塞进沟眼里便玩去了。

梅兰芳的母亲杨长玉是著名武生杨隆寿之女

有一天，梅兰芳背着书包走出家门，当远离家人视线后，他一溜小跑奔到一条干涸了的小沟旁，正要将书包往沟眼里塞，忽然有一只大手将他连人带书包拎了出来，不由分说，将他拎往一旁的井台，边走边骂："不念书，竟逃学，看你还逃不逃了！"眼看就要到井台了，梅兰芳以为来人要将他摔到井里去，吓得不轻，连声求饶："我不逃了，我再也不逃学了。"那人这才将快要哭出来的梅兰芳放在井台边，问："那你今后好好念书不？"梅兰芳岂敢不答应，点头道："我好好念，好好念，大叔您饶了我吧！"

这一次，梅兰芳真正被吓住了。不过这一吓倒促使他再也不逃学了，书也奇迹般念得好了。那位"大叔"是当时已很有名气的著名武生杨小楼。

梅巧玲、梅竹芬相继去世后，一家大小的生活重担便压在了梅雨田一个人的身上。梅巧玲死时留下几间房，梅雨田操琴伴奏的戏份早期和一般场面差不多，后为谭老板操琴，戏份才有所提高。这些要维持家庭生活本来是没有多少问题的，但梅雨田不懂理财，八国联军入侵后，梅家的日子就更艰难了。

八国联军烧杀抢掠，无恶不作，街市一片萧条，多家戏园茶园也被烧了，剩下的几家也关门歇业，戏班不得不停演而断了戏份，演员们只得外出自谋出路。名丑萧长华为了生计不得不上街卖烤白薯，名净李寿山上街叫卖萝卜和鸡蛋糕。

梅雨田虽是名琴师，但也是演出一场挣一份钱，没有演出也就没有收入，梅家仅靠梅巧玲留下来的产业维持生计，时间一长，坐吃山空，富足的梅家逐渐中落，直到入不敷出、寅吃卯粮的地步。

无奈之下，梅雨田也只有外出谋生了。可是，一个琴师除了操琴演奏外还会什么呢？梅雨田万般苦恼之余突然想起他认识的一家修表店的赵师傅。赵师傅虽然从事修表业，但平时素爱听戏，尤偏爱胡琴，他和梅雨田是旧好，两人曾经互传技艺，他向梅雨田学拉胡琴而梅雨田则向他学习修表。不久，赵师傅琴艺大长，而梅雨田也学得修表这一技艺。平时家里大小钟表都由他来修，甚至邻里亲朋家的钟表坏了也上门请他修，他也乐意帮忙却分文不取。此时，他不得不利用这偶然学成的技艺维持生计了。

外祖父杨隆寿死后，梅兰芳随母亲回到梅家。洋鬼子不知怎么了解到梅家有许多钟表，便三番五次前来攫取，有时一天数次，让人不胜其烦。一天，梅宅大门被敲得山响，当时只有 7 岁的兰芳开门一看，原来是一个面孔黧黑的鬼子兵。也不知哪儿来的胆子，他居然冲着鬼子兵大叫："你怎么又来了？我认识你，你来过四趟了。"说着，他不由分说，死命将鬼子兵往外推。鬼子兵蛮横地将他推倒在地，一边用半生不熟的中国话说："不用你管，叫你家大人出来。"一边就大摇大摆地往里走。不用说，已经修好的和未来得及修的钟表被鬼子搜罗一空。

从此以后，没有人再敢上门委托梅雨田维修钟表了。梅家境况越来越差。有一次连房租都交不出来了，房东又催得紧，情急之下，梅雨田的妻子胡氏卖了头上的簪子换了钱才算过了关。

虽说不久之后，剧业恢复，但仍不景气，梅雨田重操旧业的收入也有限，一家大小的日子过得紧紧巴巴。不久，梅兰芳学戏了。苦熬了几年，终于，他可以登台了。那时，他虽然搭班演出，但也只属于借台练习的性质，并无包银，只有一点儿点心钱。不过，即便这点儿点心钱也足以让他们母子俩窃喜很长时间。当他第一次双手捧着那一点儿点心钱郑重地递给母亲时，杨长玉的眼眶湿了，守寡多年以后，儿子能挣钱了！她自然有一种终于熬出了头的感慨。懂事的梅兰芳自知长大了，能够奉养母亲了，一股男子汉的豪气在胸中升腾。

然而，杨长玉终究没有享到儿子的福。1908年，她就病逝了。只有15岁的梅兰芳成了无父无母的孤儿，不得不寄居在伯父伯母家，更加勤奋学戏。

孟小冬的童年生活，留下的记载很少，总的来说，单纯而快乐。她不是跟在父亲的身后，看他喊嗓练功，就是被母亲拽着到庙里烧香拜佛。

少女时代的孟小冬

父亲出神入化的功夫，让她痴迷；寺庙里不绝的香火、虔诚的香客，让她好奇。尽管她那时还很小，但她似乎已经能从父亲那里感受到戏曲的无穷妙趣，也能置身于香火燃起的青烟中体会到灵魂得到荡涤的解脱感。日后，她跟随父亲的脚步，走上了舞台；在她人生发生逆转时，直接地说，在她不得不中断和梅兰芳的一段情缘时，很自然地重新走进了寺庙。当年，她的母亲醉心烧香拜佛，也许只是为了求个平安，而她则更多地是为了求得心灵慰藉。

初次登台

雏凤初啼不怯场

姑母说，少时的梅兰芳「言不出众，貌不惊人」

孟小冬学戏从「拿大顶」开始

梅兰芳被师傅斥责「祖师爷没给你饭吃」

青衣师傅吴菱仙被请进了梅家，为梅兰芳开蒙

孟小冬被『写』给了姨父仇月祥

梅兰芳首次登台被抱上了舞台

孟小冬首次登台唱的是堂会

如今，人们提起梅兰芳，喜欢用"天才"这个词，甚至有人说，他生来就是唱京剧的，他就是为京剧而生。其实，他初学戏时与在私塾学文化一样，并没有表现出超过同辈的机敏和灵气，相反倒是显得有些木讷，有些"迟钝"，以至于使包括家人在内的许多人都很失望。

照常人看来，梅兰芳少时的相貌不乏可爱，一张胖嘟嘟的脸，细长的眼睛，厚厚的嘴唇，宽阔的脑门。可是照演员的标准来看，条件就不大好了。戏曲界前辈艺人说要想成为一名好演员，必须具备六个条件，即"相貌好""嗓子好""身材好""会唱""会做表情""会做动作"，前三个是先天条件，后三个得靠后天培养。梅兰芳小时候，从外表上看，似乎不够聪明伶俐，关键是他的视力不良，加上眼皮老是垂着遮挡了瞳仁，总不能对人正视；他见了生人又不爱说话，面部表情便显得有些木然。因此，他的大姑母曾经又爱又恨地用八个字概括他是"言不出众，貌不惊人"。

梨园世家的出身，让梅兰芳别无选择，尽管他言不出众，貌不惊人，戏，还是要学的。第一个被梅兰芳的伯父梅雨田请到家里来为梅兰芳开蒙的，是著名小生演员朱素云的哥哥朱小霞。那时，梅兰芳 8 岁，1901 年。这年，清政府同包括俄、英、美、日、德、法、意、奥、西、比、荷在内的 11 个国家签订了不平等的《辛丑条约》。梅兰芳开始学戏时，孟小冬还未出生。

当时京剧演员的培养方式除入科班学艺外，还有拜师做手把徒弟，请教师在家中授艺和票友学艺等几种形式。梅雨田为梅兰芳选择的是"请教师在家授艺"的方式。许多年以后，孟小冬做了姨父仇月祥的手把徒弟。

朱小霞、朱素云、朱小芬、朱幼芬兄弟是梅兰芳的祖父梅巧玲的弟子、"云和堂"班主朱霞芬的儿子，均子承父业，数朱素云成就最突出。和梅兰芳同时受教于朱小霞的，还有朱幼芬，以及梅兰芳姑母的儿子王蕙芳。也就是说，梅兰芳、王蕙芳表兄弟是一块儿学的戏。但是，有些木讷的梅兰芳学戏较慢，往往王蕙芳一遍就能学会，他要学几遍，时时还要向蕙芳请教。

有王蕙芳的聪慧机灵做对照，梅兰芳在师傅朱小霞的眼里就成了"扶不起的阿斗"，因此对梅兰芳也就少了耐心多了粗暴。他教《三娘教子》开

孟小冬《空城记》剧照

梅兰芳与表兄王蕙芳（坐者）

头的四句老腔，梅兰芳学了几个小时仍然不能上口，一怒之下，对梅兰芳斥一句"祖师爷没给你饭吃"，就拂袖而去，罢教！

梅兰芳的姑母十分疼爱兰芳这梅家的独苗，不仅一再叮嘱儿子王蕙芳要照顾梅兰芳，在为王蕙芳添置戏衣时也不忘给梅兰芳准备同样一套，更在为王蕙芳另请师傅教戏时，也让梅兰芳跟着一起学。有些苦恼又有些自卑的梅兰芳，就这样被拖拽着一路跌跌撞撞地入了戏曲之门。

以后，梅兰芳成就大名。一次他在后台遇见了当初被他气跑的老师朱小霞。朱小霞不好意思地说："我那时真是有眼不识泰山！"梅兰芳却笑着说："您快别说了，我受您的益处太大了，要不是挨您这一顿骂，我还不懂得发奋苦学呢！"

真正发掘梅兰芳潜力的是吴菱仙。换句话说，吴菱仙是梅兰芳真正意义上的开蒙老师。他是著名的"同光十三绝"之一时小福的弟子，当时已年逾五十，较之血气方刚的朱小霞自然要多些耐心，加上他曾经受过梅兰芳的祖父梅巧玲的恩惠，急欲好生教导梅家后代以报恩。更重要的是，他以他年过半百的人生阅历以及教戏经验，以为单从遗传学的角度，就可断定兰芳并非一块不可雕的朽木，因而他对兰芳倾注了比别人更多的心血。

那么，梅兰芳是如何投奔吴菱仙门下的呢？朱家兄弟中的朱小芬是梅兰芳的堂姐夫。吴菱仙起初是朱小芬请到家里为弟弟朱幼芬和表弟王蕙芳开蒙的，梅家得知后，便将梅兰芳也送到朱家借学。

梅兰芳与启蒙老师吴菱仙

吴菱仙心地极为善良，他不顾年老体弱，每天天不亮就带着三个小徒弟到中山公园等空旷地带溜弯喊嗓，一练就是两个多小时，练完后，他再带他们回到朱家，吃过早饭便开始教戏。吴菱仙教学步骤是先教唱词，待学生将唱词背得滚瓜烂熟后，他再教唱腔。为了让三个孩子便于接受，他在教唱腔时，总是先讲戏的剧情故事，再解释唱词含义，三个孩子理解了唱词，学起唱腔来就容易多了。

吴菱仙虽说是旧时代的先生，但却深谙儿童心理学，他知道孩子坐不住，便常变换教学方法，当他发现他们唱得有些不耐烦了，他就即时收住，改教他们基本功和练身段，筋骨活动开了，人也有了精神，这时再让他们坐下继续练唱。

孩子终究是孩子，特别像梅兰芳这么一个曾经有过逃学经历的孩子来说，对枯燥乏味的学习更有一种本能的厌倦，因而上课开小差的事就经常发生了。吴菱仙与一般教书先生一样，教戏时端坐在椅子上，桌子上放着一块长方形的木质"戒方"。戒方的用处有两种，一是用来拍板，二是用来责打思想不集中的学生。学生站在桌旁，随时提防着戒方不知什么时候就落在自己的头上。

吴菱仙却从来没有用戒方打过他的学生，特别是对他所钟爱的梅兰芳，他甚至连大声呵斥都不曾有过，有的只是不厌其烦。他为了使学生基本功学得扎实，在桌上摆放着十个刻着"康熙通宝"四个字的白铜制钱，用这些钱代替计数器。学生每唱一遍，他便取下一枚铜钱，放在一边的漆盘内，直到10枚铜钱全部拿完，然后再将铜钱放回原处，重新开始。因此每段唱腔，学生至少要唱上几十遍。对有些比较难上口的唱段、唱腔，他更是要求精益求精，他认为只有奠定无比坚实的基础，学的东西才不至于走样，时间长了也不会被遗忘。

梅兰芳那时还小，当然不是很明白师傅的这种做法，他唱了几遍后，觉得已经唱熟了，心神便不专一了，嘴里虽仍哼唱着，但已是机械的了，原本就下垂的眼角此时更加耷拉下来了，眼睛也几乎要睁不开了。如果不是师傅提醒，他恐怕就会这么站着睡着了。吴菱仙并不用戒方打他，而只是轻轻地推他一下，暗示他打起精神来继续学习。

这样的办法，看似很土，却很有效，不仅使梅兰芳有了一个比较扎实的基础，也如同"书读百遍，其义自现"——就在那一遍遍的重复中，梅兰芳也渐渐感受到了唱戏原来是如此的妙不可言。

从8岁开始学戏，经过了3年，梅兰芳有了第一次登台的机会。那天是1904年8月17日，农历七月初七。戏院都有演出应节戏的惯例。七月初七的应节戏，自然是唱牛郎织女的故事。

让梅兰芳正式登台演出，也是吴菱仙的主意。梅兰芳在吴菱仙的精心教导下，加上自己刻苦用功学戏开了窍，技艺进步得很快。吴菱仙既想让梅兰芳多一点实践的机会以增强其信心，同时也考虑到梅的家境。此时梅家经济状况已无法再为梅兰芳聘请专任教师了。梅兰芳早一天登台演出，家里也就多一份收入。因此，当吴菱仙得知一个叫斌庆社的戏班将在广和楼茶园演出应节灯彩戏《天河配》时，便去和班主商议，让梅兰芳串演昆曲《长生殿·鹊桥密誓》中的织女。班主倒也爽快，一口应允。

《长生殿·鹊桥密誓》里有一个鹊桥的布景，是用道具搭成的，桥上插着许多喜鹊，喜鹊里点着蜡烛。在当时灯光布景还比较简陋的条件下，这样的场景已算是很好看的了。梅兰芳只有11岁，他是由吴菱仙抱上椅子，登上"鹊桥"的。从此，梅兰芳开始了他长达半个世纪的艺术生涯。

孟小冬初学戏时，比梅兰芳小，只有5岁。从这个角度上说，她的起点甚至高于梅兰芳。那年是1912年，民国初年。

跟梅兰芳不同，最初，孟家没有为小冬请师傅。梅兰芳学戏时，会唱戏的祖父、父亲都不在了，伯父梅雨田是个琴师，所以，他并不能亲授侄儿。孟小冬则不同，她的父亲孟鸿群正值壮年，而且仍然驰骋舞台，所以，在9岁以前，她的师傅就是父亲。

孟家从老孟七开始，主工武生。孟鸿群虽主工老生，但也很看重武功。这样一来，练武也就成了孟小冬最初学习的技艺。据考证，那个时候，孟鸿群在离家不远的一处古城墙上的一块长方形平台上练功。孟家住的地方，是梨园艺人聚集地。这个空旷的平台也就成了艺人们的练功处。每天天不亮，他们前后脚来到这里，或"咿呀"喊嗓，或舞拳练刀，还有的，则像站在舞台上一样，面对着城下来来往往的路人，引吭高歌起来。

也许孟鸿群早就打定了让女儿继承衣钵的主意，便有意识地时常带小冬到练功处，让她看艺人们喊嗓练功，目的是想培养她的兴趣。最初让她感到好奇的功夫，是拿大顶。就她当时的年纪，她可能不太明白一个人怎么能灵活自如地以手当"脚"——虽然"脚"并不走路，而且，头朝下的滋味，又如何呢？很长一段时间，她每天跟父亲到练功处，每天都兴致勃勃地观察那些比她大一些的男孩子做着这样的"游戏"。有一天，父亲孟鸿群告诉她，他们正在拿大顶。然后，他问她愿不愿意学，她很认真地点了头。

从拿大顶开始，孟小冬开始学戏了。孟鸿群没有让女儿学武生，小冬一开始学的就是老生。孟鸿群这样安排，自有他的道理。除了他自己主工文武老生外，他还有另外的考虑：小冬毕竟是女儿家，翻腾扑打、耍枪舞刀的，不合适。女孩子是不是唱旦角更好呢？孟鸿群并不这样认为。长期以来，因为女人不能登台，所以旦角一直是由男人扮演的。简单地说，旦行始终由男人把持着。若让女儿学唱旦角，一来很难在如云的男旦中脱颖而出——女人演女人，没有新鲜感，不足以吸引戏迷，二来女人演女人，很容易招来麻烦——那时候，戏曲演员被视为"戏子"，"戏子"地位低下，何况又是美貌如花唱旦角的女"戏子"呢?

既然男人唱旦,那么,女人就应该唱生。戏迷们爱看男人扮女人,那么,自然也就爱看女人扮男人。所以,女儿唱生,首先是确定的。撇除武生不谈,孟家也唱老生,家学渊源,特别是孟鸿群本人,唱的就是文武老生。这是他决定让小冬也唱老生的一个方面——女承父业,天经地义。另一个方面,长期以来,在京剧舞台上,生行占据着绝对的主导地位。生行中,又是老生处于绝对的主角地位。其中原因并不复杂,无非是由受众的欣赏习惯决定的。

早年,戏迷们不是看戏,而是"听"戏,他们更注重听唱腔。老生戏,戏码丰富,唱腔多变,好听耐听。老生行,也倍出人才,有"前三鼎甲""后三鼎甲"之称。除此,慈禧太后的推波助澜也是原因。作为女人,她也偏好老生戏。在老生演员中,尽管谭鑫培与汪桂芬、孙菊仙并称"后三鼎甲",各有擅长角色,又各有不尽人意之处,但由于慈禧最欣赏谭鑫培,而身为老佛爷,她的偏好又左右着普遍受众的心理。于是,生行演员的地位节节攀高,特别是谭鑫培,更是大红大紫。旦角作为陪衬,被生行的光辉遮挡着,名声终不及生行演员。

慈禧死后,特别是随着京剧女班的兴盛,更受晚清资产阶段民主思潮的影响,戏园的观众席上一改女子不得入戏园的旧习,开始有了女观众的身影。按照梅兰芳的说法:"女看客刚刚开始看戏,自然比较外行,无非来看个热闹,那就一定先要拣漂亮的看。"因而,像谭鑫培这样的干瘪老头,除非懂得欣赏他的艺术,否则有谁会对他感兴趣?辛亥革命后,社会的文明与进步伴随着受众审美心理的变化,加之观众对舞台上长期充斥着男性角色所产生的逆反心理,旦角开始取代生行而逐渐崛起,地位开始飙升。

尽管如此,孟鸿群还是为孟小冬选择了老生行。不过,从孟小冬后来的艺术发展来看,孟鸿群当初的决定,是十分明智的。梨园行有句话,"嗓子是本钱",既然是唱戏,没有好嗓子,怎么唱戏?孟小冬似乎天生一副唱老生的好嗓子,她五音俱全、四声皆备,膛音宽厚。对于一个女老生来说,没有雌音,这是非常难得的。就像梅兰芳注定是唱旦角的一样,孟小冬似乎也注定是唱老生的。

孟小冬初学戏这年（1912年），梅兰芳已经19岁了，在他的身上，已经完全找不到"言不出众，貌不惊人"的样子了。相反，他虽然眉清目秀，却不失堂堂男儿仪表。他聪明，悟性高，更重要的是，他是一个不因循守旧而且积极追求新生事物的人。这对他日后在艺术上的大发展，有着很深刻的影响。

民国成立后不久，政府下了剪辫子的命令，可当时还是观望的人多，真动手剪的人少。梅兰芳却在这年的6月剪去了他自称是"脑后这根讨厌的东西"。当时在北京城的戏班子里，他是剪辫子较早的一个。从中我们可以看出，他以后在艺术上勇于创新而不墨守成规是他的个性使然。

梅兰芳自己剪去了辫子不够，还百般鼓动伯父梅雨田。梅雨田毕竟年长侄儿数十岁，思想自然不如侄儿新潮。对于剪辫子一事，他起先犹豫不决：这辫子平日里虽说麻烦，但毕竟已留了四十多年，生下地就开始留着的，一朝剪去，不习惯不说，还真有些舍不得。再说了，他难免还存有"身体发肤，受之父母，不可毁损"的旧观念。可是，梅兰芳天天劝他，什么省去了每天起床后梳头的麻烦如何轻松，睡觉时后枕又如何自在，等等，直说得他心里痒痒的。

梅兰芳见机，又趁热打铁道："明天我给您到洋行去买一顶巴拿马的草帽，让我给您剪了这根累赘的辫子，您把草帽戴上，那才好看呢！"梅雨田点点头，同意了。第二天下午，梅兰芳先把草帽买回家，然后亲自动手将伯父的大辫子给剪了下来，又给他戴上草帽，拿镜子给他前后照照。梅雨田没说什么，神情间仿佛也还满意。

紧接着，梅兰芳又举着剪刀直扑家里的佣人大李和宋顺的脑后。谁知这二人比梅雨田顽固多了，紧抱着脑袋死活不肯。此时的梅兰芳早已没了儿时的"愚钝"。在一个月黑风高之夜，他乘宋顺睡熟之际，悄悄将他的辫子剪了，来了个先下手为强。用同样的方法，他又剪了大李的辫子，只是大李有宋顺的前车之鉴，夜里加强了防范，让梅兰芳费了不少力气。就这样，梅兰芳将家人强推进了新时代。可惜的是，侄儿精心挑选的那顶细软的草帽，梅雨田只戴过几回。两个月后，8月28日，梅雨田病逝。从此，梅兰芳成了梅家的顶梁柱。

孟小冬是在什么时候首次登台的？目前已很难考证。可以确知的是，从5岁开始，她一边随父亲学唱老生戏，一边跟着父亲四处演出，甚至出外跑码头。有时候，她在父亲的戏里客串娃娃生。如果这也算是登台的话，那么，她初次登台时的年龄小于梅兰芳。这又可以说她的起点高于梅兰芳。即便以正式拜师学艺后的登台作为首次登台，孟小冬初次登台时的年龄也小于梅兰芳，那时，她只有9岁。1916年，她做了姨父仇月祥的手把徒弟。

所谓"手把徒弟"，就是师傅在家中收徒，单独授艺。拜师时，要订立文书字据，行话把立字据叫"写""写字"。与师傅签订字据，被称为"写给师傅"。字据上的内容，一是约定学艺年限，通常为7年。事实上，却是9年，因为最初一年，是学徒，最后一年，是帮师。二是约定规矩，比如，徒弟在学艺年限内，承做师傅家的各种杂务，演出收入全归师傅；徒弟生老病死、天灾人祸、觅井逃亡等，师傅概不承担责任；徒弟须任师傅打骂，打死勿论，家属不许过问、探视。在期限内，也不得赎身等。当然，在期限内，徒弟的一切衣食住行都由师傅负责。字据上的内容，很容易让人联想到"卖身契"。

孟小冬被"写"给仇月祥，也定了契约，只不过，和别的手把徒弟相比，她幸运得多。首先从契约内容来说，她做手把徒弟的期限，只有3年，就算是加上一年帮师，也不过4年。照规矩，3年的演出收入，全归师傅。第4年，虽说是"帮师"，但演出收入，小冬可以拿走一半，另一半归师傅。其次，虽说契约规定徒弟任师傅打骂，但小冬却从来没有挨师傅的打骂。原因很简单，仇月祥除了是小冬的师傅，更是她的姨父。对于仇月祥，曾经有人说他是孟小冬的舅父。可是，就孟小冬的母亲姓张而言，如果仇月祥是她舅父的话，那么就不应该姓仇，而应该姓张。因此，他是她姨父的可能性更大。

那么，孟鸿群为什么要将女儿"写"给仇月祥呢？前一年，即1915年的夏天，孟鸿群北上天津搭班唱戏。也许因为太辛苦，也许因为他原本就有血压高的毛病而他自己不知，那一晚，他在演《八蜡庙》时险些摔在舞台上。当时，他只以为动作没有做到位，是意外。可是，第二天，他竟然下不了床了，半边身子也动弹不得。他病倒了。艺人靠唱戏吃饭，一天不唱戏挣不到戏份，一家老小的生活顿时就成了问题。孟鸿群很苦恼，但他的病又一时半会儿好不了。之前，孟小冬被父亲送到离家不远的敦化小学读书。家里的经济支柱倒了，小冬的书也念不下去了。思前想后，为了生活，孟鸿群决定将女儿"写"给仇月祥，一来家里少一个人吃饭，负担能够减轻一些；二来小冬是长女，如果她能唱出来，家里日后的生活，恐怕就要靠她维持了。

如果说早先，孟小冬跟着父亲学戏、唱戏，只是玩票的话，那么，在"写"给仇月祥，也就是说，拜仇月祥为师后，她算是正式踏上了戏路。

仇月祥唱的是老生，而且是孙（菊仙）派老生。孙菊仙（1841—1931）是"后三鼎甲"之一。他是天津人，名濂，又名学年，号宝臣，人称"老乡亲"，因身材颀长，又被称"孙大个儿"。他出生于 1841 年，45 岁时，他被选入宫廷升平署，时常进宫唱戏，长达 16 年。在宫中，他不但戏唱得好，也很会说笑话，所以非常受慈禧宠爱，常被赏赐。民间传说，光绪皇帝也很欣赏孙菊仙，因为孙菊仙也能反串老旦，所以赞他为"老生、老旦第一人"。每逢孙菊仙入宫唱戏，光绪皇帝总是亲自入座乐池，替孙打板伴奏。这样的"待遇"，恐怕只有孙菊仙享有。庚子年，他的家在八国联军的战火中被焚毁，两个妻子随后相继去世。国破家败，孙菊仙心灰意冷，携子孙南下上海，与人合办"天仙茶园""春仙茶园"等。这个时候，他基本脱离了舞台。民国以后，他偶尔重返北京，参加一些义务戏的演出。其实，仇月祥并非自始至终学的都是孙派。起初，他在北京学的是孙派，后来又一度改学谭（鑫培）派。南下上海后，他发现孙菊仙在上海很受欢迎，于是，重新学了孙派。

仇月祥是科班出身，他在教授孟小冬时，自然而然地运用到了科班的教学方法，比如，对徒弟要求严格、重视基本功等。每天早晨，他都要带着小冬出去喊嗓、练功，一声一腔，一招一势，他都不允许弟子有丝毫马虎敷衍。这个时候，孟小冬的拿大顶做得已经很好了，有时能够连续倒立几十分钟。拿大顶和下腰都是毯子功的基本功。跟着仇月祥，她又练习了翻吊毛、抢背、僵尸等软毯子功。所谓"抢背"，就是以肩着地的翻滚动作。晚上的项目，是练唱腔、学身段、习念白。

除了学艺，作为手把徒弟，小冬还得为师傅做些杂务，诸如捶背、沏茶、装烟丝等。当然，她不会像其他手把徒弟那样几乎成为师傅的小奴仆，毕竟她还是仇月祥的外甥女。尽管如此，那段时期，小冬还是从早到晚几无停歇。

很巧，仇月祥有一个教学方法和梅兰芳的师傅吴菱仙很相像，那就是都用到了"戒方"和"铜钱"这两个道具。孟小冬晚年时，曾经回忆说："那时学戏极苦，老师手握旧制铜钱，每段新学的戏，唱一遍放一枚在桌上，一遍遍唱，一枚枚放上叠，叠到快倒下为止。"

接着，仇月祥又为孟小冬请了一位琴师，为她吊嗓。在师从仇月祥之前，孟小冬已经跟父亲学了几年，所以在仇月祥看来，她进步得非常快，不但只用了不到三个月的时间就能将《奇冤报》里几段具有相当难度的唱腔完整地唱下来，而且还能将孙派名剧《逍遥津》唱得有那么一点儿"孙味"了。

也就在拜师这年，大约深秋季节，孟小冬登台了。这应该算是她真正意义上的登台。那天，她唱的是一场堂会，戏码是《乌盆记》。堂会的主人是上海闻人关炯之，目的是为庆祝他四十岁生日，地点在著名的哈同花园。除了孟小冬，应邀来唱堂会的是上海最早的京剧票房之一的久记票房的票友。虽然孟小冬只在《乌盆记》的后半出客串刘世昌一角，但因为她是给饰演张别古的名票冯叔鸾配演，因而颇引人注目。况且，她扮相美，嗓音甜，因此博得喝彩声一片。从此，她开始了她的艺术生涯。和梅兰芳不同的是，她的艺术生涯很短暂。

学戏、唱戏

拜师苦学文武戏

少年梅兰芳师承名师，练功很刻苦

搭班「喜连成」，梅兰芳和麒麟童成了同学

倒仓了，结婚了，养鸽子了

跪唱《玉堂春》，梅兰芳初尝「红」滋味

孟小冬的三年学艺期转瞬即过

在开蒙方面，尽管梅兰芳的开蒙方式是"请师傅"，而孟小冬签了契约做了手把徒弟，但有一点，他俩是相似的，那就是都没有像其他学戏的孩子那样时常遭受师傅的谩骂、毒打。梅兰芳的师傅吴菱仙因为要报兰芳祖父梅巧玲的恩，所以对兰芳这个徒弟倍加呵护；孟小冬的师傅仇月祥又是她的姨父，自然也不会对她非打即骂。然而，这并不意味着他们的学艺过程就是轻松愉悦的。

就梅兰芳而言，自从开始学戏，他曲不离口、拳不离手，夏练三伏、冬练三九，认真刻苦几乎到惨烈的程度。他既然似乎不如别人聪明，在学戏中便也不存走捷径之想，而将比其他人更多付出视为应当。那段日子，他的生活极为刻板单调枯燥，天明即起出城吊嗓，然后练身段、学唱腔、念本子。练跷功时，他踩着跷站在一张长板凳上的一块长方砖上，一站便是一炷香的时间，直站得汗如雨下、眼泪汪汪。寒冬腊月里他踩着跷在冰面上跑圆场，常常被摔得鼻青脸肿。拿大顶时，他得忍受着头晕、呕吐等不良反应，有时竟昏倒在排练场。由此他对所谓"台上一分钟，台下十年功"有了深切的体会。

"广和楼"第一次登台后，吴菱仙又安排梅兰芳不断地在各班里串演小角色，除演传统戏外，他也演过时装戏。例如在"文明茶园"俞振庭组班演出的时装新戏《杀子报》中，里面有两个小孩子的角色就是梅兰芳和李洪春串演的。舞台实践既开阔了梅兰芳的眼界，也使他的技艺大大进步。

他的同学朱幼芬、王蕙芳此时也知道实践的重要了，不久也开始登台，幼芬专工青衣，蕙芳兼学花旦。三个孩子相继登台后，人们往往喜

梅兰芳第一次登台后

欢将他们相提并论，王蕙芳以天资聪慧被人称好；朱幼芬以响亮高亢的嗓音获得称赞。至于梅兰芳、梅家的这第三代，摇头的人就多了，有人说他"脸死、身僵、唱腔笨"；有的感叹"这孩子怎么就一点都不像那胖巧玲呢"，有的惋惜深深，问梅兰芳"怎么那么闷呢"。对人们的这些评论，年少的梅兰芳只是听在耳里，不声不响照常练功演戏。随着戏艺的进步，有一天他也终于赶上了蕙芳。兄弟俩一度在戏园子里同台亮相，风采相当，戏迷们戏称"兰蕙齐芳"。

有人对兰芳摇头，却也有人不以为然。当时有一位叫陈祥林的琴师就十分看好梅兰芳，他直言："人们看错了，幼芬在唱上并不及兰芳。"他的理由是："目前兰芳的音发闷一点，他是有心在练'a'音，这孩子音法很全，逐日有起色。幼芬是专用字去凑'i'音，在学习上有些畏难。"因此，他说："别说兰芳傻，这孩子心里很有谱，将来有出息的还是他。"

严格说来，梅兰芳和孟小冬都不是科班出身。不过，梅兰芳在学艺期间，曾经搭班京城最著名的科班"喜连成"。他在该科班的性质，是带艺入科。

科班，早在清咸丰、同治年间就已经出现了。庚子年后，京城科班如雨后春笋，最有名的科班，就是"喜连升"（后改名"喜连成"，1912年又改为"富连成"）。这所科班由安徽人叶春善得吉林富绅牛子厚支持，于1904年在北京创立。由于叶春善恪守"不为发家致富，只为传留戏班后代香烟，为教好下一代艺术人才，传流不息地把戏剧事业接续下去"[①]的办班宗旨，吸引了大批卓有成就的老艺人来当老师，也因此吸引了大批孩子前来学戏。

跟梅兰芳同时带艺入科的还有"麒麟童"周信芳（老生）。他俩都属马，很自然地成为好伙伴。说来很有意思，孟家和"麒麟童"也有渊源，孟小冬的大伯孟鸿芳在民国初年曾搭过麒麟童的班；小冬父亲孟鸿群更一度辅佐麒麟童。

在"喜连成"搭班演戏同时，梅兰芳继续和吴菱仙学戏，白天他在广

---

① 叶龙章：《喜（富）连成科班的始末》，《京剧谈往录》，北京出版社1985年2月版，第5页。

和楼演日场，晚上，他仍住朱家，听
吴菱仙说戏。吴菱仙先后教给他《二
进宫》《桑园会》《三娘教子》《武家
坡》《彩楼配》《三击掌》《探窑》《二
度梅》《别宫》《祭江》《孝义节》《祭
塔》《孝感天》《宇宙锋》《打金枝》，
配角戏有《桑园寄子》《浣纱计》《朱
砂痣》《岳家庄》《九更天》《搜孤救
孤》等共 30 多出戏。因为吴菱仙是时
小福的弟子，所以，梅兰芳这时期的
青衣唱法随吴菱仙宗法时小福。18 岁
以后，他才创立了自己的流派。

梅兰芳和尚小云合作演出

　　这期间，除上戏园演戏外，梅兰
芳还经常唱行戏。

　　"行戏"又称"行会戏"，是京剧戏班专门为各行各业祭祀祖师爷进行
的演出，这是戏班营业性演出的一种，对梅兰芳来说，却多了一份实践的
机会。当时北京 360 行，行行都有自己的祖师爷，如木匠的祖师爷是鲁班，
厨师的祖师爷是灶王，皮匠、鞋铺的祖师爷是孙膑等。所以，几乎行行都
有行戏，大到粮行、药行、绸缎行、汇票庄行等，小到木匠行、剃头行、
成衣行、轮子行（车行）、干果行、铁匠行、瓦匠行等，各行都有固定的一
日用来祭祀祖师爷，这个日子往往是祖师爷的诞辰。祭祀祖师爷的日子，
也就是各行业人员大聚会的日子。这天，各行业人员凑些份子，娱乐一天，
而娱乐的重要项目就是请戏班唱戏。

　　行戏的时间多在每年农历元宵节至四月二十八，因此，各戏班在这段
时间就显得格外繁忙。好在各行的行戏演出时间是固定的，所以戏班和戏
码都能提前定好，到时间，戏班就不再安排其他演出。

　　梅兰芳所在的"喜连成"在农历正月十五前就把戏定了下来。行戏演
出的地点除某些行业有固定的会馆外，一般的行戏多借用精忠庙、浙慈会

馆、织云公所、南药王庙、正乙祠、小油馆、江西会馆等场所。有的行会戏直接租戏园演出，而一般行会戏总离戏园不远，所以，戏班可以"分包"（一个戏班分两处或几处同时演出）。这样，演员"赶包"（就是在一处演完赶往下一处演出）也较容易。

搭班"喜连成"时，梅兰芳常常不得不四处赶场子。白天唱完营业戏和行戏，有时晚上还得赶到各王府、贝勒府和各大饭庄唱"堂会戏"。赶场的滋味实在不好受，梅兰芳少年时期便尝够了赶场的滋味，他说："譬如馆子的营业戏、'行戏''带灯堂会'（即日夜两场戏），这三种碰巧凑在一起，那天就可能要赶好几个地方。预先有人把钟点排好，不要说吃饭，就连路上这一会儿工夫，也都要很精密地计算在内，才能免得误场。不过人在这当中可就赶得够受的了。那时萧先生是'喜连成'的教师，关于计划分包戏码，都由他统筹支配。有时他看我实在太辛苦了，就设法派我轻一点的戏，钟点够了，就让我少唱一处。"

梅兰芳所说的"萧先生"，是萧长华，著名丑行演员。

萧长华的照顾使梅兰芳多出几个空闲的晚上，然而，没有演出的晚上，他必须赶回家继续和吴菱仙学习，他的许多老戏都是在那时候学的。掐指算来，那时，梅兰芳每年演出的日子将近三百天，除了斋戒、忌辰、封箱等特殊日子按规矩不唱戏外，几乎寒暑不辍。除了演唱就是学习，这段时间他被繁重的演出、紧张的生活、艰苦的学习所充斥，这成为他舞台生活里最紧张的阶段。

从14岁到17岁（即1907—1910年），梅兰芳在"喜连成"待了三年多，直到因为"倒仓"（即变嗓）而脱离了"喜连成"。这几年，不仅让他练就了扎实的基本功，也让他大开了眼界。除了大量观摩京剧前辈的演出，他也在演出之余常常观摩话剧。有一年冬天，著名旦角演员、戏剧活动家、"玉成班"班主田际云邀请上海王钟声领导的剧团到玉成班演出改良话剧。梅兰芳在看完由王钟声主演的《禽海石》《爱国血》《血手印》等新剧后深受启发。许多年以后，他积极创新，排演了一批时装新戏，这段时期的话剧观摩不能不说对他影响深远。

实际上，梅兰芳的天资并不愚笨，他只是比同龄的孩子开窍晚了些而已，这从他善于学习便可见一斑。比如，他将观摩他人演戏并不当作纯粹的娱乐，而是作为学习的一个重要方式。那时，他在每晚演出之后，并不急着回家，始终在胡琴座的后面坐着，目不转睛地细看每一个人的表演，无论是角儿的戏，还是一般演员的戏。每看完一出戏，他都会在心里默评优势和粗劣，然后为我所用，去粗取精、扬长避短。他曾这样说："我在艺术上的进步与深入，很得力于看戏。我搭喜连成班的时候，每天总是不等开锣就到，一直看到散戏才走。当中除了自己表演以外，始终在下场门的场面上、胡琴座的后面，坐着看。越看越有兴趣，舍不得离开一步。这种习惯，延续了很久。以后改搭别的班子，也是如此。"

可以说，看戏对于梅兰芳来说，是业务学习中的一部分。整个学艺阶段，梅兰芳没有同龄孩子那般自由快乐，他的生活极为规律与刻板：吃饭、睡觉、学习、上台、观摩将他的每天塞得满满当当，使他感到活得充实却不免过于忙碌与枯燥，"甚至出门散步、探亲访友都不能乱走，并且还有人跟着，不能自由活动"，因此，少时的梅兰芳便将看戏当作他唯一的乐趣了。

每看一出戏，他总是进行一番评论，不但要指出他人的粗劣之处，更注重吸取他人的长处。观摩久了，在演技方面，他不知不觉有了提高，慢慢地在台上"一招一势，一哭一笑都能信手拈来"。所以，他一直认为"一面学习，一面观摩的方法是每一个艺人求得深造的基本条件"。当他许多年以后也带徒弟时，不但要求学生看本工戏，也要求他们各行角色都要看，他说："看的范围愈广愈好。"

如此长期观戏评戏和实践，不仅使他的演技逐日提高，同时也造就了他日后从善如流的处事态度。

观摩前辈演戏，不如请前辈教戏。

负责教授梅兰芳武功的，是茹莱卿。他是梅兰芳外祖父杨隆寿的弟子，但他并不是小荣椿科班出身，而是杨隆寿在创办小荣椿科班前收的徒弟。他 40 岁前工武生，长靠短打都很出色，与名武生俞菊笙同台合作过多年，

40 岁以后他拜梅雨田为师学习胡琴，以后为梅兰芳伴奏多年。

武功是戏曲演员必不可少的表演方式，武生、武旦自然以武功为主，青衣花旦同样需要武功，在科班中，学生以学习武功为先，然后再分行，分行后，还要进行本行的武功训练，可见武功的重要。

梅兰芳随茹莱卿学习武功是从打"小五套"开始的。"小五套"是打把子的基本功夫。所谓"把子"就是戏曲舞台上的"兵器道具"，如刀、枪、剑、戟、斧、钩、叉、棍、棒、拐子、流星、鞭、铜、锤、抓等，统称"刀枪把子"。"毯子功""腰腿功"与"把子功"并称"三功"，是科班学生的基本功。"小五套"含有五种套子，即灯笼炮、二龙头、刀转枪、十六枪、甩枪，打的方法都从"么二三"起手，接着你打过来，我挡过去，分上、下、左、右四个方向对打。虽然演员上台开打后都不用这五种套子，但五种套子却是学好别的套子的基础，学好五种套子，再学别的就容易多了。

练好"小五套"，梅兰芳接着学"快枪"和"对枪"，这是台上最常用的，两种打法是不同的，"快枪"打完后是要分出胜负的，而"对枪"则不分胜负。

练完手上的，再练胳膊和腰腿。胳膊、腰、腿有三种基本功：一是"耗山膀"，就是用左手齐肩抬起，右手也抬到左边。两手心都朝外，右手从左拉到右边，拉直了，要站得久，站得稳，才见功夫。二是"下腰"，就是两脚分开站定，中间有"一脚档"的距离，两手高举，手心朝外，眼睛对着两个大拇指，人往后仰，练到手能抓住腿腕，梅兰芳承认他没能练到这个程度。三是"压腿"，就是用一条腿架在桌上，身子要往腿上压下去，直压到头能碰到脚尖。

除此，武功的其他必修课，如虎跳、拿顶、扳腿、踢腿、吊腿等，梅兰芳就没有练过了，他毕竟是旦角演员，也没有必要练得那么深了。

茹莱卿的武功教得细致严格，梅兰芳学得全面牢固，而刀马旦戏则是梅兰芳另一位老师路三宝的专长了。

路三宝比梅兰芳大 17 岁，科班出身，初学须生，后改花衫、刀马旦，和谭鑫培、王瑶卿等人均有合作。梅兰芳搭班"喜连成"那年，路三宝和马德成、郝寿臣等人到朝鲜望京戏院演出，他们可以算作是帝制时代第一批把京剧传向国外的演员。梅兰芳随路三宝学会的最重要的一出戏便是《贵妃醉酒》。以后经过数次修改，这出戏日后成了他的保留剧目，一直演到老。

除此之外，还有几位老师也是梅兰芳所不能忘怀并终生感激不尽的。

初时学戏，梅兰芳专工青衣，戏路是时小福派的纯青衣路子。时小福之后，陈德霖可谓青衣演员的代表人物。他的表演艺术，着重继承老派青衣的传统，以唱为主，接近时小福的唱法，兼用徽音，声音嘹亮高亢，他的唱腔中有些也采用胡喜禄设计的新腔，因他嗓音圆润、气力充沛、调门高，在青衣唱法上，他还创造了在尾音将要收住以前一甩的峭拔唱法，为唱腔增添了艺术感染力。

同时，他的昆曲根底深厚，十分讲究字音声韵。那时的演员学戏都从昆曲入手，因为昆曲的历史最悠久，在皮黄创制以前它就存在，观众先入为主。尽管皮黄发展很快，及鼎盛时期时，观众仍无法舍弃昆曲，昆曲始终有它一席之地。另外，昆曲的身段、表情、曲调非常讲究，是学好皮黄的基础，学好昆曲再学皮黄就容易多了，皮黄里的许多东西都是从昆曲里吸收过来的。梅兰芳和尚小云、姜妙香、韩世昌、姚玉芙、王蕙芳等人有幸成为陈派弟子，得到了陈德霖昆曲旦角戏的亲传。因而，梅兰芳的昆曲根底深厚也就不足为奇。

梅兰芳在向陈德霖学习昆曲的同时，也向名净李寿山学习昆曲。李寿山人称大李七，尚小云的岳父，他与陈德霖、谭鑫培、钱金福都是程长庚"三庆班"的学生，他初唱昆曲旦角，后改架子花脸。梅兰芳的《金山寺·断桥》《风筝误》《昭君出塞》就是李寿山所教。

钱金福是京剧史上一位有影响的架子花兼武花演员，他一生辅佐谭鑫培、余叔岩和杨小楼，成为他们不可分离的左右手。梅兰芳向钱金福学会了两出小生戏，一是《镇檀州》，二是《三江口》。这两出戏，梅兰芳虽然只是在堂会上唱过而没有在戏园里唱，但为他后来在《木兰从军》反串小生打下了基础。

梅兰芳似乎很早就懂得拿来主义，更清楚每个人都有独特之处。他遍拜名师并将他们的独特之处拿来为我所用，方创立了别具一格的"梅派"。因而，"梅派"并非凭空而造，也不是他躲在角落暗自摸索所能创立的。它吸取了众家所长，融合了梅兰芳更深层次的理解和更丰富的舞台经验。

继承陈（德霖）派并有所创新而创造了"花衫"行、对梅兰芳影响极大的，是王瑶卿。可以说，王瑶卿在梅兰芳的演艺生涯中是个举足轻重的关键人物。所谓"花衫"，兼取青衣行的"衫"和花旦行的"花"，合而形成"花衫"。因此，王瑶卿堪称京剧表演艺术的革新家、戏曲发展史上继往开来的艺术大师、京剧承前启后的重要人物。

京剧形成初期，旦行中青衣花旦的界限划分得相当严格，演青衣的演员不能演花旦，演花旦的不能兼演青衣。青衣是正旦的俗称，因所扮演的角色常穿青色褶子而得名，而花旦大多饰演的是活泼开朗、动作敏捷、聪明伶俐的青年女姓。青衣讲究唱功，不讲究表情、身段，面部或毫无表情或冷若冰霜，因为青衣多饰演庄重的中青年妇女，所以，演员出场时往往采取抱肚子身段，一手下垂，一手置于腹部，稳步前行，身体不许倾斜。与青衣正好相反，花旦不讲究嗓音和唱腔，重点在表情、身段、科诨，服装多夸张、绚烂，正因为青衣花旦有本质的共别，所以要求演员不得兼演。

最先打破这一成规的，是梅兰芳的祖父梅巧玲，和梅巧玲同时代的旦角演员胡喜禄。他们大胆地将青衣、花旦糅为一体。当年梅巧玲接演《雁门关》里的萧太后一角时，发现这个人物在表演上既需要有"青衣"的端庄娴静，又需要有"花旦"的爽朗大方，既要能"唱"，又要精于"念"和"做"，于是，他在演出时，不仅运用了青衣的唱功技巧，也吸收了花旦的念白和表情，将萧太后这个人物塑造得栩栩如生、活灵活现。

梅巧玲的弟子余紫云又很好地继承了这一创造，他的青衣戏路私淑于胡喜禄，而花旦戏路自然为师傅梅巧玲所传授。

余紫云之后，便是有"通天教主"之称的旦角新一代领军人物王瑶卿。

梅兰芳初学戏时，在专工青衣同时也兼学花旦，这为他日后光大"花衫"而打下了坚实的基础。

王瑶卿1881年出身梨园，父亲曾是清代著名昆曲青衣演员。他继承父业，起初也学青衣。在梅巧玲、胡喜禄、余紫云之后，他改革的步子迈得更大，完全打破行当局限，兼取青衣、刀马旦、闺门旦、花旦和昆旦各工之长，创造性地建立了"花衫"这一新行当，丰富了京剧旦角艺术。在他之后，梅兰芳更将"花衫"发扬光大，创排了一系列古装歌舞剧。所以，京剧界在评价王瑶卿时，都说他"博揽众长，承先启后，他上承梅巧玲、余紫云的衣钵，下开梅兰芳、程砚秋之端绪"。戏曲理论家徐凌霄誉之为"非青衣、非花旦，卓然自成一宗"。

所谓"花衫"就是既非青衣、又非花旦，更不是刀马旦，而是将青衣、花旦、刀马旦糅合在一起。王瑶卿之所以这样创造，是因为他很清醒地意识到时代的向前发展使京剧剧目也不断得以丰富，而新的剧目推出了一些新的妇女形象，这些新形象，无论用青衣抑或花旦都不能恰如其分地表现出来，而只有将它们兼收并蓄、熔于一炉，才能满足舞台表演的需要。

在具体的唱法、唱腔等细节上，王瑶卿也大胆革新。他一改青衣不张嘴，听起来有音无字的传统唱法，用张嘴音使观众能够听清楚每个唱词，做到了真正意义上的字正腔圆。他继续老腔，但更创造新腔。传统老戏《玉堂春》以前一直是以生行为主，旦角苏三始终是配角，只唱"散板"。王瑶卿大量创新出"回龙""慢板""原板""二六""流水"等唱腔，逐渐使该戏成为以旦角为主的唱功戏。梅兰芳就是从唱新腔《玉堂春》开始在京城引人注目的。

当然，梅兰芳最先接触"花衫"，并非《玉堂春》，而是《虹霓关》。当时，他在看了王瑶卿演出《虹霓关》后，对"花衫"这一新行当极感兴趣，他央求伯父梅雨田介绍他拜王瑶卿为师，梅雨田欣然应允。

王瑶卿与梅雨田交情深厚，对梅兰芳拜师的要求，满口答应。不过，他坚决不同意梅雨田提出的行拜师礼。过去拜师学艺有一套程序，尤其拜名师，仪式更为隆重、繁琐，不仅要有引荐人的引荐，更要在征得老师同意后，在饭店举行拜师仪式，所有费用由学生全包，老师则要写收徒帖，向同行散发，邀请参加收徒仪式。行礼这天，学生首先要向祖师爷磕头，然后分别向师傅、引荐人、师伯师叔磕头认师，还要拜见各位师兄。仪式结束，学生随老师回家，还要拜见师娘、师兄、师嫂等，一一呈上见面礼。

王瑶卿不同意梅兰芳行拜师礼是因为辈分问题，他对梅兰芳说："论行辈我们是平辈，咱们不必拘形式，还是弟兄相称，你叫我大哥，我叫你兰弟。"梅兰芳拗不过，答应了。虽然两人以兄弟相称，但王瑶卿终究是梅兰芳的老师。他的教学主张是：昆乱并学，文武兼备，循序渐进，由简入繁，在排演实践中则要熟知全剧，兼晓各行，表演真实自然，神形兼备。他教戏认真、细致、一丝不苟。

梅兰芳不仅向王瑶卿学到演戏的技艺，更从他那里学到不少为人的道理。王瑶卿对梅兰芳从不留一手，他把他从万盏灯（李紫珊）那里学到并一炮唱红的《虹霓关》全部教给了梅兰芳，在梅兰芳学会此剧并上台演出此剧后，他自己再也不唱这出戏了，表现了艺术家"让戏"的高尚品德。受王瑶卿影响，日后梅兰芳收徒教戏，也是如此。

继《虹霓关》之后，梅兰芳又从王瑶卿那里学会了《汾河湾》和《樊江关》，这两出戏都是唱功少，说白多，重在表情和做派。成年后的梅兰芳与谭鑫培合作《汾河湾》，与王瑶卿合作《樊江关》都取得极大成功，这与王瑶卿早期的教导是分不开的。如果说"花衫"是由王瑶卿首创的话，那么，将"花衫"发扬光大并赋予新内容的便是梅兰芳。

在倒仓期间，梅兰芳做了两件大事：一是结婚，二是开始养起了鸽子。至于为什么会突然心血来潮养鸽子，就连他自己日后也不记得了。总之，他养鸽子，到了如痴如醉的地步。更让他没有想到的是，他因为养鸽子，意外地治好了他那双眼皮一直耷拉着显得没精打采、让他无比苦恼的眼睛。

经过几年的学习、实践后，梅兰芳积累了不少舞台经验，演技也大有进步，他却更烦恼了，烦恼的就是那双眼睛。一个演员，眼神有多重要，他是深有体会的。因为在许多时候，演员很需要用眼神、身段来表达人物性格。然而，梅兰芳总觉自己的眼珠转动不够灵活，转动不灵有时会显出呆滞，自然影响表演。他自己着急不说，家人也为他担心，特别是梅雨田，更加担心会因为这双眼睛而影响他的艺术前程。虽然大家想了不少办法，但始终没有根治。

无心插柳柳成行，许是天注定，命运安排梅兰芳爱上了养鸽子，这一养居然为他养成一双"神光四射、精气内涵"的好眼睛，为他最终登上艺术巅峰而扫清了障碍。

梅兰芳养鸽子，起初也许只是出于好玩，所以只养了几对，拿它当一种业余游戏，他说鸽子"不单是好看，还有一种可听之处。有些在尾巴中间，给它们带上哨子，这样每一队鸽群飞过，就在哨子上发出各种不同的声音。有的雄壮宏大，有的柔婉悠扬，这全看鸽子的主人，由他配合好了高低音，于是这就成为一种天空里的和声的乐队"。

养了一阵后，梅兰芳的兴趣越来越大，从每天抽一点时间发展到"乐此不疲地成为日常生活中必要的工作"。同时鸽子也越养越多，从几对增加到 150 对，品种也极其繁多，有中国种，也有外国种。他回忆道："鸽子的种类太多了，有能持久高飞的，越飞越远，从北京可以放到通州、天津、保定府来回送信，这是属于军队里的信鸽一类。有一类能在黑夜起飞的叫做夜游鸽。还有一种鸽子，会在天空表演翻筋斗的技术，有的翻一两个，有的能够一连串地翻许多个。这种样子，在下面的人望上去，就跟飞机在空中表演翻筋斗一样。另有一种专门讲究它的体格、羽毛、色彩的，五光十色，是非常的美观。有些专做贩卖鸽子的，他们还会把普通的鸽子，用各种方法配合成了异种，再待价而沽。"

梅兰芳养鸽子颇辛苦，每天很早起床，吊嗓练唱后，他便忙着给鸽子们喂食、喂水。梅家的四合院的两边都被他用作鸽子棚，棚里面用木板隔出许多小鸽子窝，门上挖有一小洞，使空气流通，每个窝里放一个草团，摆一个水罐，水罐四周挖一圈小孔供鸽子伸进头去喝水。喂完食后，他便开始清理鸽子棚。他不但每日清扫鸽子窝，还三天两头为鸽子们洗澡，上百只鸽子逐一洗过，工作量之大是可想而知的。每只鸽子健康壮实当然无话，若有鸽子生病，可就急坏了梅兰芳，他要赶紧为病鸽治病，为防止它们传染，还得为它们搬新家，将它们搬入隔离病房，还得时刻观察它们，看它们是否有所好转或病得更重。

放飞鸽子，梅兰芳很有经验，他不是将所有的鸽子一股脑儿地全部放出去，而是根据鸽子飞行力的强弱，一队队将它们放出去，先放飞行力最强的，再放第二队、第三队……直到全部放完。鸽子虽然都上了天，梅兰芳却不能闲下来，他既要观察鸽队飞行状况，又要训练新鸽飞行。训练新鸽的办法是，先练成一部分老鸽，等它们能飞得很高很远会飞回来了，他再将几只新鸽子混在老鸽子中，让新鸽跟着老鸽一起飞。

几队老鸽子飞够了，便聚集在一起，围着房子打转，梅兰芳知道它们是想下来了，他可不能让它们自由自在，他得让它们训练新鸽子。于是，他手拿长竹竿，用竹竿指挥着它们，同时将飞行能力弱的新鸽子再一一朝上抛，让它们跟着老鸽子。老鸽子不但能带领新鸽子飞行，梅兰芳还能利用老鸽子驱赶鸽鹰。鸽鹰专爱扑食鸽子，而每当有鸽鹰出现时，经验丰富的老鸽能迅速带领鸽群飞离危险地点。所以，尽管有些老鸽体力机能都有所减退，梅兰芳一直没有让它们退休。

看时间差不多了，梅兰芳会让鸽群在房上休息片刻，再手挥长竹竿指挥它们回到各自的小窝，再给它们喂食、喂水。一天反复几次，把梅兰芳累得够呛，他说："伺候一大群鸽子，比伺候人还要麻烦得多。"

除了会放飞，梅兰芳还很会训练鸽子，他的说法是"养鸽子等于训练一支空军部队，没有组织能力是养不好的"。他训练鸽子的方法是："把生鸽子买来，两只翅膀用线缝住，使它们仅能上房，不能高飞，为的是让它们认识房子的部位方向，等过了一个时期，大约一星期到十天，先拆去一只翅膀上的线，再过几天，两翅全拆，就可以练习起飞了。"鸽子会飞了，梅兰芳在长竹竿上绑上红绸，这是让鸽子起飞的信号，换上绿绸就是命令它们下降。

梅兰芳对养鸽子之所以有如此大的瘾是因为他觉得养鸽子很有趣，特别是当成群的鸽子在天空飞翔而搞不清哪几只是自家的，哪些是别人家的时候就更有戏了，他说："遇到别家的鸽子群，混合到一起的时候，就要看各人训练的技巧手法了。也许我们的生鸽子被别家裹了去，也许我们的熟鸽子，把别家的裹回来了。这是一种飞禽在天空斗争的游戏。鸽子的身上，都有标记，各家可以交换，也同战场上交换俘虏一样的。有时候发生了误会，双方不能谅解，甚至于还会闹出用弹弓打伤对方的鸽子，来表示报复泄愤的事。"

梅兰芳养鸽子一养就是十年，直到因戏务繁忙抽不开身来为止。谈到自己养鸽获益，他总结了三条："第一，养鸽子的人，先要起得早，能够呼吸新鲜空气，自然对肺部就有了益处。第二，鸽子飞得高，我在底下要用尽目力来辨别这鸽子是属于我的，还是别家的，这是多么难的事。所以眼睛老随着鸽子望，越望越远，仿佛要望到天的尽头、云层的上面去，而且不是一天，天天这样做，才把这对眼睛不知不觉地治过来的。第三，手上拿着很粗的竹竿来指挥鸽子，要靠两个膀子的劲头。这样经常不断地挥舞着，先就感到臂力增加，逐渐对于全身肌肉的发达，更得到了很大的帮助。"

57岁那年，梅兰芳在台上演出《穆柯寨》，台下一位操天津口音的看客，指着台上的梅兰芳，悄声对身旁一位白发老太太说："57岁的人，身板还能这样利落，你瞧他那双眼睛，多么有神……"

的确，梅兰芳直到老年，眼神都还十分传神。不仅如此，演《贵妃醉酒》时，穿着分量十分重的宫装，照样能做下腰身段；演《穆桂英挂帅》《霸王别姬》，手臂挥舞自如而不感僵硬吃力。这一切，都与他年轻时养鸽子的经历有关，他说他很感激当年每天挥舞的那根长竹竿呢。

回头来看，梅兰芳在倒仓期间养鸽子的行为，客观上锻炼了眼力和身板，为日后迅速走红做了技术上的准备。

嗓子恢复后，18岁那年，梅兰芳唱的第一出新戏是《玉堂春》。也许不能武断地说，一部《玉堂春》让梅兰芳一夜成名，但至少可以说，这部戏让他在京城的舞台上开始引人关注。

说《玉堂春》是"新"戏，是相对的。它本身是一出老戏，但唱腔却被改成了新腔。从这个意义上说，它是新戏。当梅雨田听到新编《玉堂春》后，立即就萌生了让侄儿学唱这出戏的念头。所以，梅兰芳的《玉堂春》

梅兰芳演出《玉堂春》

是从伯父那里学来的。

这出戏是一出唱功戏，演员没有基本功是唱不下来的，梅兰芳说："从前老师开蒙教戏，总是西皮先教《彩楼配》，二簧先教《战蒲关》，反二簧先教《祭江》，没有听说小学生先学《玉堂春》的。可见唱功如果没有点功夫，是动不得的。学会了《玉堂春》，大凡西皮中的散板、慢板、原板、二六、快板几种唱法都算有个底子了。"

它的唱功又不是一般的唱功，梅兰芳还说："别的唱功戏，总有休息的机会，不像它老是旦角一个人唱，还要跪着唱。"演员按剧情必须跪唱，《玉堂春》可谓是开了先河，因为有大段唱腔，只有演员独自一人在台上跪唱，如若设计不好就会给人以沉闷乏味之感，演员辛辛苦苦唱了半天或许还会吃力不讨好。而《玉堂春》唱了许多年，观众仍兴味盎然，足见《玉堂春》设计者的设计水平了。

演出《玉堂春》时，梅兰芳还没有实践"花衫"的机会。他对这出戏的兴趣在于它的新腔。此时，他正对"新"有着极强的敏感，喜欢新，追求新，况且这是一部展示唱功的戏。因此，他赋予了这出戏太多的意义。

也是从《玉堂春》开始，梅兰芳演每出戏之前都会认真地分析唱词、研究剧情、揣摩剧作者的用意，然后融入自己对剧情的理解。因而，他饰演的角色无一雷同，既美丽动人又各具个性。肯动脑、擅钻研是他对演戏的一贯态度，这或许就是他最终获得成功的原因之一。

从 11 岁登台，到 18 岁因演《玉堂春》而开始走红，其间跨越了 7 年时间。懵懂的梅兰芳在渐悟了 7 年之后，终于以此作为腾飞的契机。

就在梅兰芳红遍大江南北的时候，晚梅兰芳 14 年出生的孟小冬在经过 3 年的艰苦学艺后，出师了。师傅仇月祥传授给孟小冬的第一出戏是《奇冤报》（即《乌盆记》）。这出戏日后成为孟小冬代表剧目之一。3 年间，孟小冬随仇月祥重点学习了孙（菊仙）派名剧，如《逍遥津》《捉放曹》《李陵碑》等，也掌握了谭（鑫培）派戏《失空斩》《卖黄马》《武家坡》《翠屏山》等。除此之外，老徽班的《徐策跑城》、老旦戏《滑油山》等，她也都能唱。票友出身的老生刘鸿声，有著名的"三斩一碰""三斩一探"，即《斩黄袍》《斩马谡》《辕门斩子》《碰碑》《四郎探母》，孟小冬也都学了，而且模仿得有模有样。数一数，此时，她能唱的戏，有 30 多出。在仇月祥眼里，弟子可以正式亮相了；在孟鸿群看来，女儿终于可以接班了。

走红

演尽古来英雄娇娥

京城菊榜，梅兰芳中了一次『探花』

谭老板倚老卖老，梅兰芳大胆接招，机智应对

孟小冬6岁出外跑码头

梅兰芳20岁时才第一次离开北京

孟小冬离开上海时，梅兰芳南下到上海

梅兰芳演出《玉堂春》那年，即 1911 年，也就是他 18 岁的时候，北京戏界举行了一次菊选。在经过专家评选、观众投票后，公布了菊榜，位列状元、榜眼、探花的分别是朱幼芬、王蕙芳、梅兰芳。显然，此时，梅兰芳的名声，还不及和他一起学戏的两个同学。不过，仅仅一两年之后，他后来者居上，声名鹊起，相当叫座了，不仅一度超越了朱、王二人，甚至大有盖过"伶界大王"谭鑫培和"国剧宗师"杨小楼之势，甚至有人极端地说，老谭对小梅也望尘莫及了。此说并非空穴来风，倒也是有事实依据的。

一次，正乐育化会（戏界自治团体）附属小学育化小学为筹款，邀戏界名角在大栅栏广德楼演义务戏，当晚安排谭鑫培演大轴。因为依照习惯，大轴戏或压轴戏多由名角儿出演，因而除安排谭鑫培演大轴戏外，压轴戏由杨小楼担当。梅兰芳、王蕙芳的《樊江关》被安排在倒数第三出。

不凑巧那天梅兰芳另外还有三处堂会戏，赶不及广德楼的义务戏。当倒数第四出戏演完后，梅兰芳未能赶过来，杨小楼的戏便提前上演了。当时戏馆老板如此安排是以为有杨小楼、谭鑫培最后压阵，有没有梅兰芳都无所谓。谁料想，他们低估了梅兰芳在戏迷心目中的地位，当台下戏迷发现应该是梅兰芳出场而出来的却是杨小楼时，他们认为当时杨小楼的名气比梅兰芳大，杨小楼绝不会与梅兰芳调换演出顺序，从而让梅兰芳演压轴，由此推断梅兰芳是不会出场了，因此大为不满。戏馆里顿时人声嘈杂，乱成一团。

正乐育化会负责人赶紧上台向观众解释说："梅兰芳因另外有三处堂会戏要唱，一时赶不过来，但倘若能赶回来他一定赶来。"他的话还没说完，就被观众一阵接一阵的叫嚷声打断，他们高呼："他非来不可，他不来我们要求退票。"

后来成为梅兰芳师友的齐如山因和育化小学校长项仲延是老友，所以当晚也被邀前去帮忙。他见台上那位负责人已无法稳定观众的情绪，便拉项仲延和育化小学的其他几位教师走下台来，来到观众席中，耐着性子向观众说好话："今天的情形，实在是对不起大家，但今天之戏，是专为教

梅兰芳与齐如山（左）

育，诸君虽是来取乐，但对教育没有不热心的，望诸君看在维持学校的分儿上，容恕这一次，以后定当想法子找补。"他们态度诚恳，却仍不为观众所接受，有几位观众站起来大声说："我们花钱就是来看梅兰芳的，没有他的戏就退票，用不着废话。"

正僵持之际，忽然有人宣布说梅兰芳已经来了，正在后台，等杨小楼的戏唱完，他立即上场。可怜杨小楼整出戏就在满场喧嚷声中草草收场。这个场面于他来说不啻一场侮辱和嘲弄，面子一时抹不开，下台后一句话也没说转脸就走了。谭鑫培见状似乎预感到自己也将有如此结果，其难过不减于杨小楼，但他心有所不甘，便早早地把行头穿好，脸彩揉好，只是没有戴网子。

正乐育化会的会长田际云见状悄悄对齐如山说："谭老板要看兰芳的戏。"

"何以见得？"齐如山问。

"您看他都扮好了，只差戴网子了，他若不是想看戏，不会这么早就扮上的。"

果然如田际云所料，梅兰芳的整场戏，谭鑫培足足看了大半场，看时神情专注，像是非要找到梅兰芳所以受观众欢迎的原因。

梅兰芳原本的确是赶不回来的，但育化会的干事看观众闹得实在厉害，有梅兰芳不出场誓不罢休之势，恐事态发展下去不好收场，虽然观众嚷着退票在天津已发生过几起，但在北京这还是第一次，如果最终无奈退票，大家这天的戏白唱不要紧，得罪了谭鑫培、杨小楼可就事大了。于是，他们急忙派人借了一辆汽车火急火燎地将梅兰芳接了过来。偏巧梅兰芳那天的四出戏都是《樊江关》，所以那边的堂会戏一唱完，他也不用卸妆，围上斗篷就赶过来了，来后也不用重新化妆，摘下斗篷就上了场。他一出场，观众便情绪高涨，掌声欢呼声叫好声响成一片，他刚一张嘴，戏馆里顿时寂静无声，足见他此时的魅力。

1913 年初夏，由俞振庭发起在广德楼主办"义务夜戏"，梅兰芳、谭鑫培、刘鸿声、杨小楼均在被邀之列，安排梅兰芳的戏码是与王蕙芳合作《五花洞》。与上次为育化小学筹款而举办的义务戏一样，梅兰芳那天正好在湖广会馆有堂会，赶不回来。戏单上写着《五花洞》之前是吴彩霞的《孝感天》，之后是刘鸿声、张宝昆的《黄鹤楼》。

谁知《孝感天》唱完后，出来的却是《黄鹤楼》，观众一时愣住了，他们初以为《黄鹤楼》与《五花洞》调过儿了，《黄鹤楼》结束后才是《五花洞》，所以也就耐着性子往下看。《黄鹤楼》结束后，接着出场却是《盗宗卷》里的太后，他们这才意识到梅兰芳今晚是不会唱了，大为不满，叫嚷着要看梅兰芳。有人甚至站起来大声质问："为什么没有《五花洞》，为什么梅兰芳不露面？"

随着这一声喊，其他观众也纷纷指责戏馆不守信用，场内秩序大乱，连谭鑫培饰演的张苍出场也镇不住了。

管事的连忙派人去找梅兰芳，同时派人在台上贴出一张告示"梅兰芳今晚准演不误"，这才稍稍平息了观众的怨气，谭鑫培就像上次杨小楼一样没情没绪地在纷乱的秩序中匆匆将戏唱完。

来人赶到湖广会馆，见梅兰芳正和王蕙芳在台上唱二本《虹霓关》，他急得团团转。梅兰芳刚下场，他就堵着下场门对梅兰芳说："戏馆的座儿不答应，请您辛苦一趟。"

梅兰芳当然不知道广德楼那儿已经秩序大乱，他不慌不忙地说："好吧，等我们卸了妆马上就赶去。"

"不行，您哪，救场如救火，来不及了，您就上车吧。"来人急吼吼道，并不由分说拉起梅兰芳就往门外走。

梅兰芳被拖拽着几乎是跌跌撞撞地来到门口，还没反应过来就被推进门口停着的一辆车，刚坐稳，王蕙芳也被推了进来。两人坐在车里，彼此望着对方还未来得及卸下的行头，忍不住笑出声来。

他俩赶到广德楼的后台时，前台谭鑫培的《盗宗卷》已接近尾声。管事看见梅兰芳，激动地连声说："好了，好了，救星来了，快上去吧！"

当王蕙芳饰演的东方氏突然出现在台上时，观众们议论纷纷："《五花洞》改《虹霓关》了，梅兰芳又露了。"因为来不及换行头，梅兰芳、王蕙芳临时决定再唱一遍二本《虹霓关》。当梅兰芳饰演的丫鬟上场时，观众欢声雷动，他们要看的就是梅兰芳的表演，至于他是唱《五花洞》还是《虹霓关》已无关紧要了。

随着一声"押上堂来！"，陆杏林饰演的王伯党上场，他的扮相开始时很让观众不习惯。陆杏林因为刚刚陪谭鑫培唱完《盗宗卷》，临时陪梅兰芳加唱《虹霓关》，没有来得及打扎巾，而是《盗宗卷》里的扮相，戴着甩发上的场。武将戴甩发有两种意思：一是表示战争的双方厮杀得十分激烈，二是表示战争中失败一方的武将被人打得卸甲丢盔的样子。王伯党是被俘虏的敌将，梅兰芳倒认为陆杏林戴甩发的装扮更符合剧情，而观众明白他们是临时加演的，对他们的装扮也能表示理解。虽然是匆匆忙忙上的场，演员的扮相也不是很规范，但他们的表演是认真的，观众给他们的掌声也是真诚的。

这个时候的梅兰芳，从艺术上来说，恐怕确如齐如山所说"很平平"。他之所以受观众欢迎和喜爱与当时的社会环境大有关系。在京剧女班开始兴盛之初，男女演员是不能同台演出的。这种约定俗成严重制约了京剧的发展。双庆班班主俞振庭当时与清末工部尚书肃亲王来往较密，关系比较亲近，他利用这个关系，先说通肃亲王，得肃亲王许可，一举废止了旧约，双庆班第一次改组成男女合演。由于男女演员同台表演，给戏台增色不少。更重要的是，女观众开始走进戏园。早年，女人是不得抛头露面的，更不要说进入人多杂乱的戏园听戏。

1900 年以后，随着京剧女班的兴盛，更因受晚清资产阶级民主思潮的影响，戏园的观众席上开始出现妇女的身影。北京京剧女观众的出现，是1900年以后为了"庚子赔款"上演"义务戏"而造成的。"由于义务戏的兴起，妇女才能走进剧场。最初义务戏的性质，是为了'庚子赔款'，当时人民还有所谓'国民捐'，那是清王朝附加在人民头上的负担。由于是这样一个性质，义务戏就必须满座，因此就不得不让妇女走进了剧场。"虽说允许妇女入戏园，但她们必须坐在楼上，楼下才是男士座。尽管如此，允许女观众入戏园与男人共同观戏，为观众打开了方便之门，所以，那个时期，京剧舞台一度生气勃勃。

由于观众席上多了妇女，整个戏剧界发生了急遽的变化：过去一直是老生武生统治舞台，如今青衣花旦的地位一日盛于一日。在梅兰芳之前，旦行以陈德霖、王瑶卿为主，然而他们生不逢时，老生武生的光辉遮挡着他们，使他们一直生活在老生武生的阴影之下，名声终不及谭鑫培、杨小楼显赫。作为后起之秀，梅兰芳逐渐取代了陈德霖、王瑶卿，成为旦行主角，他那清脆的嗓音、圆润的腔调、细腻的做工、周到的表情无一不透露出美的神韵，正合于普通百姓爱美心理，恰好社会的发展又使得旦行的地位如日中天。得上天的垂青，梅兰芳的崛起便是自然而然的。

在梅兰芳的眼里，"伶界大王"谭鑫培的唱不是单纯的唱，演也不是单纯的演，而是名副其实地演唱，他的表演总是从人物出发，注重揭示人物内心。在技法上，他虽然贵为"新老生三鼎甲"的扛鼎人物，却不死守门户，勇于创新更善于博采众长。从他的身上，梅兰芳接受了"创新"这一新概念，聪明地摸索到了一条新路，也就自然地步上了成功之路。当然，这是以后的事。

尽管谭鑫培与梅家素来交情不错，他不仅与梅巧玲交谊深厚，又与梅雨田默契合作多年，但却从来没有过多关注过梅兰芳这梅家的第三代。直到那次的"广德楼"义演，梅兰芳方才进入他的视线。他陡然发现，这孩子不期然地一跃而上，眼看着就要超越自己了。他预感到，"伶界大王"的称号要易主了。对此，他有些疑惑，有些不解。

他之所以疑惑之所以不解，很大程度上源于他对社会环境变化的不够敏感，他忽略了这样一个事实：作为旦行的领军人物，陈德霖、王瑶卿都已面临年龄趋大青春不再舞台形象大打折扣的遗憾，而新一代旦角如梅兰芳、王蕙芳、朱幼芬等，正填补着这一空白。不管怎么说，谭鑫培开始留意起了梅兰芳，并一直在找机会要与梅兰芳合作一次，以亲试其身手。于是，当在一次演出前他的搭档陈德霖因故而不能前来时，他便刻意地点名梅兰芳顶替陈德霖。

对于梅兰芳而言，他出道不久便能与谭鑫培这样的大师合作，实乃机会难得，他当然竭尽全力又小心翼翼。他之所以小心翼翼，是因为他也知道谭老板的个性是常常会在台上让对手难堪的。

比如，谭鑫培有一次演《张飞闯帐》，饰演诸葛亮，饰张飞的演员在念"为何不叫咱老张知道"一句时，因为花脸念开口音好听，所以他将"知道"念成"知大"，许多净角演员都是这么念的，如果老生演员不加理会，观众也一时听不出来，只会觉得那是演员的习惯而已。而谭鑫培却不依不饶，他接下来的台词是"叫你知道，也要前去，不叫你知道，也要前去。"正好有两个"知道"，便故意将这两个"知道"念成"知大"，他这么一加重语气且含有嘲弄之意，观众立刻明白演张飞的演员先前念错了，便哄堂大笑，使该演员大失面子。

那时的京剧舞台上经常会有演员出错，为了整体效果，当一个演员无意间出错时，另外的演员要想法补救，若不能补救也应想办法掩饰过去。当然不是每个演员都有这样的涵养，有的演员甚至以揭别人的短来抬高自己，还有的演员会在台上就对出错的演员发脾气。其实如果掩饰得好，观众多半是不会发现的，而有些演员有意揭别人的短，甚至渲染别人的错。谭鑫培如此做法有些"阴人"之嫌。所以，梅兰芳身边的人都很担心他也会有此遭遇。

不过，梅兰芳没有给谭鑫培这样的机会。事先，他做足了准备，是一个方面；在台上，他小心谨慎，也是原因。主要的还是他基本功相当扎实，不但让谭鑫培挑不出丝毫的毛病，反而使他由衷称赞梅兰芳"是一块好材料"。

但是，有谁能担保永远不出错呢。于是那时一度有传说，说梅兰芳的朋友曾面托谭鑫培多多关照梅兰芳，意即在以后的合作中不要给梅兰芳出难题让他下不来台，更有传说，说即便有人面托过谭鑫培，个性独特的谭老板仍然在与梅兰芳合作《汾河湾》中因为两人无意间相撞而故意加词"叫他这边躲，他偏往那边去"。于是，同情梅兰芳者对谭鑫培大加指责。对此，梅兰芳断然否认，他公开辟谣说"这实在是冤枉了谭老板"。

尽管如此，梅兰芳在与谭鑫培的合作中，的确被谭鑫培"捉弄"过。那还是在合作演出《汾河湾》这出戏时，其中一场戏的人物对话应该是：

第一段：薛：口内饥渴，可有香茶？拿来我用。

柳：寒窑之内，哪里来的香茶，只有白滚水。

薛：拿来我用。

第二段：薛：为丈夫的腹中饥饿，可有好菜好饭？拿来我用。

柳：寒窑之内，哪里来的好菜好饭，只有鱼羹。

薛：什么叫做鱼羹？

柳：就是鲜鱼做成的羹。

薛：快快拿来我用。

也不知是有意为之，还是随兴所至，当梅兰芳所饰演的"柳迎春"念完"只有白滚水"时，谭鑫培竟来了句："什么叫白滚水？"梅兰芳不由心中一惊，但他不动声色道："白滚水就是白开水。"谭鑫培没想到梅兰芳反应这么快，也无话可说，自然回到"拿来我用"这句戏词。

这显然不能满足谭老板的戏瘾，在接下来的第二段，当"柳迎春"念"寒窑之内，哪里来的好菜好饭"，还未及念出"只有鱼羹"时，谭鑫培抢白道："你与我做一碗'抄手'来。"这次，梅兰芳似乎是有了准备，脱口而问："什么叫做'抄手'呀？"谭鑫培转脸冲着台下观众指着梅兰芳不无嘲弄道："真是乡下人，连'抄手'都不懂。'抄手'就是馄饨呀。"他以为梅兰芳必定大窘，却不曾料到梅兰芳接着他的话头，说"无有，只有鱼羹"，从而巧妙地将不着边际的谭鑫培又拉回到原来的戏词上。

在梅兰芳眼里，年长他48岁的谭鑫培无异是长辈、前辈，因而在谭鑫培面前，梅兰芳始终老老实实地称其为"爷爷"。表面看来，谭鑫培一直憋着劲儿欲挑梅兰芳的刺儿又时不时在戏台上"逗逗"这梅家小子。实际上，谭鑫培对梅兰芳是提携的、宽容的。

一次两人又合作《汾河湾》，"窑门"一段引得观众掌声阵阵。演出结束，谭鑫培对人说："那一段，我说我唱的那几句并非如何好啊，怎么有人叫好呢？留神一看，敢情是兰芳在那儿做身段呢。"按照以往的表演程式，梅兰芳在这一场戏里是没有任何动作的，但他接受了戏外人士齐如山的建议而大胆打破陈规为角色新增了身段。谭鑫培是一贯倡导"演"戏而非单纯"唱"戏的，梅兰芳此举实则是符合谭的表演精神的，但他客观上抢了谭老板的风头，这在辈分高于一切的梨园是难以容忍的。梅兰芳心中也不免打鼓，担心谭前辈会因此怪罪于他。然而，谭鑫培却很善待梅的这一行为，甚至鼓励他"就这么着"。这给了梅兰芳莫大的鼓舞，从此开始他创新的一生。

梅兰芳如日中天之时也是谭鑫培夕阳西下之时。1916 年的夏末，梅兰芳在"吉祥戏园"重演他最早的创新戏《孽海波澜》，而久未露面的谭鑫培却在同处东安市场的"丹桂茶园"演出。起先，梅兰芳并不知道擅长"做"市场的戏院老板此番安排是刻意的，意欲造成老谭、小梅对台，以此噱头招徕观众。梅兰芳当时风头正健又新老戏并举，自然卖座颇佳，却苦了有"伶界大王"之称的谭老板每天面对廖廖观众，心中的伤心与苦闷是难以言表的。

事后，梅兰芳了解到这一切，内心十分不安，却又不便直接找上门去赔不是。不几日，他在与朋友逛西山的戒台寺时于半道上巧遇谭鑫培。想到前几日的"打对台"，梅兰芳不由紧张惶恐起来，他往前紧走几走，双手垂下，对谭鑫培微微欠了欠身，恭恭敬敬地招呼了一声："爷爷。"谭鑫培似乎早已看穿了梅兰芳的心思，很大度地拍了拍梅兰芳，哈哈笑道："好，你这小子，又赶到我这儿来了，一会儿上我那儿去坐。"后来，梅兰芳果真去了谭鑫培的住处，祖孙俩谁也没提前一档子事儿。只一年以后，一代京剧大师谭鑫培去世了，"伶界大王"的桂冠很自然地戴到了梅兰芳的头上。

尽管梅兰芳十分崇拜谭鑫培，但他俩毕竟分属不同的行当，谭鑫培留给梅兰芳的只能是宽泛的创新表演意识和精益求精的表演精神。

之后，他又多次在舞台上展示了他沉着机智的应对能力。

有一次梅兰芳在天津安徽会馆唱堂会，大轴戏是梅兰芳与天津名票王君直的一出《四郎探母》，唱"坐宫"一场时，演到公主的一段白口，原来的词句应该是"皇天在上，番邦女子在下，驸马爷对我说了真情实话，我若走漏他的消息半点，到后来天把我怎么长，地把我怎么短……"当时台下全是熟人，戏又是难得一见的好戏，所以场内秩序很乱。

梅兰芳可能受其影响，一不留神，竟说走了嘴，念成"驸马爷在上……"，王君直一听就怔住了。梅兰芳反应也真快，话一脱口立即就意识到出了差错，他顺水推舟做了个轻妙的身段，使出半嗔半羞的样子推了王君直一把，叫起板来说："让你都把我给搅糊涂了。"武场跟着敲起小锣，文场拉起流水的过门，一场惊险就这样平安度过了。戏后王君直在后台赞叹："兰芳真是不得了，台上这种火什么人救得了啊？！"

"文革"中某剧团演样板戏曾有一段笑话，在《红灯记·赴宴斗鸠山》一场戏中，由于搬道具的将椅子摆偏了位置，结果李玉和在与鸠山斗法中一屁股坐到了地上，戏演砸了。由此可见道具位置的重要。

有一次梅兰芳在天津某宅唱堂会，主人点戏请梅兰芳唱《晴雯撕扇》。不知是检场弄不清，还是一时疏忽，将场上的椅子与陈设物品都摆错了地方。梅兰芳一上场唱完第一句就发现不对劲，刚好所唱的是一大段慢板，他便一边唱，一边新增加许多身段，将道具一一摆放在原位，慢板唱完，道具也都摆好，而且动作合情合理，对此戏不熟的观众还以为晴雯是在乘宝玉不在时帮他收拾屋子呢。

演员在舞台上突然忘了台词，也是常有的。演员对本子背得不够熟固然会如此，即使演过许多遍的戏，演员有时也会因种种莫名其妙的原因而一下子卡住，戏台上的玩艺儿是到时候就得张嘴，根本不容你有片刻时间去想的，而且多半越急越想不出。所以如何应付此"坎"就特别能显出演员的素质。

民国初年，19岁的梅兰芳和王瑶卿合演连台本戏《儿女英雄传》，他饰张金凤，王瑶卿饰十三妹何玉凤。这时的梅兰芳尚不够成熟，还不怎么会念京白，语气上常常说不连贯，遇到大段的道白，更是不大顺嘴。那天他又赶场，刚在廊房头条第一楼唱完一出《三击掌》，便奔过来唱这《儿女英雄传》，急了点。

当他唱到张金凤劝说何玉凤嫁给安公子的一场时，忽然忘了词儿。他与王瑶卿正对坐在场上，那个急呀！可也急中生智，他先使了一个眼神，然后走到王瑶卿身旁，在他耳边轻轻说道："我忘了词儿，请您提我一下。"同时冲着台下做了个表情，看上去像是在劝何玉凤的样子。

王瑶卿当然并非等闲之辈，他故意想了一想，不慌不忙也来了个身段，叫张金凤附耳上来，然后把该念的词儿告诉了他。梅兰芳有了词儿，又做出一个合乎剧情的表情，照着念下去。观众自始至终被蒙在鼓里，一点儿也没有看出破绽，反而以为是演员加了新鲜玩艺儿，还喝了彩呢。从剧情来说，张何二人平时关系颇为亲密，算得上是无话不谈，所以梅兰芳与王瑶卿在台上这样咬耳朵的做派，既达到了目的，又不妨碍剧情，堪称是救场的佳例。事后王瑶卿直夸梅兰芳，说他将来一定大有希望。

从梅兰芳巧妙应对舞台上的变化可以看出，此时的梅兰芳已经完全摆脱了"言不出众，貌不惊人"的懵懂状态，显现出他机敏聪慧的本质。在1917年谭鑫培病逝后，梅兰芳继承了"伶界大王"的称号。

可以看出来，梅兰芳在第一次离开北京南下赴沪演出时，他在北京已经有了不小的名声，这为他在上海的演出获得巨大成功奠定了基础。那年，是1913年，梅兰芳20岁。

有趣的是，孟小冬早在6岁时，就出外跑码头了。那年，也是1913年。

自从5岁开始学戏，孟小冬就一直跟在父亲身边。孟鸿群有时到外地演戏，也带着她。6岁时，父女俩来到南京。有一天，一个军阀厅厅长举办堂会，孟鸿群也是被邀的角儿之一。这个厅长绝对是个戏迷，唱戏是他唯一的爱好。不仅如此，他还要求家中仆人，人人都要会唱戏，不会唱戏的，他一概不要。

厅长不但自己爱唱，还好为人师。孟小冬跟着孟鸿群来到厅长家，厅长见是一个只有 6 岁的小姑娘，很好奇，问她会唱什么，小冬答《斩黄袍》。他就让她唱一段，小冬唱了一段，他连声赞好。当他得知小姑娘还没有跟师傅，只是随父亲学过一些，就自告奋勇地表示要收她为徒，为她开蒙，教她唱谭派戏。孟鸿群哪敢得罪厅长，他明知厅长不过就是个末流的票友而已，但还是连声道谢，马上就让小冬跪下磕头拜师。

这次在南京，孟鸿群搭班唱了两个月。孟小冬有时在戏里串演一些小角色，更多的时候，她就到厅长家，跟厅长学戏。厅长真的有模有样地教了一出谭派戏《秦琼卖马》。有趣的是，小冬是徒弟，跟师傅学戏，理应付给师傅劳务费。恰恰相反，每次学完，"师傅"厅长却都要赏给小冬两块银圆。两个月下来，小冬被赏了一大笔，几乎相当于父亲两个月搭班唱戏的包银了。如此一来，她既学了戏，又得了钱，真是一举两得，把孟鸿群乐得连呼"意外意外"。

严格说起来，孟小冬此次赴宁，也许算不上真正意义上的跑码头，但对于只有 6 岁的她来说，这样的经历大开了她的眼界，让她对出外演出有了程序上、内容上的清晰认识。当她日后真正出外跑码头时，心理上已经有了一定的准备。

就在孟小冬在南京唱戏、学戏的时候，梅兰芳第一次离开北京，南下上海。

跑码头（二）

你也红了我也红了

在北京的梅兰芳「红」在上海

在上海的孟小冬「红」在无锡

初到上海，梅兰芳只挂「二牌」

初到无锡，孟小冬演大轴

王凤卿为梅兰芳争「压台」

孟小冬被视为天才

相比历史厚重的北京，上海是个新兴的城市。因此，它比北京更少受传统的影响和束缚。它在被殖民统治的同时，也不可避免地受到西方文化的浸染。所以，上海的戏曲舞台，无论在内容上，还是在形式上，都更先进、更文明，一定程度上影响着京剧的艺术面貌和艺术性质。这样的社会和戏曲环境，使得上海的观众，眼界更加开阔，思想更新，更容易接受新鲜的剧和人。他们少有论资排辈、等级尊卑的旧观念，他们只看他们认为是美的、新的、好看的戏，只喜欢他们认为值得喜欢的演员，而不论这个演员的出身、经历、资历等。

京剧是在北京发展起来的戏曲剧种，它对于上海来说，是个新兴的艺术门类，在上海从事京剧演艺的人，相对较少。舞台上大多数演主角的演员，多是戏院老板从京津一带邀聘而来，上海本地的京剧演员多半只能演二路角色。也就是说，京角儿到上海演出，往往很容易挂头牌、挑大梁，容易引起关注。而在群雄聚集、名角儿荟萃的北京，年轻演员若想挂头牌、挑大梁，是难以想象的。

梅兰芳说过这样一段话，可以用以佐证："在当时，北京老角儿好的这样多，刚出科的学生，就算艺术学得地道，在科班里演唱，也是很好，等搭到大班里面，不定让他配一个什么零碎角儿，那真惨了。"[1]这也就是未出名的北京演员一心向往到上海演出，而上海的京剧演员频繁离沪出外演出的一个原因。

吸引京角儿离京赴沪的另一个很重要的原因，是经济因素。上海戏园开给演员的包银，往往是京城戏园的好几倍。况且，演员应邀赴沪的所有开销，均由园方承担，非常有吸引力。当然，能够被邀赴沪演出的，大多是角儿。所以，京城一度流传着这样一句话："北京成名，上海赚钱。"然而，角儿毕竟有限，那些崭露头角的后起之秀，也成为被邀对象。对于他们而言，到上海，不仅仅是为了赚钱，也为了成名走红。一旦在上海唱红了，返回京城后，身价也就不一样了。

---

[1] 梅兰芳：《梅兰芳舞台生活四十年》，河北教育出版社，2001 年 5 月版，第 67 页。

对于精明的上海戏园的老板而言，利益最大化是他们追求的目标。因此，除了名角儿以外，京城那些初有名声并且大有潜力、对上海戏迷来说既有吸引力，又有新鲜感的京伶，也就成了他们的"猎物"。梅兰芳于1913年秋首次跨出北京城赴上海演出前，在京城的舞台上已经小有名气，但上海人对他却一无所知。

接到上海"丹桂第一台"老板许少卿的邀请，梅兰芳的心情有些复杂。

首先，尽管他已经是京城各戏园争抢的角儿了，但在许少卿看来，能否靠他卖座还是个未知数。许少卿是个精明的商人，这次他主要邀请的是著名须生王凤卿，梅兰芳只是作为"陪衬"。因此，此次赴沪，挂"头牌"的是王凤卿，梅兰芳只是"二牌"，连包银都是王凤卿为三千二百元，梅兰芳却只有一千八百元，其中四百元还是王凤卿竭力争取来的。

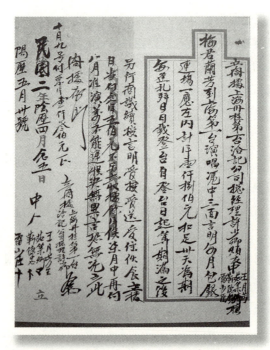

梅兰芳首次赴沪时与戏园签订的合同

当时，王凤卿认为许少卿给梅兰芳的包银太少，要求再加 400 元。许少卿以为梅兰芳不过是个"二牌"而已，按照行话说，只是为王凤卿"挎刀"的，便不太愿意在无名小卒身上多下本钱，但他又不能得罪王凤卿，所以有些为难。王凤卿见状便有些不高兴，觉得许少卿太小气，他故意说："你如果舍不得出到这个价钱，那就在我的包银里面，匀给他 400 元。"

许少卿一听王凤卿这么说，不免有些难为情，连忙说："这怎么行？哪能减您的包银。"于是，他同意加梅兰芳 400 元。

这个时候，钱对于梅兰芳来说还是比较重要的，梅家一家大小的生活重担全靠他一个人。因此，他对王凤卿为他多争取了 400 元包银充满感激。不过，许少卿的态度，多少让他有自尊受到伤害的感觉。

其次，他自知在京城的舞台驰骋这许多年，对戏迷的欣赏口味还是有一点了解的，知道他们喜欢什么不喜欢什么，而对上海观众，他却毫不知底细。贸然前往，观众不买他的账怎么办？如果第一次去就没有留给上海好印象，以后再想挽回恐怕就很难了。也就是说，此行似乎只能成功不能失败，哪怕不成功至少也不能失败。但是，这又是个展示自己技艺的绝佳机会，岂能放弃？这样一来，梅兰芳的心理压力可想而知。

正式演出前几天，上海金融界大亨杨荫荪托人来找王凤卿。来人与王凤卿是老相识，故友重逢自然欣喜万分，闲聊了一些家常，来人才说明来意。原来杨荫荪即将结婚，看见《申报》的广告，知道王凤卿、梅兰芳已经到了上海，便想请他们在他结婚当日去他家唱一场"堂会"，点名要唱《武家坡》。王凤卿一时有些为难，他担心许少卿不同意，但经不住老友的一再鼓噪，便答应了下来。果然，许少卿闻讯后反应激烈，他坚决不同意他们在正式演出前去杨家唱堂会，他的理由是万一他们在堂会上唱砸了，弄坏了名声，势必影响到戏馆的营业。

王凤卿好说歹说，许少卿就是不松口，而王凤卿认为既已答应了杨家那是一定要去的，否则岂不失信于人。一边坚决要去，一边坚决不放，双方一时僵持不下，眼见就要闹崩了。杨家得知情况再派人来找许少卿，表示："假如他们在堂会上唱砸了，而影响到戏馆的生意，杨家愿意想办法补救。"

许少卿气呼呼地反问："你们能有什么办法？"

"我们可以请工商界、金融界的朋友联合包场一个星期，保证你不会亏本。"见许少卿还在犹豫，说客又补充说："这次堂会，我们就用丹桂第一台的班底，这样也可以保证演出不至于出问题，怎么样？"

许少卿掂量后勉强同意了。

问题总算得以解决，但这件事却使梅兰芳背上了一个沉重的包袱。他的心里颇不是滋味，更加断定许少卿对他是没有信心的。王凤卿在艺术上已经有了声誉与地位，许少卿还不至于怀疑王凤卿的能力，而自己在上海人眼里只是个新人，许少卿自然吃不准他的艺术功底。同时梅兰芳还有另外的担心，如果许少卿的确不幸而言中，他们唱砸了，那么他从此在上海销声匿迹，永无出头机会，他的舞台生涯还没有开始便将提早夭折。

这些想法固然有梅兰芳太过多虑的成分，但客观上却使他暗下决定，一定要让许少卿对他刮目相看。

决心是下了，而担心却并没有离他而去，这一晚，他睡得很不踏实，第二天一早，他对刚起床的王凤卿说："今儿晚上是我们跟上海观众第一次相见，应该聚精会神地把这出戏唱好了，让一般公正的听众们来评价，也可以让藐视我们的戏馆老板知道我们的玩意儿。"

话虽说是说给王凤卿听的，实际上是他在给自己打气。王凤卿早已看透了梅兰芳内心的紧张，他笑着安慰道："没错儿，老弟，不用害怕，也不要矜持，一定可以成功的。"

堂会地点并没有设在杨家，而是在张园。梅兰芳、王凤卿来到张园时，张园已热闹非凡，被邀来参加婚礼的宾客非常多。他们向主人道了贺，主人早已为他们准备好了酒席。酒足饭饱后，他们来到后台准备出台。在与许少卿交涉中，杨家已经了解到王凤卿、梅兰芳为不失信于他们而与许少卿发生争执的事，对他们深感谢意，决定将他们的戏码列在最后一出，而且还利用各种形式向亲友宾客替他们作宣传，这使他们的戏备受瞩目。

《武家坡》这出戏，梅兰芳在北京演过多次，与王凤卿合作也有不少次了，所以他并不怵这出戏。等台帘一掀，他更加沉着了，早已忘了许少卿的担心，也忘了他昨晚失眠内心紧张这码子事了。当他的一个亮相而赢来满堂彩时，他全身心地进入了情境。接下来，他无论是唱那段西皮慢板，还是在做功身段方面始终博得观众的阵阵叫好声。显然，台下的观众十分注意这位来自北京的第一青衣兼花旦。当晚的演出是很成功的，整出戏始终有喝彩声、叫好声相伴，虽然这是小范围的演出，观众也是极有限的一部分，但这次成功的演出坚定了梅兰芳的信心，为他后来在戏馆里的演出成功打下了基础。

在紧张、担心、焦虑、自尊心受伤等复杂的心理状态下，梅兰芳在上海的头几天演出，几乎是在屏气凝神下完成的，不出错是他那几天的唯一追求。

那时演员新到一个演出地点，最初3天所演出的剧目被称为"打泡戏"（又称"打炮戏"）。"打泡戏"成功与否，直接影响到这个演员日后在当地的演出成绩。开头要开得好，要给观众一个好印象，所以，一般演员都非常重视"打泡戏"，梅兰芳自然也不例外。按《申报》事先预告，梅兰芳头3天的"打泡戏"分别是《彩楼配》《玉堂春》和《武家坡》。

初到上海时的梅兰芳

1913年11月4日，对普通上海人来说绝对是一个平常的日子，而对梅兰芳来说意义却十分重大，这是他第一次登上上海舞台的日子，更是他红遍上海的起点。当然，他自己并没有想得那么远、那么深，他只是要求尽心尽力唱好每一场。

这天傍晚，他和王凤卿以及琴师茹莱卿、胡琴田宝林、鼓手杭子和走进"丹桂第一台"的后台，管事为他们一一介绍了"丹桂第一台"的基本演员：武生盖叫天、杨瑞亭、张德俊；老生小杨月楼、八岁红（刘汉臣）；

花脸刘寿峰、郎德山、冯志奎；小生朱素云、陈嘉祥；花旦粉菊花（高秋鼙）、月月红。介绍完，梅兰芳在心里感叹："难怪许老板从北京只请了凤二爷和我两个人，原来'丹桂第一台'是人才会聚之地，可说是人才济济，应有尽有啊。"

接着，后台管事将梅兰芳领到楼上一间化妆间，而王凤卿则在后台账桌上扮戏（即化妆）。别小看这看似普通的账桌，它可是身份地位的象征。那时候，几乎每个戏馆后台都有这么一张账桌，账桌上往往摆放着戏圭（即水牌，用以公布戏码的器具）和戏簿（即戏班演出的备忘录），有时戏圭旁还有牙笏（用以公布处分、通知演出事项等的器具），这几样东西是戏班里的重要物件。

就因为账桌很重要，所以不是一般演员都能在账桌前扮戏的，在生行演员占舞台统治地位时，只有老生、武生等生行演员可以坐在账桌前扮戏，而旦行等其他行演员是没有资格的，后来又形成了凡是挂头牌的名角儿才可以坐在账桌前扮戏的习惯。王凤卿本是老生演员，而且这次赴沪挂的又是头牌，所以自然是可以坐在账桌前扮戏的。显然，这个时候的梅兰芳，还没有这个资格。

梅兰芳的戏码被排在倒数第二，在北京这被称为"压轴戏"，而在上海这被称为"压台戏"。上海的"压台戏"相当于北京的"大轴戏"，因为上海的演出习惯，一般是最后一出戏被称为"送客戏"。

戏码排得较后，梅兰芳估计约到 10 点才能出场，8 点半时，他开始扮戏。他一边不急不忙地扮着，一连竖着耳朵听前台一出紧一出的戏。当快轮到他上场时，他这才感觉到自己其实是很紧张的。前几日的堂会唱得还算成功，不过唱堂会毕竟不能算正规演出，这次才算是真正意义上的第一次登上上海的舞台。第一次与陌生的上海观众见面，他们该如何看待自己、如何品评自己呢？虽然他的心里有些忐忑，但因为他的性格一向很平和很沉着，不急躁、不浮躁，很能控制自己的情绪，所以从外表上看，他胸有成竹。

时间一点点临近，管事在催了。他深吸几口气，又自我安慰道："《彩楼配》我唱过好多回了，已经很熟了，从来没有出过错的，怕什么呢？"这么一想，他更加平静了。这时，场上小锣响起，检场的已经掀开了台帘，梅兰芳明白此时已容不得自己多想了，他平复了一下心情，这才急步走上场去。

演出效果很好，上海观众一下子就迷上了这个来自京城的年轻旦角，他们喜欢他的扮相，认为美不可言；他们欣赏他的唱，一看便知基本功扎实，因而也就毫不吝啬自己的掌声和喝彩。

三天的"打泡戏"，不仅很顺利，而且很成功。眼见票房一路高歌猛进，许少卿的态度也大为改变，由对王凤卿的巴结奉承对梅兰芳的不冷不热转而对梅兰芳大加恭维，直夸梅兰芳是"福星"。三天"打泡戏"后的那天晚上，许少卿设宴款待王、梅二人。酒座上，许少卿忙不迭地为他俩添酒夹菜。梅兰芳面前的小盘子里的菜堆得小山一般高，许少卿还在一个劲地往里夹菜，还连声说："台上辛苦了，今晚应该舒舒服服地吃顿宵夜了。"

接着，他又说了一大堆恭维他俩技艺的溢美之辞。梅兰芳很清醒地意识到许少卿不过是看在钱的分儿上，恭维他们而已。吃得差不多时，许少卿激动地对他俩说："你们知道这几天的卖座成绩吗？"不等他俩回答，他接着说："真是好得不能再好，有许多大公馆和客帮公司都已经订了长座了。"

王凤卿插嘴道："许老板这回岂不是生意兴隆了吗？难怪许老板这么高兴。"

许少卿嘿嘿地笑着，说："托两位老板的福。"说完，他举着一小杯白兰地冲梅兰芳说："外面都传这位新来的角儿，能唱能做，有扮相，有嗓子，没有挑剔。"他的言下之意就是这次梅兰芳的功劳是最大的，人们也都是冲着这位新来的角儿而上戏馆的。

梅兰芳只是笑笑，没有作声。

许少卿又说："无啥话头，我的运气来了，要靠你们的福，过一个舒服年。"

看许少卿几乎得意忘形的样子，王凤卿禁不住想起前几日他死活不让他们去杨家唱堂会一事，便故意问他："许老板，我们没有给你唱砸吧？"

许少卿也是聪明人，他一听此说便明白王凤卿所指，陪着笑脸解释说："哪里的话，你们的玩意儿我早就知道是好的，不过我们开戏馆的银东，花了这些钱，辛辛苦苦从北京邀来的名角儿，如果先在别处露了脸，恐怕大家看见过就不新鲜了，这是开戏馆的一种噱头，我这次邀你们来还有别人的股子，不要让他们说闲话，也有我的不得已的苦衷，其实真金不怕火炼，你们的玩意儿，我太知道了，要不然我怎么会千里迢迢从北京把你们邀来呢？"

尽管许少卿对初次赴沪演出的梅兰芳多少有点歧视，但他还是在刊登在《申报》上的演出广告中，给梅兰芳加了这样一个头衔"南北第一著名青衣兼花旦"，又赞他"貌如子都，声如鹤唳"。当然，他这么赞美，并非真的是赞佩梅兰芳的艺术造诣，不过是为了制造噱头而赚取更高的营业利润而已。不过，在梅兰芳和王凤卿即将结束在上海的演出周期前，许少卿已经完全改变了对梅兰芳的态度。此时，他真正意识到，这个年轻的旦角儿，的确不愧"南北第一著名青衣兼花旦"的美称。

直到这个时候，梅兰芳方才大大舒了口气——他不但没有失败，相反却成功了。

说梅兰芳是"福星"，一点儿也不假；说梅兰芳是"幸运儿"，也一点儿没错。在他的成长过程中，始终伴随着前辈的提携：陈德霖、王瑶卿的教诲，谭鑫培的大度。如今随"头牌"王凤卿到上海，王凤卿不仅之前为他争取更多的包银，更在演出期满之前为梅兰芳竭力争取了一个"压台"的机会。

按照京剧演出的固有程序，压台戏和大轴戏都由头牌名角主演。梅兰芳作为"二牌"能够有机会压台，无疑将多了一个出人头地的机会，为他进一步走红多了一层砝码。

还是在那晚的庆功酒宴上，王凤卿趁许少卿高兴得近乎得意的时候，不失时机地提出了一个要求。他说："许老板，上海滩的角儿，都讲究'压台'，我们都是初到上海的，你何妨让我这位老弟也有一个机会压一次台。"

闻听此言，大吃一惊的，不仅仅是许少卿，也有梅兰芳。他从来就没有如此"非分"之想，他只想这次在上海能给上海观众留一个好印象。当然他很清楚如果真有机会压一次台，那对他今后的发展是再好不过了。既然王凤卿开了口，他当然也没有硬性推辞的必要，只是有些担心许少卿的态度。

意外的是，许少卿这次答应得很爽快。显然，他对梅兰芳的技艺有了信心，而不再持怀疑态度了。他说："只要你王老板肯让码，我一定遵命，一定遵命。"

王凤卿并不想以"势"压人，又见许少卿很爽快，就说："我跟兰芳是自己人，怎么办都行。不过，主意还是许老板你自己拿，我不过是提议而已。"

话虽这么说，实际上的意思已经很清楚了，许少卿哪还有什么异议。

对梅兰芳来说，这么一件重要的事，就这样轻而易举地决定了。

许少卿走后，王凤卿来到梅兰芳的房间，拉着梅兰芳的手，亲切地说："兰弟，从现在起，我们永远在一起，谁也不许离开谁，我们约定以后永远合作下去。"梅兰芳很为王凤卿的真诚所感动，他没有想到一个名气声望远大于自己的人居然能如此信任一个初出茅庐的后生。王凤卿一直都在艺术上鼓励、扶植、帮助梅兰芳，他曾对梅兰芳说："有了结实的功底，还要懂得戏理、戏情，老师口传心授之外，还要自己琢磨，从书本上也可以得到益处，遇到名师益友，千万不可放过，必须想尽办法把他们的好东西学到手。"梅兰芳正是听了王凤卿的教诲，在日后的演艺生涯中广交益友，无论是行内的还是戏外的朋友，只要对他有帮助，他都虚心求教，细细揣摩。

从此之后，梅兰芳与王凤卿开始了长达 18 年的合作。在长期的合作中，他俩亲如兄弟，从无隔膜。直到 1931 年"九·一八"事变爆发，梅兰芳从北京搬到上海居住，王凤卿因身体不好而未能同行。王凤卿虽与梅兰芳就此中断了合作，他的儿子王少卿却留在了梅兰芳的身边，为他操琴多年。

王凤卿向许少卿提议给梅兰芳一个压台的机会，目的是既想多给梅兰芳出头的机会，也想趁此次赴沪捧红梅兰芳。而梅兰芳对此并未奢望，他觉得许少卿当时虽然满口答应了王凤卿的提议，但好像有点情非所愿，在他没有正式做出决定之前，梅兰芳也没有指望这事一定能实现，他仍每天按部就班上戏馆唱戏。

又连续唱了几天后，有一天晚上，从戏馆回到许家，许少卿来到梅兰芳的房间，郑重其事地说："这几天一直在想王老板前几天的提议，今天来跟您商量，就请您唱一回压台戏吧。"

虽在意料之中，但梅兰芳还是感到些许意外，他没有想到许少卿这么快就做出了决定，他更没有想到，机会那么快就摆在了自己的面前。他自忖：机会稍纵即逝，一定要牢牢地抓住这个机会。

聪明如梅兰芳，他深知这一次"压台"机会的重要。不过，他更清楚，压台戏也不是那么好唱的，唱好了可能会一炮而红，唱砸了也就会适得其反。那么，如何唱好这出压台戏，他思忖良久，认为关键是选择一出好戏。什么样的戏是好戏？当然要迎合观众的欣赏口味，但是，观众到底爱看什么戏？他将他在上海唱过的戏逐一进行了比较、掂量：

头三天的"打泡戏"，除与王凤卿合作的《武家坡》外，《玉堂春》显然要比《彩楼配》受观众欢迎，后几天的戏分别是《雁门关》《女起解》《宇宙锋》、二本《虹霓关》。其中又加演了一场日戏《御碑亭》。这五出戏相比较而言，梅兰芳感觉二本《虹霓关》好像更受欢迎。由此他推断，观众对于那些青衣老戏，如《落花园》《三击掌》《母女会》等都不太喜欢，原因是这些老戏除保留了青衣传统专重唱功外，腔调基本上都是老腔老调，这些戏给观众的印象还是"抱着肚子死唱"，而《玉堂春》、二本《虹霓关》等戏之所以受欢迎，除了有更多的新腔外，更是唱、做并重，也就是说，有唱，更有做。

但是，如果就拿这两出戏来压台仍显分量不足。《玉堂春》虽说多了些新腔，二本《虹霓关》多了些身段表情，但总地说仍属于老戏的范畴。思忖良久，梅兰芳初步决定，还应该跳出青衣的框框，将眼光再放远些。所谓"将眼光放远"，无非是摒弃传统青衣戏，而寻找一出别出心裁的"新"

戏。可是，什么戏是"新"的呢？梅兰芳在无法做出决断前，决定多听听别人的意见。

正巧这时，梅兰芳在北京的朋友冯耿光、李释戡到上海来看望他，他便请他们帮忙拿个主意。回溯他的艺术之路，他一生事业成功，自然与他具有良好的艺术天分有关，与他后天的努力有关，也离不开周围朋友在经济上、文化上、艺术上、为人处世方面对他的帮助。

任中国银行总裁的冯耿光与梅家关系密切，早在光绪末年，他就同梅雨田往来甚密。梅兰芳 14 岁时结识了冯耿光，从此，冯耿光一直是梅兰芳的幕后老师。梅兰芳曾回忆说："他是一个热诚爽朗的人，尤其对我的帮助，是尽了他最大的努力的。他不断地教育我、督促我、鼓励我、支持我，所以我在一生的事业当中，受他的影响很大，得他的帮助也最多。"

李释戡毕业于福州英华书院，曾到日本留学。回国后，他官运亨通，先出任广西边防督办大臣，又随郑孝胥入京，进入理藩院，负责蒙藏事务，之后，又任龙州镇提督，后被授陆军中将军衔。他才华横溢，能诗会文。他是在冯耿光的介绍之下结识梅兰芳的，从此辅佐梅兰芳长达半个世纪之久。梅兰芳创排新戏后，李释戡参与为他编排了多出新戏，很多唱词都是出自他的笔下。

冯、李二人在了解了原委后，想法和梅兰芳不谋而合，也认为专重唱功的老戏是无法担负起压台重任的。他们在仔细分析研究后，主张梅兰芳暂且摒弃青衣戏、花旦戏，而现学几出刀马旦的戏。

梅兰芳恍然："以刀马旦的戏压台，观众一定会感到新奇。"

"对，"冯耿光说，"刀马旦的扮相和身段都比较生动好看，而青衣演员兼唱刀马旦的还很少，兰芳用刀马旦戏压台肯定会使观众耳目一新，观众也一定会喜欢的。"

除了冯耿光和李释戡一致主张梅兰芳改学几出刀马旦戏，梅兰芳的几位上海朋友舒石父、许伯明听到这个主张后，也连连点头称是。

梅兰芳接受了大家的意见，决定学习刀马旦戏代表作《穆柯寨》。

学刀马旦戏，对于梅兰芳来说，并非难事，他在幼年学戏时就曾师从茹莱卿学过武功，现如今，茹莱卿是他的琴师，近水楼台，根本不用另找老师。从11月10日许少卿通知梅兰芳要唱一次压台戏，到11月16日梅兰芳正式上台，在不到一个星期内，梅兰芳得茹莱卿亲授，很快学会了《穆柯寨》。

几天紧张的排练后，11月16日，那是个值得纪念的日子。这天，梅兰芳第一次在上海的舞台上唱大轴戏，也是他兼演刀马旦戏的开始。陪他唱《穆柯寨》的有朱素云（饰杨宗保）、刘寿峰（饰孟良）、郎德山（饰焦赞）。上海的观众果然为一贯"抱肚子死唱"的青衣居然也唱起了刀马旦戏而倍感新鲜别致。

对于大多数观众来说，上戏馆听戏、看戏，图的是热闹愉悦，而对于圈内人士，特别是对梅兰芳来说，他们更注重的是演员的技艺。梅兰芳首演刀马旦戏应该是成功的，因为从观众的掌声和喝彩声中已经明了观众是接受他的。所以，当梅兰芳唱完走入后台，冯耿光等人都很兴奋，拉着梅兰芳的手夸赞道："这出戏你刚学会了就上演，能有这样的成绩，也难为你了。"

梅兰芳当然知道他的这些朋友绝对不会只看到他的成功而忽略他在技法上的缺陷，便笑道："各位老师还是多提意见吧。"

大家都很了解梅兰芳，梅兰芳从来就是一个要求自己更上一层楼的人，他从不满足眼前取得的一点成绩，所以，他们也就不客气地一一指出他的"毛病"。比如，他在台上常常不由自主地低头，这大大减弱了穆桂英的风度，因为低头的缘故就不免有点哈腰曲背的样子。

梅兰芳听罢连连点头，这个毛病他不是没有感觉到，只是忙着唱念表情做工而忽略了，其实这个毛病也不能全怪梅兰芳大意。《穆柯寨》是一出扎靠戏，京剧演员穿的"靠"就是古代武将在战场上穿的"铠甲"。"靠"的式样是圆领、紧袖，身子分前后两块，绣着鱼鳞花纹，领口带"靠领儿"（又叫"三尖儿"），腹前有"靠肚子"，上绣龙形或虎头形，护腿的两块叫"下甲"（又叫"靠排子"），背后有一硬皮制作的"护背壳"。

"靠"分"硬靠""软靠"两种。"硬靠"又叫"大靠"，如果是硬靠，那么"护背壳"内可插4面三角形的小旗，称"靠旗"；软靠与硬靠没有式样上的差别，只是不插"靠旗"。"靠"也分"男靠""女靠"，"女硬靠"与"男靠"不同的只是从腰间往下缀有彩色飘带数十条，一般是红色或粉色。

《穆柯寨》中的穆桂英穿的是"女硬靠"，所以背上的"护背壳"内还插有4面"靠旗"。梅兰芳因为是第一次演刀马旦戏，所以是第一次扎靠，靠紧紧地扎在身上原本就不舒服，加上背上还插着4面"靠旗"，沉沉地压着梅兰芳，使他不自觉地就有点哈腰曲背，而哈腰曲背的结果是他的头老是不由自主地往下低，低头又使他的眼睛无法抬起而总是往下看，眼神势必受到影响。茹莱卿在授课时就曾对他说过："这类刀马旦的戏，固然武功要有根底，但眼神也很重要，你要会使眼神才行。"而梅兰芳在演出中恰恰就忽略了眼神。

提出问题、找到症结、提出修改意见后，梅兰芳表示下次再唱这出戏一定会倍加注意，同时他也请朋友们帮忙治好这个毛病。要治就应该根治，如何短时间内根治？冯耿光等人商量后对梅兰芳说："以后再演的时候，我们坐在正中的包厢里，看见你低头，我们就轻轻拍掌，以这个暗号来提醒你。"

梅兰芳欣然接受。

第二次演《穆柯寨》，梅兰芳不知不觉地又犯了同样的毛病。当正唱做念在兴头上的梅兰芳忽然听到从正中包厢处传来的有节奏的击掌声时，他意识到自己又出错了，忙挺直腰板将头抬了起来。如此三五次，梅兰芳的一出戏总算在台下一批"名医"的监督下唱完了。观众们哪里知道那几位不时击掌的看客原来在为台上的"穆桂英"治病，他们起初还以为这几个人看到兴头处击掌喝彩呢。

要想一次性根治一种习惯的确不容易，梅兰芳之后又唱过两三次《穆柯寨》，每次都有冯耿光等人在台下给他暗号。渐渐地，暗号越来越少，直到整出戏没有出现一次暗号，他总算改掉了这个小毛病。

除了低头哈腰曲背的毛病有冯耿光他们帮忙"诊治"外，其他在身段做工方面，茹莱卿与饰杨宗保的朱素云也给了梅兰芳很大的帮助，特别是茹莱卿，每次演出，他总是一面操琴，一面细细揣摩梅兰芳在台上的一招一式，下场后，他立即与梅兰芳细细研究，总结得失。因为他俩同住一屋，所以经常深更半夜还在叽叽咕咕。

正是有茹莱卿、冯耿光等人的帮助，梅兰芳的《穆柯寨》演得越加得心应手。

在唱压台戏前一天，即 11 月 15 日，《申报》刊登了梅兰芳一帧"卸装小影"，标题是"第一台新聘名伶，北京著名青衣"。这说明梅兰芳在上海有了一席之地。

学会了《穆柯寨》，冯耿光等人又提议梅兰芳何不将《枪挑穆天王》也学了。梅兰芳想想也是，《穆柯寨》他只学到杨宗保被擒为止，如果将接下来的《枪挑穆天王》也学成了，将这两出戏分两天连着唱，岂不是件很有意思的事？《枪挑穆天王》这出戏的精彩部分是穆桂英与杨六郎的几场对打，饰杨六郎的是王凤卿。王凤卿的武功底子要厚于梅兰芳，所以这出戏就由王凤卿传授给梅兰芳。

"打"是京剧"四功"之一，京剧舞台上敌我双方的战斗称为"开打"，意思是战斗场面的开始。台上的开打又分上手、下手，打法也略有不同。有王凤卿的精心指点，梅兰芳打起来倒也合手，与王凤卿的配合也很默契。

在现学了《穆柯寨》和《枪挑穆天王》之后，梅兰芳又一鼓作气，学了头本《虹霓关》。当初，他跟王瑶卿学的是二本《虹霓关》，饰演其中的丫鬟，这个角色属青衣行，也就是梅兰芳的本行。此次在上海，他受刀马旦戏《穆柯寨》的启发，决定加学头本《虹霓关》，饰演其中属刀马旦行的东方氏。这个角色，哪个最拿手？梅兰芳的表兄王蕙芳。

说来也巧，这个时候，王蕙芳刚刚结束在汉口的演出，也来到上海，听说梅兰芳正在这里演出，就登门看望表弟。表兄弟久别重逢自然格外亲热。三句话不离本行，在聊了一通在上海的演出情形后，梅兰芳说："蕙芳，我正打算学头本《虹霓关》里的东方氏，这可是你的拿手戏，就请你给我说说吧。"

其实，梅兰芳的真实想法是学会了头本《虹霓关》，然后将头、二本连在一起唱，就像连演《穆柯寨》和《枪挑穆天王》一样。而与《穆柯寨》《枪挑穆天王》不一样的是，梅兰芳决定他在头本里饰东方氏，在二本里饰丫鬟。

至于他为什么要这样唱，20 世纪 50 年代初，他的秘书许姬传曾就这个问题采访过王瑶卿，王瑶卿解释说："头二本《虹霓关》里的东方氏，老路子是一个人唱到底的，像现在头本先演东方氏，二本改演丫鬟，是打兰芳兴出来的，这是因为他的个性不合适演二本的东方氏，才这样倒换了唱的。"

梅兰芳自己也这样对王蕙芳说："我的个性，对二本里的东方氏这一类的角色太不相近，演了也准不会像样。"

王蕙芳认为梅兰芳言之有理，便抓紧时间将唱词、念白和身段详细地教给了梅兰芳。因为朱素云饰其中的王伯党，所以他也把跟梅兰芳同场的一些身段教给了梅兰芳。这么紧张赶练了几天，梅兰芳在上海的"新"戏是连演头、二本《虹霓关》，而且一人分饰两个行当，先演刀马旦东方氏，后演青衣丫鬟。

一个以唱为主的青衣演员居然兼演刀马旦戏，唱舞并重，能唱能舞，况且还首次尝试分饰刀马旦和青衣，自然新鲜别致，从而使上海的观众耳目一新。梅兰芳的声名，就此印刻在了挑剔的上海戏迷心中。

梅兰芳演出的巨大成功，使许少卿笑逐颜开。在合同期满后，他再三央求梅兰芳和王凤卿续约。他对他们说："二位老板，馆子的生意太好了，希望二位再续半期，算是帮帮我的忙。"

对此，梅兰芳当即表示拒绝。他倒不是为了惩治许少卿的势利，只是因为他有些顾虑。他的理由是："我是初出码头的人，应该见好就收，再唱下去，不敢说准有把握。"王凤卿则没有那么多顾虑，他毕竟经验丰富，他认为照前一段的安排再唱十几天是不会有什么问题的。何况，他对梅兰芳充满信心。既然如此，梅兰芳也就不好再说什么了。

许少卿得到梅、王二人同意续签半月的口头协议，兴高采烈地走了出去。随后，他的家人就为梅兰芳、王凤卿端来冰糖炖银耳，说是给他们滋阴润肠。此后每天早晨，他们都能喝上一碗热腾腾、炖得很烂的冰糖银耳。

一天早晨，梅兰芳出门散步后回到许家，跨入客厅，看见一个女人正跪在财神面前，嘴里念念有词，听见脚步声，女人转过脸来，一见是梅兰芳，随即站起身来，满脸堆笑迎上前去招呼："梅老板，你出去得早啊。"

这个女人是许少卿的太太。她是一个精明强干的女人，很泼辣，不过也很热情，她既能操持家务，也能辅助丈夫。当然，她和丈夫一样，也有些势利。

梅兰芳也连忙和许太太打招呼："今天天气好，我是去溜一个弯儿的，你不要招呼我，你做你的功课，我不打搅你。"

许太太却说："这有什么关系。"她指了指财神说，"光拜这个也没用，你们二位才是我们家里的活财神呢。"

梅兰芳听罢不由笑了起来，他暗想：许家每天早晨送来的补品原来是在灌溉两棵"摇钱树"哩。

当天下午，许太太捧着火烟袋，来到梅兰芳的房间，推开门就笑着夹杂着上海方言对梅兰芳说："梅老板，这几天你太辛苦了。我听见大家都说你的戏唱得真好，喉咙真糯，扮相嘛，直头吤啥批评！台上唱戏，上千对眼睛，钉牢仔看。要叫大家都赞成，真勿是一桩容易格事体！"

"这是您的夸奖，"梅兰芳谦虚地说，"我初次到上海来，人地生疏，全亏你们老板照应我的。"

听到梅兰芳提到老板，许太太笑开了花，说："我们老板对你的确是十分关切。他在我面前总是称赞你梅老板的。说你不但戏唱得好，而且脾气也好。年纪虽然是轻，交关稳重。将来一定是大红大紫的。"

许太太肯定不知道许少卿起初是根本不相信梅兰芳的"玩意儿"的。梅兰芳自然也不好提及，只说"但愿依了你们两位的金口"，算是对老板夫妻对他的夸赞的谢意。

梅兰芳不知道，许太太说了这么多恭维话其实是有目的的。又闲聊了一会儿，许太太这才又说："梅老板，你晓得每天吃的这一碗炖得很烂的白木耳，是我亲手给你做的。你看你的气色多好。唱了一个来月的戏，还是红光满面，我的功劳不小。请你看在这一点上，要特别帮我多唱两天。"

按上海戏馆的惯例，演员在合同期满后，还要再帮几天忙，"前台一天，后台一天，案目一天，老板娘也可以单独要求一天"，但梅兰芳当时是头一次应聘赴沪演出，并不清楚上海戏馆的这些规矩，他只是看在每天炖得很烂的白木耳的面子上，对老板娘的要求不好推托，便满口答应道："许太太，您招待我们这么热心周到，您这一点小事，还能够驳回您的吗？"

"我晓得梅老板是最痛快的人，闲话一句，我多谢你的帮忙。"许太太说完，心满意足地走出梅兰芳的房间。

12月初，梅兰芳、王凤卿按照与许少卿的口头协议续演半个月，仍然十分叫座。"丹桂第一舞台"也加紧大作宣传，从12月1日起，《申报》每天都有王凤卿、梅兰芳演出的最新预告。与一开始的宣传不同的是，对梅兰芳的介绍多了溢美之辞。如介绍他将演的《女起解》为"梅艺员生平最得意拿手好戏"等。最后一天，"丹桂第一舞台"更是许诺"特别包厢特别官厅头等包厢头等正厅各赠王梅合拍汾河湾小照一张"。赠观众演员照片这不是第一回，前次也赠，但因为照片洗印效果不佳，观众颇不满意，这一次算是补上一次的，所以戏单上又特别写道："此照用玻璃光所印，较前所赠不同。"

最后三天的演出热闹非凡，梅兰芳、王凤卿不禁各自拿出看家本领，更安排王凤卿的二位公子王少卿、王幼卿参加演出。王氏父子三人同台演出将气氛推向高潮，也为梅、王二人首次赴沪演出画上了圆满的句号。

梅兰芳首次赴沪演出前后共45天，这位来自北京的"第一青衣"给上海观众留下了极为深刻的印象，上海观众不仅认识了梅兰芳，更倾倒于他的扮相、嗓音、身段和他的唱念做打。

总结梅兰芳在上海成功的原因，当时的著名戏曲评论家、编辑家、教育家、小说作家孙玉声一语中的："梅先生的扮相、嗓子和出台的那一种气度，过去我们是没有见到过的。"这是怎样的一种气度？清新、脱俗、美丽、高贵、大气、从容，又不失神秘。

颇有意味的是，梅兰芳在上海大红大紫，而生活在上海的孟小冬却红在了无锡。1919 年春，经过 3 年学艺期之后，出了师的孟小冬第一次离沪去无锡挑大梁。至于她为什么选择无锡作为她出师后跑的第一个码头，说来事有凑巧。当时，仇月祥和孟鸿群商量，准备让孟小冬搭班演出。也许因为上海的京剧舞台由京角儿把持着、沪角儿只能作为京角儿的陪衬，所以仇、孟二人都有意让小冬到上海以外的地方先露露脸，打开名声后再返回上海。

就在不久前，无锡大世界的经理抵达上海。他此行的目的是来邀角儿的，而且主要邀的就是老生演员。七转八托，居然转托到了孟小冬的六叔、名丑孟鸿茂的头上。孟鸿茂思量着，自家不是有现成的老生嘛，要说五哥孟鸿群已经年老，又因为大病过一场，已经不适合上台，那么，侄女孟小冬可是不二人选。于是，他征求仇月祥、孟鸿群的意见。两人都认为，这是个大好机会。

随即，孟小冬被孟鸿茂带到经理面前。起初，经理对眼前这个瘦弱纤细的 12 岁小姑娘心存狐疑，他不相信这样的一个小姑娘能够扮演需要大气势、大力量的老生。他要听她唱一段以后，才能做决断。唱什么呢？还是师傅了解弟子，仇月祥建议："就唱一段《逍遥津》吧。"他知道，这出戏，小冬最拿手；他也知道，长久以来，能唱好这出戏的人，很少。

孟鸿茂亲自操琴，孟小冬就唱了起来。一曲终了，经理被打动了。"嗯，唱得真不错，"他由衷地说，"一个 12 岁的小姑娘能唱成这样，真不简单。"于是，他就做出了决定。随即，他和孟鸿群签了约，约定孟小冬即刻到无锡大世界登台，演期两个月。

这年 3 月 8 日，孟小冬和父亲孟鸿群、师傅仇月祥、琴师马少亭、打鼓胡鸾桥一行五人离开上海，去往无锡。途中，尽管孟小冬的心里多少有些忐忑，但她到底年龄还小，有着初生牛犊不怕虎的无畏精神，因此，对即将开始的演出还是充满信心的。可是，令她没想到的是，他们抵达无锡当天，天气晴朗，第二天就是登台的日子，傍晚，天气突变，转瞬乌云密布，紧接着大雨倾盆。这让无锡大世界的新世界屋顶花园剧场经理愁眉不展，孟鸿群他们也急坏了。他们都知道，这样的恶劣天气，是很影响上座的。难道小冬头一天在无锡登台，就将在寥寥无几的剧场里草草收场吗？

想想不甘心，孟鸿群跟剧场方面商量，想延后登台。可是，剧场经理没有答应。他的理由很简单：海报几天前就贴出去了。不仅如此，他们还在当地报纸《锡报》上刊登过演出消息。此时临近开场，退票肯定来不及了。这个时候，如果回戏的话，对剧场的声誉，对孟小冬的名声，都有不好影响。没有别的办法，演出只能照常进行。

这天，孟小冬的"打泡戏"还是那出《逍遥津》，剧目位列大轴。剧场门口的海报上、《锡报》刊登的演出预告上，写的都是上海来的女须生"孟筱冬"。也就是说，此时，她的艺名是孟筱冬，而非孟小冬。

这样说来，梅兰芳第一次赴沪演出，他的压台机会是王凤卿为他争取来的；孟小冬第一次赴锡演出，就是演大轴。这一方面说明上海的京剧舞台竞争非常激烈，没有一定的实力、没有一定的名声，是很难演压台戏的；另一方面也可以看出来，孟小冬的起点颇高。

如果排除如注暴雨的影响，当晚的上座还是很不错的。《锡报》报道："是日为须生孟筱冬登台之第·日，故卖座甚佳。"当唱大轴的孟小冬出场时，观众都忍不住善意地笑了起来。原来，在戏中，她饰演汉献帝，为她配戏演两个皇儿的，是两个成年演员，即便她穿着厚底靴，但他们的个头还是比她高出不少。她站在中间，无论如何气宇轩昂、威风凛凛，因为个子实在太矮，怎么看，身边的两个人也不像是她的"皇儿"。孟小冬不管那么多，尽情地唱着。

关于这场戏的演出效果，从《锡报》的有关评论中可见一斑：

"孟筱冬芳龄尚稚，而嗓音清越润利，较小刘鸿声响亮，做态亦颇活泼，故博得观客连连彩声。"

"整个剧场沸腾了，观众席上一片惊叹声：这是奇迹！她才12岁，毕竟不凡，可谓大器早成。"

"孟筱冬 12 岁能唱谭刘各调，亦天才也。"

梅兰芳 12 岁时，"言不出众，貌不惊人"；孟小冬 12 岁时，却被视为天才。然而，从日后的发展来看，梅兰芳有大成就，孟小冬却如流星，灿烂地划过天际，辉煌一时，很快归于沉寂，其中原因很复杂，社会的、环境的，种种因素都存在，也许最重要的，是她个人对人生的选择。

孟小冬此次在无锡大世界，一共演了两个月，68 场夜戏。5 月 15 日，她完满地结束了演期。收拾好行囊，她准备返回上海了。

十来天之后，梅兰芳离开日本神户，自下关乘关釜渡轮"高丽丸"号踏上了归途。这是梅兰芳第一次出国演出，也是民国后中国京剧演员第一次出国演出。因此，无论是对梅兰芳，还是对中国京剧，意义都非同一般。

跑码头（二）

江湖上浪阔水深

又赴上海，梅兰芳第一次遇险，险些被打断腿

排新戏，「梅派」戏初露峥嵘

孟小冬在上海首次登台时，梅兰芳第三次赴沪演出

孟小冬出师那年，梅兰芳第一次出国到日本演出

又赴无锡，孟小冬在袁世凯女婿家唱堂会

1924年，孟小冬第三次到无锡，梅兰芳第二次到日本

梅兰芳第一次赴沪演出时，对于上海观众来说，他还只是个初出茅庐的新人。一年之后，也就是 1914 年年底，当他第二次赴沪时，已经是个名角儿了。和第一次一样，他这次在沪演出照例大受追捧，甚至更受欢迎。这个时候，梅兰芳在上海，算是彻底站稳了脚根。正因为如此，使他一下子成为京城各戏班争抢的对象，也因此遭遇到人生第一次风险。

在上海的演出即将结束时，有一天，梅兰芳从朋友家应酬回来，刚跨入客厅，客厅内坐着的一位伙计就告诉他，"北京的俞五老板同他的嫂子来了"。他所说的"俞五老板"，指的是俞振庭；"他的嫂子"，指的是梅兰芳夫人王明华的姑母。梅兰芳推开房门，果然看见俞振庭和他的嫂子正和王明华说着话。见梅兰芳回来了，俞振庭站起身上前招呼。

梅兰芳笑着问："你们几时到的，住在哪里，到上海来玩儿呢，还是有什么公事（内行称'邀角儿'为'谈公事'）？"

梅兰芳第二次赴沪时抱着儿子永儿与琴师茹莱卿（右）等合影

俞振庭回道："今天刚到，先在一家栈房落脚，随即就来看你们了，我这一次完全是来谈公事的。"

梅兰芳听俞振庭这么说，也没有多想，俞振庭这样的戏班老板到上海来邀角儿是常事，也就对俞振庭说："那好极了，我祝您公事顺利，等您把事儿办完，我这儿也快期满，我们难得在上海遇着，先玩儿两天，再一块儿回北京，路上不是热闹得多吗。"

俞振庭笑笑没说什么，他有些开不了口，毕竟他是在挖别人的"墙角"。

王明华此时插话，对梅兰芳说："你知道俞五老板邀的角儿是谁吗？"

梅兰芳听妻子这么一问，心里顿时明白了三分，但他不敢肯定，他觉得俞振庭不至于会为他特意从北京赶到上海，他完全可以等他回京后再来邀他。梅兰芳低估了自己，他在上海成功的演出，上海观众对他近似狂热的欢迎已经为他在艺坛上的地位增添了砝码，而他在上海的演出活动也已经传到了北京。俞振庭正是要抢在别人之前先下手争取这颗日渐璀璨的新星。

不等梅兰芳回答，王明华笑着对他说："他来邀的角儿就是你，我们已经谈了好半天，他想约你明年加入他的'双庆社'。"

既然王明华已经开了口，俞振庭便顺着往下说出他的真正来意："我们几千里路下来，专程为了邀您，您可不能驳回我的。"

梅兰芳一时不知如何是好，答应他意味着回京后无法向他现在搭的戏班翊文社老板田际云交代；不答应他情面上又过不去。俞振庭之所以带嫂子一同南下，就是因为他的嫂子是王明华的姑母，因此，梅兰芳与俞振庭多少也有点亲戚关系，他当然不能驳了亲戚的面子。此时，他终于明白，俞振庭这次打的是"亲情牌"。一方面，俞振庭言辞恳切；另一方面又有夫人王明华看在姑母的面子上，从旁撮合，梅兰芳不答应也不行了。何况，他又是心肠软的人。于是，他说："其实这点小事，您又何必老远的跑一趟呢？写封信来，不也就成了吗？"

俞振庭忙摆手道："那不成，我听说北京有好几处都要邀请您，我得走在他们头里，来晚了，不就让您为难吗？"俞振庭也是知道他的要求会使梅兰芳感到为难，但他也很了解梅兰芳，他知道梅兰芳是个重亲情的人。

俞振庭坐等梅兰芳的决定，大有不容梅兰芳再考虑之意。梅兰芳只好说："您的事总好商量，不过，'翊文社'田老板那边，也得有个交代，我们慢慢地想一个两全的办法才行。"

刚刚答应了俞振庭，梅兰芳就接到了田际云的邀请信。田际云自然是希望梅兰芳自沪回京后仍然能够留在他的翊文社。在信里，他还暗示梅兰芳不要答应俞振庭。显然，他已经听到了风声，但他太大意了，他不知道他的信晚来了一步。也许是他太自信了，他以为梅兰芳去上海前一直是翊文社的人，回京后回翊文社乃顺理成章的事。其实，他原本连这封信都懒得写，只不过因为听说俞振庭南下上海邀角儿，才有了些危机感。

除了田际云的翊文社和俞振庭的双庆社在争夺梅兰芳，北京的另外几家班社也先后给梅兰芳写了邀请信。梅兰芳无法答复他们，直接拒绝会伤了和气，不拒绝又是不可能的，他只有保持沉默，不回信。

老谋深算的俞振庭虽然得到了梅兰芳的答复，却并不敢高枕无忧，他深知梅兰芳心软和善、从不得罪人的个性，担心他回京后架不住田际云的攻势而再反悔。于是，他没有离开上海，借口要在上海多玩几天，一直伴随梅兰芳左右，等他演出期满后，一同乘火车回京。

也幸亏俞振庭事先有所防范，果不出他所料，出事了。

火车徐徐驶入北京前门车站，梅兰芳一行刚出车站即被翊文社以及其他几家班社派来的人团团围住，死拉活扯，企图拉梅兰芳上自家的车。梅兰芳此时已经成了众人抢食的甜枣了。俞振庭眼疾手快，紧紧拉着梅兰芳一路狂奔冲出包围，径直奔到双庆社事先停在站外的马车边，然后一把将梅兰芳推上了车。长鞭一甩，马车飞奔而去，直驶鞭子巷三条梅宅。

马车驶远了，翊文社派去接的人急忙奔回，向老板报告说："梅兰芳被俞振庭抢走了。"田际云一听就忍不住火气升腾，他既恨俞振庭，又气梅兰芳，恨俞振庭挖人"墙角"的小人行为，气梅兰芳不够仗义。于是，他气呼呼地叫来翊文社管事赵世兴，命令他立即去通知梅兰芳，不许他搭别人的班，否则就打断他两条腿，让他永远无法再登台。

梅家接到赵世兴转达的田际云的"通牒"后，都很气愤，特别是梅兰芳的姑父秦稚芬更是怒发冲冠。梅兰芳自己，则一时无言以对。秦稚芬仗着自己有一身武艺，挺身而出，决定由他保护梅兰芳的人身安全。

田际云的威胁并没有能使梅兰芳妥协，他虽然很能理解田际云，但他既然已经答应了俞振庭，也不能出尔反尔，他寄希望于田际云冷静下来后能与之坐下来好好谈谈，彼此沟通后达成一致。然而，田际云仍然无法平息自己的怒气，当他得知梅兰芳去意已定时，便头脑发热，让赵世兴管事率36名手下手持舞台上用的刀枪棍棒，直闯鞭子巷三条，欲实现"打断梅兰芳的腿"的誓言。

闹哄哄、气冲冲的吆喝声让正在房里的梅兰芳有了警觉，他立即从后门跑了出去，直奔秦家。秦稚芬安排梅兰芳躲藏好后，自己奔到鞭子巷三条，在鞭子巷三条南口的空场上遭遇赵管事等人，他冲上去拦住他们的去路。

赵管事问："你姓什么？干吗多管梅家的闲事？"

秦稚芬不客气地回答："我姓祖，是你祖宗！"

双方剑拔弩张，一场恶斗在所难免。秦稚芬 1 个打 36 个，直将对方打了个遍地找牙。如此一来，田际云派来的人不但没能打断梅兰芳的腿，甚至连梅兰芳的腿都未能看到，反而败下阵来。田际云见手下个个鼻青脸肿，遂将仇恨转嫁到了秦稚芬的身上，再派出四名高手与秦稚芬过招。

双方在给孤寺门口的一块空场上几番较量后，四名高手也被打趴下了。临走时，秦稚芬让他们回去转告田际云，不许他以后再干涉梅兰芳的行动。

为防不测，秦稚芬有一段时期一直跟随在梅兰芳左右，保护着梅兰芳。梅兰芳的朋友冯耿光得知情况后，准备送秦稚芬一根带枪的手杖，秦稚芬执意不肯接受，他就相信他"那身铁打的功夫"。

田际云见武力对付不了，便诚心邀约梅兰芳磋商洽谈。梅兰芳本就主张凡事协商解决，从来也不愿意恶言相向，更看不得大打出手，自然很乐意接受田际云的邀约。双方终于心平气和地坐了下来，进行谈判。最终，他们达成协议：梅兰芳在翊文社再唱几天，然后转入双庆社。一场风波就此平息了。

从这次历险来看，先后两次赴沪演出，对于梅兰芳而言，不仅仅是将名声由北京传到了上海，扩大了影响，从而跻身名角儿行列，更重要的是，他在上海感受到了"新"气息。新在舞台、灯光、化妆等演出形式，更新在内容和思想，从而激发了他的创新意识。从上海回到北京后，他开始了新戏的创排。

从 1914 年到 1919 年赴日本演出前，梅兰芳在大量演出传统京剧剧目外，更致力于新戏的排演。他的新戏包括两个部分，一是时装新戏，有《孽海波澜》《宦海潮》《邓霞姑》《一缕麻》《童女斩蛇》；二是古装新戏，有《牢狱鸳鸯》《嫦娥奔月》《黛玉葬花》《千金一笑》《春秋配》《木兰从军》

《天女散花》《麻姑献寿》《红线盗盒》。

在这些新戏中，5 部时装新戏尤为
引人关注，它们体现了梅兰芳的编创目
的：采取现实题材，意在警世砭俗。如
《孽海波澜》揭露了娼寮黑暗，呼吁妇
女解放；《宦海潮》反映官场的阴谋险
诈，人面兽心；《邓霞姑》叙述女子为争
取婚姻自由，与恶势力作斗争；《一缕
麻》展示包办婚姻的悲惨后果；《童女斩
蛇》为的是破除迷信。但是，由于各种
原因，这几部戏只能停留在对社会表层
的揭露，而未能究其原因，探其本质。
在演完《童女斩蛇》后，他不再排演时
装戏，转向古装歌舞剧的研究。

梅兰芳《黛玉葬花》剧照

大量排演新戏，使梅兰芳的名声如日中天。继谭鑫培之后，他自然
而然地承接了"伶界大王"的美称。这也为他于 1919 年赴日演出奠定了
基础。

在梅兰芳赴日之前，1916 年秋，也就是孟小冬在拜师仇月祥半年之后
首次登台时，梅兰芳第三次来到上海。当然，此时，他俩没有机会碰面。
在生活上，梅兰芳 23 岁，孟小冬只有 9 岁；在艺术上，梅兰芳已是名角
儿，孟小冬刚刚拜师学艺。无论从哪方面说，这时，他们之间都不可能扯
上关系。另外，此次，梅兰芳仍然在上海最大的戏院天蟾舞台演出，而孟
小冬却只在堂会上露了个脸。

对于第三次赴沪演出，梅兰芳这样回忆说："从旧历十月六日到十一月
二十四日，一口气连唱 45 天。等我们上杭州去唱了一个短期回来，十二月
十一日起，又在天蟾先演 4 天义务戏，再给许少卿唱了 9 天营业戏。这才
赶着回京过年。我第一天的'打泡戏'，还是《彩楼配》。唱过 7 天老戏，
就把我在 18 个月里所排的古装、时装新戏，还有新排的穿旧戏装的戏，再

加上昆曲，陆续贴演，倒是很受观众的欢迎。尤其是《嫦娥奔月》和《黛玉葬花》，这两出戏的叫座能力最大。"

这段话里提到的《嫦娥奔月》间接促成了梅兰芳赴日。

《嫦娥奔月》是梅兰芳创排的第一出古装新戏。在这出戏里，他首次使用了"追光"，表明此时他已不满足一般照明，而试图假以灯光作为突出人物、烘托气氛的手段。服装的新、化扮的新、灯光的新，使得这出戏一露面，立即就引来一片叫好声，认为该戏一改传统是个创举。

这出戏于1915年10月在北京首演。不久，美国有一个教师团体来华访问。由美国人在华北创办的几所学校的俱乐部委员会为欢迎这个教师团，决定换一种欢迎方式，由传统的集会节目而改为举办一次中国京剧晚会。时任交通部路政司司长的刘竹君力荐梅兰芳出演，他认为梅兰芳虽然年纪尚轻，不过二十来岁，但是表演艺术却不同凡响，前途大有可为。于是，在外交部的安排下，梅兰芳应邀在当时的外交部宴会厅为美国客人演出了他的新编歌舞剧《嫦娥奔月》，受到在座的约三百多名美国教师的热烈赞赏，他们一致认为梅兰芳的表演细腻动人，表达了中国古典戏剧的优点。

这大概是中国京剧演员最早在中国的土地上向外国人介绍中国京剧。从此，每当有外宾来访，在招待宴会或晚会上，梅兰芳的京剧表演成为保留节目。据说，以后来华访问的外国人到北京有两样必看，一是长城，一是梅剧。

日本著名文学家龙居濑三对中国文化有很深的研究，他在三番四次观看梅兰芳的戏后，对中国戏剧产生了极大的兴趣，他以为："如果梅到日本来出演一次，则日本之美人都成灰土了。"他一方面极力说服梅兰芳，一方面联系日本东京帝国剧场老板、大财阀大仓喜八郎。大仓喜八郎为此特地到中国来，亲自观摩了梅兰芳的戏，对龙居濑三的主张极为赞同。

就梅兰芳一贯谨慎不盲从的个性来说，他对此思虑再三。后来，在齐如山的劝说下，他认识到日本与中国相邻，日本受中国传统文化的影响很深，中国古典戏剧可能更易被日本人所接受，同时，他也想趁此机会研究一下日本的歌舞伎和谣曲。所以，他就答应了。

经过一番筹备，就在孟小冬于无锡大世界演出时，1919 年 4 月，梅兰芳率团离京，从而成为民国后第一个将中国京剧带出国门的京剧演员。当他们一行抵达东京时，受到了热烈欢迎。除了有组织的欢迎人群外，还有许多人慕名自发前来，想一睹名伶风采。而各社摄影记者更是蜂拥而至，为了抢一两个镜头，彼此挤得像在打架，以至于梅兰芳一度寸步难行。日本海关的例行检查也给予了特别优待，许多行李都免检，梅兰芳和夫人被安排住进

梅兰芳与夫人王明华在赴日的轮船上

帝国饭店，其他人住在帝国饭店所属的旧内务大臣官邸。

5 月 1 日，梅兰芳正式在日本的帝国剧场亮相。

有中国京剧参演的这段时期，东京帝国剧场的票价十分昂贵：特等 10 元、头等 7 元、二等 5 元、三等 2 元、四等 1 元，而这段时期，日本歌舞伎座的特等票价不过 4.8 元。尽管如此，剧场仍然天天满座。东京的《东京日日新闻》《都新闻》《万朝报》《国民新闻》《读卖新闻》《东京朝日新闻》等报刊纷纷报道演出盛况并发表剧评。

东京演出取得成功后，梅兰芳又接受大阪日报社和关西日报社的邀请，离开东京赴大阪演了两天，剧目分别是《思凡》和《御碑亭》。随后，他接到以马聘三和王敬祥为代表的中国旅日商人的邀请，赴神户为华侨兴办的中华戏校募捐义演了几场，所得全部捐给了中华戏校，受到华侨们的交口盛赞。这次义演开创了中国演员在国外义演的先河。

此次梅兰芳在日本演出期间，无论是在东京还是在大阪和神户，无不受到日本观众的狂热欢迎，有人统计说至少有数十万日本人为之疯狂，除

戏院场场爆满外，票价在黑市上连连"翻跟头"，达数倍或数十倍。据说，日本的皇后和公主特定下第一号包厢，每次看过梅兰芳的演出，她们都会因台上梅兰芳的扮相而自惭形秽。他那悠扬悦耳的唱腔，袅娜多姿的舞态，庄雅恬静的台风，深深地感染了日本观众，一时间，许多日本演员竞相模仿他的扮相、手势、眼神和舞蹈动作。日本著名的歌舞伎演员中村雀右卫门曾在浅草的"吾妻座"模仿梅兰芳上演过日文版《天女散花》。北京的报刊报道说："名优竞效其舞态，谓之梅舞。"

巧的是，梅兰芳和孟小冬几乎同时结束在外地的演出。不久，梅兰芳自日本归国后返回北京，孟小冬从无锡返回上海。

首赴日本演出，梅兰芳在将中国古老的戏曲艺术传播到海外的同时，也将自己的名声由国内扩展到了国外；首赴无锡演出，孟小冬打开了通向艺术巅峰的通道，从此，她一路往前。显然，这个时候，梅兰芳和孟小冬的地位相当悬殊：梅兰芳如日中天，孟小冬初露头角。

仅仅相隔两个月，孟小冬又一次应邀来到无锡，还是在无锡大世界的新世界屋顶花园登台。这一次，她一口气唱了110天。

第一次到无锡，孟小冬遭遇锡城罕见暴雨。此次又到无锡，锡城更暴雨成灾引致疫病蔓延。7月的南方城市，又酷热难当。应该说，孟小冬两次莅锡，特别是第二次赴锡，实在不是时候。热、雨、疫交织在一起，戏院的生意大受影响。不过，有孟小冬登台的新世界屋顶花园倒是夜夜热闹非凡。报载：

"屋顶花园自孟小冬卷土重来，游客陡增，晚间人众拥挤，臭汗直流，一般戏迷家有掩鼻而听者，殊非慎重卫生之道，深望主其事者将剧场设法扩充之。"

"日来天时酷热，此间游人倍增，孟小冬自离锡后，一般戏迷家深为惋惜。今闻孟伶重行来锡，连日排演名剧，以饷邑人，故门票每日可售七百余张，皆系该伶一人之魔力。"

这段话中，有一句话涉及孟小冬之所以大受欢迎的原因，那就是"连日排演名剧"。前次赴锡，她三天的"打泡戏"分别是《逍遥津》《失街

亭·空城计·斩马谡》《白虎堂》(即
《搜孤救孤》）；此次赴锡，三天的"打
泡戏"分别是《探母回令》《桑园寄
子》《大翠屏山》。前次的三出戏，是
孙派戏；此次的三出戏，是谭派戏。
这样的变化，着实令戏迷耳目一新。
也可以看出，她的戏路并不限于某一
派，而是孙派、谭派都有所涉猎。这
固然和师傅仇月祥自身是孙派但也学
过谭派有关，但也不排除孟小冬自己
很愿意广泛吸取名家精髓。

孟小冬在《捉放曹》中饰陈宫

先后两次在无锡演出，孟小冬
将仇月祥教给她的三十多出戏翻来覆
去地唱了好多遍。有一出戏，她还没有学到，却意外地被戏迷"点"中
了——她必须唱。这出戏是《黄鹤楼》。亲点这出戏的，是袁世凯的女婿薛
观澜。

薛家在无锡是有头有脸的大户人家。薛观澜酷爱京剧，和梨园人士
一向过往甚密。他不仅能拉会唱，而且对京剧音韵还有理论上的研究。可
以说，他是京剧票友，也是京剧音韵的理论研究者。孟小冬在无锡的演出
盛况，薛观澜早有耳闻。就在孟小冬即将结束在无锡的演期时，恰逢薛母
六十寿辰，薛家决定以办堂会的形式为老太太祝寿。于是，孟小冬便被请
进了薛家。

起初，薛观澜亲点了两出戏《武家坡》和《捉放曹》。这两出戏，孟
小冬在营业戏中都唱过，因此演来得心应手。戏唱完，已是午夜。当时的
锡城，午夜时分拉闸限电。薛观澜听了孟小冬的两出戏，意犹未尽，一方
面派人通知电厂，要求延时两小时停电，一方面又点了一出戏，即《黄
鹤楼》。

孟小冬一听要唱《黄鹤楼》，呆住了。不能说她完全不会唱这出戏，就

是看，她也应该看过的。不过，在这之前，她从来没有完整地学过，更没有完整地唱过。此时，她不过 12 岁而已。为此，她颇为难：不应，唱戏的唱堂会，就应该主人点什么，自己唱什么，不敢挑肥拣瘦；应吧，自己不善此戏，万一唱砸了，在锡城已经累积起来的好名声岂不毁于一旦？

师傅仇月祥却信心十足，他替弟子应承了下来。随即，他现教，孟小冬现学。一出用来垫戏的武戏唱完，孟小冬又上场了，多少有点赶鸭子上架的意思。唱罢，薛观澜连声称好，观客也称赞连连，一时间，喝彩声四起。不知情的人，丝毫也没有看出这个小姑娘的这出戏，是现学现卖的。后来，薛观澜将《黄鹤楼》这出戏作为孟小冬"八次代表作"中的第一次。

可以说，无锡是刚出道的孟小冬的福地，她在这里积累了舞台经验，巩固了所学，也奠定了名声。

当孟小冬第三次到无锡演出时，已经是 4 年多以后的 1924 年 6 月了。这时，她 17 岁。这次，她是应新开张的庆陛戏园的邀请。这是一家比较新式的戏园，舞台是新式的半月形舞台。整个戏园无论是规模还是设备，都比新世界屋顶花园要先进得多。就连票价，也比其他戏园高出不少。比如新世界屋顶花园一律二角，庆陛最低二角，最高达到四角。能被这样一个新式的、高价的戏园聘请，正如演出广告上给予她的头衔"京沪著名环球欢迎超等唱做并美须生泰斗"一样，可见孟小冬此时已经名声远播。"须生泰斗"的称号不免有些夸张，但从另一个方面说，在老生行里，作为坤伶的孟小冬的确已经跻身名角儿行列。

这次赴锡演出，孟小冬的演期其实只有 6 天，八场戏，因为是为庆贺戏园开张，所以带有义务性质，而非纯粹意义上的营业演出。但是，仅仅这六天八场戏，仍然让戏迷们大呼过瘾，也惊异于只几年不见，孟伶又有神速进步。报载：

"孟小冬之唱做比前进步，某戏迷家谓犹五百与五十之比。"

究其此次演出成功原因，一是戏路宽。比如，她头一天的"打泡戏"是全本《四郎探母》，从"坐宫"到"回令"，一人唱到底。之后，她唱了之前两次赴锡唱过的《失空斩》《逍遥津》《打鼓骂曹》，又新加了两出文武老生戏《南阳关》《珠帘寨》，还演了一出戏中串戏的《十八扯》，更在《二进宫》中，一人串演生、旦、净三个行当，着实令戏迷耳目一新。

二是有"胡琴圣手"之称的孙佐臣琴师操琴，更为她的演出增色溢彩。《锡报》评价孙的"胡琴，为舞台第一手"。孙佐臣又名孙老元，早年是京城有名的琴师，曾经为"前三鼎甲"之一的著名老生程长庚操琴多年，后入宫任内廷供奉，又为生行泰斗们如汪桂芬、孙菊仙、谭鑫培等操过琴，颇负盛名。有孙圣手辅佐，孟小冬的全部才华得以淋漓尽致地展现。正如《锡报》所言："孟小冬之戏，邑人交誉之，然其琴师之佳，亦称一时无两。小冬得其衬托，弥见精神。小冬之艺固堪激赏，然必有此好琴师乃相得而益彰，场面之重，有如是者。"

就在孟小冬在无锡演出时，在北京的梅兰芳正在为第二次赴日本演出做着准备。与第一次去日本纯粹是商业演出不同，梅兰芳在第二次去日本前一年，即1923年，日本刚刚经历了地震、大火和海啸，死亡20余万人，损失达十亿美元。世界各地闻讯纷纷捐款捐物，梅兰芳发起组织了数场义演，将筹措的演出费用全都捐给了日本红十字会。不久，美国开始全面排日，日本新首相加藤友三郎在对华问题上采取了和缓政策，中日民间往来经历了"五四"之后的萧条重新兴旺起来。

帝国剧场老板大仓喜八郎一为感激梅兰芳对日本的义举，又为庆贺自己88岁寿辰，还为帝国剧场重新修复，再次邀请梅兰芳赴日演出。也因为这些原因，梅兰芳的这次赴日演出，规格比第一次高了很多。

孟小冬在《四郎探母》中饰铁镜公主

10月，梅兰芳剧团共约40余人启程赴日。在最初的4天庆寿堂会演出时，虽然并不对外售票，但却引起了日本广大市民的关注，原因是警方戒备过于森严，竟派出了80多名警察。《东京朝日新闻》发表了一篇文章，对此颇有微辞。警视厅警务部部长川渊随即又在该报发表谈话，做了一番解释，说警方因接到首相以及各部大臣、各国大使、公使都要与会的通知后，才决定加强警戒的。

这一切虽然和梅兰芳本人无关，但从当时出席堂会的既有高官要员，又有东京横滨一带的1200名知名人士来看，也可窥见这次盛会的规格和规模了，更可看出梅兰芳此时在日本人心目中的地位了。

紧接着，梅兰芳为庆贺帝国剧场重新修复，在帝国剧场演出了十来天。从公开演出的第一天起，东京各大报纸几乎每天都有关于梅兰芳演剧的评论。因为中日演员同台演出，无形之中便有比赛的意味。梅兰芳高超的演技使日本演员相形见绌，报刊评论在盛赞梅兰芳的同时，对本国演员不免讽刺挖苦，使他们受尽了委屈。之后，梅兰芳一行又转战大阪梅田、奈良、京都，也无不大受欢迎。

总结梅兰芳此次赴日演出，有这样几个特点：一、因为有大仓喜八郎庆寿堂会和帝国剧场改建纪念演出这样的喜事，所以梅兰芳首场演了喜庆剧《麻姑献寿》；二、鉴于对上次演出的评论，在制订计划时，梅兰芳接受了他人的意见，特别装置了专门演京剧的舞台，选择的剧目极具京剧味道，演出时完全不用布景；三、尽可能选择能体现梅兰芳戏路子宽的戏，发挥他青衣、花旦、刀马旦等各个行当的长处；四、按照北京演出的形式，每天都换戏。

如果说此次赴日留给梅兰芳印象最深的是什么，恐怕不是他演出的受追捧，而是因为一场大病与日本友人结下的深厚情谊。

有一天，日本朋友请吃“鸡素烧”。梅兰芳因为白天工作繁忙而没有顾得上吃饭，过于饥饿之下，不免多吃了几盘牛肉。当晚，他就感到胃部不适，但他次日仍坚持赶往京都公会礼堂。戏散后，他回到京都都会饭店休息。半夜，他被严重的胃痉挛痛醒，急按铃叫饭店服务员为他请医生。服务员见梅兰芳病势凶猛，便叫来梅兰芳的日本朋友、市议员久保田。梅兰芳在日本期间，久保田一直伴随左右。久保田闻讯赶到梅兰芳的房间时，见梅兰芳已处半昏迷状态，不禁吓出一身冷汗，急请京都名医今井泰藏先生。

今井还未赶到饭店，梅兰芳已经昏迷。经今井诊断，是前一天吃坏了肚子。日本"鸡素烧"的吃法是将牛肉、鸡肉、粉条等放在油锅里现炸了吃，日本人吃惯了生鱼片，又爱吃嫩的牛肉、鸡肉，所以也不炸透，而是半生不熟时就端给客人吃。梅兰芳当时因为饿，也管不了那许多，只管吃饱肚子。吃了大量的油炸肉食，回去后又喝了大量的茶水，造成消化不良，得了肠胃炎，又没有及时休息治疗，加之劳累过度终致病情加重。这场急病让梅兰芳不得不延迟返国。

在今井昼夜不停地细心治疗与护理下，十几天以后，梅兰芳得以康复，两人由此结下了深厚的友谊。今井不仅拒绝接受梅兰芳付的医疗护理费，还邀请梅兰芳到他家做客。为表示对今井的感激之情，当梅兰芳听今井在闲谈时提到"中国用翡翠做衬衫的扣子很美观"后，立即说以后一定送他一副。可是，这个承诺，一直到1956年他第三次访日时，才得以实现。

1919年和1924年梅兰芳的两次访日，不仅在东京等几个城市演出了21场戏，还拍了3部电影，又应邀录制了5张唱片，包括《红线盗盒》《御碑亭》《天女散花》《廉锦枫》《贵妃醉酒》，以及《六月雪》的唱段。这些唱片后来都曾在日本出售。

之后，梅兰芳的名字在日本家喻户晓，日本人一改过去用日语的念法拼音称呼中国人的名字（如称李鸿章 Li Hongzhang 为 Li Gonchin），而用北京音称他为 Mei Lanfang，这在日本是非常罕见的。他带去日本的剧目更是影响了日本剧坛。以后，日本剧坛曾多次移植、改编中国京剧上演，如1925年2月，宝冢少女歌剧团在宝冢歌剧院演出《贵妃醉酒》，由酷似梅兰芳的秋田露子饰主角杨贵妃，其他剧目如《天女散花》《思凡》等也先后由日本演员演出过。

组班、搭班(二)

金风玉露戏台擦肩

喜群社的班主是梅兰芳，梅兰芳在喜群社挂头牌

孟小冬跟上海大世界签了一年合约

梅兰芳赴南通，和实业家张謇交谊

孟小冬、孟鸿群父女同演一出戏

梅、孟同登上海舞台

梅兰芳第一次拍电影，拍摄场景被称作「古今中外荟萃的奇景」。

梅兰芳学画，拜师齐白石

1919 年 1 月，梅兰芳夫人王明华的兄长王毓楼和另外一个演员姚佩兰合力组织了一个班社，取名"喜群社"。在这之前不久，梅兰芳幼年学艺伙伴朱幼芬组织了"翊群社"。这两个班社的名字里都有一个"群"字。梅兰芳的小名是"群子"，所以这两个班社实际上都是为梅兰芳而设。梅兰芳搭翊群社在三庆园唱过一段时间后，在喜群社正式成立后，转入该社。关于这两个班社，还有一种说法：喜群社是由翊群社改组而来。不过，可以肯定的是，梅兰芳在喜群社挂头牌，并自任班主。

这年一整年，梅兰芳基本上都是以喜群社的名义在北京的新明大戏院演出。4 月，他第一次赴日本演出，随团的就是喜群社的成员，有姚玉芙、姜妙香、高庆奎、贯大元、赵桐珊（艺名芙蓉草）、王毓楼等。年底，他应近代实业家张謇的邀请，率喜群社赴南通演出。

对于张謇这个人，毛泽东有一句评价："谈到中国的民族工业，我们不要忘记四个人，……轻纺工业，不能忘记张謇。"

张謇，字季直，号啬庵，1853 年出生于南通，清末状元，近代实业家、教育家。他高中恩科状元那年，正值中日甲午战争。内忧外患促使他义无反顾地走上实业救国之路。他放弃仕宦之途，回到家乡南通，于 1895年创建了大生纱厂。大生纱厂运作起来后，他又以纱厂的利润和基金办起了一系列的工厂企业，达 69 家之多。

与此同时，他也崇尚教育救国，于 1902 年用大生纱厂两万元盈余创办了中国第一所师范学校——通州师范。通州师范的成功，使他又办起了一系列文化、教育公益事业。其中有第一所纺织大学，第一所刺绣学校，女红传习所，第一所博物苑，第一所聋哑学校等。到 1919 年，他可谓硕果累累，不仅实业"震寰中"，仅大生集团就拥有三千四百万元巨额资产；教育方面，他从小学到大学办起了一系列学校，已成为国内外闻名的"开全国之先河"的教育家。

中国京剧史上曾有三件新事物发生在 1919 年的南通，这三件新事物就是"南通伶工学社""更俗剧场""梅欧阁"，这三件新事物的创始人就是被称为"办厂迷、办学迷"的张謇。投资戏剧事业是因为张謇将戏剧看成是进行通俗教育的最好形式，是实现"教育救国"的一个重要组成部分。

梅兰芳和张謇最早相识于民国初年，具体地说，应该是1914年。那时，张謇的身份是北京政府农商总长兼全国水利局总裁。12月6日那天晚上，张謇和熊希龄、梁启超、诸宗元到"天乐园"戏院看了梅兰芳演出的戏。然后，他们到后台向梅兰芳道乏，两人由此相识。

在张謇筹划着创办南通伶工学社和更俗剧场时，最先想到的就是请梅兰芳帮忙。他曾经于1916年到1919年的三年时间里，给梅兰芳写过9封信，多次提到办学一事，明确提出"可奋袂而起助我之成也"。虽然梅兰芳很感激张謇对他的信任，但他还是婉转地谢绝了。他在回信中，这样说："忆去年蒙谕，代组学校，本应勉效绵薄，只以知识短浅，未克如愿，实深愧歉。"

张謇很快找到了"意中人"，那人就是欧阳予倩。梅兰芳收到张謇"近得欧阳予倩书，愿为我助"的信后，如释重负。在张謇没有找到合适的人之前，梅兰芳对张謇总有愧疚感，很担心因为自己的原因使张謇不能如愿，眼下，他听说欧阳予倩挺身而出，心里的一块心病总算是消解了，他很高兴，高兴的倒不完全是他可以就此安心，而是替张謇高兴，他觉得办学校，欧阳予倩比他更合适。他在1919年初秋给张謇的一封里这样说："……有予倩先生出来办理甚妙。久知予倩先生品学兼优，艺通中外，将来剧场、学校均必尽美尽善，较澜（这封信，梅兰芳署名梅澜）为之胜万倍矣。澜自日本归来有感触，亦拟办一精致剧场及学校。但人微言轻，未悉果能如愿否？"对于张謇盛邀他赴南通一事，他欣然接受，说："……闻命之下，欣幸无似，届时倘无他故，定当前往。"

经过欧阳予倩和张謇反复磋商、酝酿，"南通伶工学社"于1919年9月中旬正式成立。它是一所成立最早的培养京剧演员的新型戏剧学校，采取的是全新的、不同于旧时科班的教学方式。比如，学校禁止体罚学生。欧阳予倩明确宣布：伶校是"为社会效力之艺术团体，不是私家歌僮养习所"，"要造就戏剧改革的演员，不是科班"。在课程设置上，除戏剧专业课外，为了提高学生文化素养，欧阳特地开设了国文、算术、历史、地理等文化课以及音乐、唱歌、舞蹈等艺术课。张謇曾说："中国的戏剧，尤其是昆曲，不但文学一部分有价值，传统的优秀演技，也应该把它发扬光大。"欧阳予倩也认为："昆曲是京剧的基础，学好昆曲演唱后，再学京剧犹如画龙点睛。"他俩关于昆曲的认识与梅兰芳的观点可谓不谋而合。因此，学校的戏剧课以昆曲为基础，京剧为主体。

几个月后，与"伶工学社"配套的新型戏曲剧场"更俗剧场"拔地而起。这是欧阳予倩在南通进行戏剧改革的实验基地。他在伶校筹建期间，曾从北京出发，经朝鲜东渡日本，考察了东京帝国剧场，还三次访问了东京各舞台的顾问小山内氏。因此，更俗剧场的建筑设计参考了日本和上海的新式剧场。张謇和欧阳之所以选中"更俗"二字，含有"除旧布新、移风易俗"之意。

梅兰芳在1919年到1922年这几年间，两次赴南通，演出于更俗剧场，为伶工学社延请教师，还收学校高材生李斐叔为徒，更和欧阳予倩结为挚友。

第一次到南通，梅兰芳在张謇的安排下，首先参观伶工学校。欧阳予倩领他们看了课堂、校舍、操场……学校新的教学方法、课程设置和管理体制都给梅兰芳留下深刻印象，他不由感叹：相比旧科班，伶校的确是进步得多。

参观完伶工学校，欧阳予倩又带他们参观更俗剧场。剧场前台经理薛秉初热情地招待他们先到客厅休息。当梅兰芳随薛秉初跨入客厅门时，立即被客厅墙上高高悬挂着的一块横匾吸引住了。横匾上是"梅欧阁"三个大字，笔法遒劲，气势雄健。梅兰芳一看就知道书者模仿的是翁松禅的笔法。横匾旁边还挂着一副对子，上书："南派北派会通外，宛陵庐陵今古人"。

"这是张四（即张謇）先生的书法吗？"梅兰芳问。

"是的，"薛秉初说，"这间屋子四先生说是为了纪念你们两位的艺术而设的。"

闻听此言，梅兰芳激动之余又不免有些惶恐，他认为自己"年纪还轻，艺术上有什么成就可以值得纪念呢？”原来，张謇是借用梅圣俞（宛陵）和欧阳修（庐陵）这两位古人的名暗切梅兰芳和欧阳予倩的姓，因此取名"梅欧阁"。张謇还特地作了一首诗，来说明如此命名的意义：

> 平生爱说后生长，况尔英蕤出辈行。
>
> 玉树谢庭佳子弟，衣香荀坐好儿郎。
>
> 秋毫时帝忘嵩岱，雪鹭弥天足凤凰。
>
> 绝学正资恢旧舞，问君才艺更谁当。

张謇不愧是教育家，"梅欧阁"的设立足见其良苦用心，他认为梅兰芳、欧阳予倩分别是北南派的代表人物，两位剧界泰斗同台演出于更俗剧场不仅值得纪念，更应当以一种特殊的方式使之流传，再者，他试图借梅、欧同台演出这一事实，暗示这样一种思想，即戏剧界的优秀人物只有团结合作，南北艺术互相学习、交流，才能谋求戏剧的改进和发展。

梅兰芳很能理解张謇的用意，所以，他说张謇设立"梅欧阁"是"有意用这种方法来鼓励后辈，要我们为艺术而奋斗"。他在艺术上的精益求精、刻苦钻研不能不说受到过张謇的影响。

又一年，即1920年春夏之交，梅兰芳第二次应张謇之邀赴南通演出。这次，他演了3天，剧目有《天女散花》《玉簪记》《黛玉葬花》《嫦娥奔月》。当时捧旦角的方式是出诗集，如《春航集》《子美集》等。张謇仿效，选辑许多人题咏梅兰芳的诗和梅兰芳的唱和诗出了本《梅欧阁诗录》。

"诗录"中，收录了梅兰芳唱和诗共三首：

其一

> 积慕来登君子堂，花迎竹护当还乡。
>
> 老人故自矜年少，独愧唐朝李八郎。

其二

公子朝朝相见时，禺中日影到花枝。

轻车已了常行事，接座方惊睡起迟。

其三

人生难得自知己，烂贱黄金何足奇。

毕竟南通不虚到，归装满压耆公诗。

这恐怕是梅兰芳作诗的开始，也有人说此时梅兰芳并不会作诗，这几首诗是请人操刀的。其实梅兰芳早在清末民初就开始学习作诗了，当时，他结识了北京的著名词章家王壬秋（名湘绮）、易哭庵（号实甫），他们曾劝他："当艺人的不可无文墨，不可不懂得诗歌。"后来，"缀玉轩"幕僚之一李释戡也说："为艺不可不读诗，戏中若多诗美，则戏能美，人亦自美。"在这种情况下，梅兰芳下苦功学习诗词。

尽管"诗录"中也收录了欧阳予倩赠梅兰芳的多首诗词，其中一首是："我是江南一顽铁，君如郑雪铸洪炉。不烦成败升沉感，许共瑜伽证果无。"但他对张謇印行《梅欧阁诗录》这一行为，颇不以为然。他曾劝张謇停止印行，但张謇没有听取他的意见。其实，能将这些诗集中起来，广为流传，应该是好事。

梅兰芳与张謇在南通

　　自从梅兰芳开始创编新戏后，张謇始终很关注，他不仅大加鼓励，甚至为之编写了《舞谱》，还对各剧提出精辟的修改意见。当梅兰芳有赴美演出打算时，他当即拟订一份出行要点，包括出行宗旨、组团名称、成员、剧目选择、京剧沿革介绍、化妆、音乐、演出时间、剧情翻译以及平常衣着、资用等方面，可谓事无巨细、详尽周到。其中有些意见，梅兰芳都认真采纳了。不过可惜的是，张謇于1926年就去世了，没有感受到梅兰芳赴美演出的盛况。

　　多年来，梅兰芳一直精心保存着张謇寄赠的诗文、信函和礼品，即便是战乱中多次迁居，他也一直珍藏着。它们见证了他俩的情谊。

　　共和国成立后，更俗剧场更名为人民剧场。1996年，剧场因城市建设而拆除。2000年，市政府出资5000余万元，在原址重建。两年后，一座新的更俗剧场建成。新剧场融入欧式建筑风格，是一个多功能的现代文化设施，由一个大型剧院和六个电影小厅组成，并在剧院金色穹顶圆厅的二楼重建了"梅欧阁"，并把它扩大为"梅欧阁纪念馆"。馆内安置着梅兰芳、欧阳予倩、张謇的仿真蜡像，栩栩如生。

　　准确地说，梅兰芳是1919年12月第一次赴南通的。也就在这年这月，孟小冬经六叔孟鸿茂的介绍，跟上海大世界内的"乾坤大京班"（又称"乾坤大剧场"）签了一年的演出合同。

　　上海大世界的创办人是浙江籍商人黄楚九，他原先开办的是诊所和药房，其中的中法大药房在上海很有名气。后来，他投资娱乐业，在英租界内开了一家专演京剧的新舞台，之后在法租界的爱多亚路（今延安东路）创办了上海大世界。自1917年7月上海大世界开门迎客后，生意一直很兴隆，一度有"不到大世界，不算到过大上海"的说法。

　　在签约大世界之前，孟小冬两次赴无锡，总共不过5个月的时间，而此次加盟大世界，约定演期长达一年。看得出来，大世界非常看好她。这从后来她在大世界演出时，总被安排演压轴甚至大轴也可见一斑。在决定签约前，孟小冬试演了一场，戏目还是《逍遥津》。试演当然很成功，否则大世界也不会立即签了约。然后，她演了三天"打泡戏"：《群臣宴》《四郎探母》《捉放曹》。从此，她在上海的舞台上，站稳了脚跟。

孟小冬在上海大世界唱了整整一年。在这一年里，有两件事值得一提：

一、跟在无锡演出时只唱夜场不唱日场不同，在上海大世界，孟小冬不但每天唱夜场，一周之内还要唱一两场日场，这让她的生活变得很紧张，但也很充实。因为如此，她之前会唱的三十多出戏，已经不够唱的了。她一边演出，一边继续跟随仇月祥学新戏，还时不时向父亲孟鸿群讨教。这时，孟鸿群病情有所好转，搭班另一家戏院"共舞台"每周露演几场以唱为主的小戏。孟小冬新学会的戏有《徐策跑城》《洪羊洞》《滑油山》等。有意思的是，有几次，孟小冬、孟鸿群父女分别在大世界和共舞台同时演出《徐策跑城》。这其实只是巧合而已，不知情的人却误以为他俩打对台呢。

二、1920 年春，梅兰芳第四次赴沪，演出于天蟾舞台。这是梅兰芳、孟小冬第一次同时在上海的舞台上亮相。以 4 月 15 日刊登在《申报》上的演出广告为例，这天晚上，梅兰芳在天蟾舞台演出新编红楼戏《千金一笑》。与此同时，孟小冬在上海大世界演出《逍遥津》。当然，此时的他们彼次陌生，又因为分属旦、生两个行当，很可能连对方的戏，都不曾看过。

这次赴沪，对于梅兰芳来说，有一件事意义重大，那就是参与拍摄了一段戏曲电影。这是他第一次拍电影，从此和电影结缘。

梅兰芳自小就是戏迷，不过那时，他看戏除了娱乐外，更是为了提高自身业务。自电影进入中国后，他也和许多中国人一样迷上了电影，成了影迷。与看戏不同的是，看电影更多的是满足好奇心。待好奇心逐渐过去，中国的自制电影也越来越多时，梅兰芳在京城已经有了点名气，他也就不能随心所欲地时常光顾电影院。因为有好几次，有观众发现了他，立即就召来众人将他团团围住，非要将他的台下真面目看个仔细不可。上影院因此而让他感到十分害怕，再也不敢去了，但又按捺不住对电影的强烈向往。于是，他只有在或风雪交加，或大雨倾盆的恶劣天气下悄悄去一趟影院，他知道在这样的天气情况下，去看电影的人必定比往日少得多。

梅兰芳想拍电影的动机起初很单纯，只想能看到自己的表演。他和大多数京剧演员一样，自小走上舞台，演了一出又一出的戏，可永远只是演给别人看，而在表演中的神情、动作，自己始终看不见，至于在表演中的优缺点，就更无从知晓了。为此，杨小楼曾有一番感慨："都说我的戏演得如何如何的好，可惜我自己看不见。"梅兰芳深以为是。而电影，作为一面特殊的镜子，能够照见自己活动的全貌。于是，他对拍电影有了兴趣和向往。

在 1905 年中国首部电影《定军山》诞生 15 年之后，即 1920 年，梅兰芳于第四次赴沪演出期间，应商务印书馆协理李拔可的邀请，拍摄了他有生以来的第一部电影，从此与电影相携终身。对于"商务"来说，也是第一次，因为在这之前，他们从来没有拍过戏曲电影，自然也是茫然一片。此时，中国电影界尚无"导演"之说。既然拍摄梅兰芳的戏，梅兰芳对自己所有的剧目和表演模式又了若指掌，于是，他便实际上成了导演。

初登银幕的梅兰芳此时拍电影的目的只是想在"镜子"里看到自己的表演。于是，他选择了情节热闹、场子较多、身段表情都很丰富的《春香闹学》和《天女散花》两出戏作为拍摄的剧目。这两出无需太多念白和唱腔而注重舞蹈表演的戏，与当时默片时代的电影是很相适应的。

《春香闹学》的拍摄地点在位于宝山路的商务印书馆印刷所附设照相部的大玻璃棚内，布景基本延用了舞台上书房的布景，演员的服装、化妆也和舞台上一样，但道具如书桌、椅子等均系红木实物。由于是无声片，唱词经删减后以字幕的形式插在片中。为了弥补因唱词和念白被删减后对整场戏情节的影响，梅兰芳刻意加大了身段和表情，增加了在舞台上不曾有过的"草地上扑蝴蝶""拍纸球""打秋千"等几场戏，突出了春香的活泼好动，机灵可爱。

成片后的《春香闹学》，在外景的选取上有很明显的问题：花园内的大片草坪和书房的门过于高大都与剧场不相符合。更让人发笑的是，摄影师将花园围墙外的洋房也摄入镜头，而且洋房的窗户里还有人探出头来观看拍片，难怪当时有人开玩笑地将此场景称作"古今中外荟萃的奇景"。

首次拍电影的梅兰芳不改其在舞台上不断创新的品质，对戏曲与电影如何巧妙结合作了很有价值的尝试。在拍摄《天女散花》时，他吸取了

《春香闹学》时大量用全景和远景，而甚少用近景的呆板拍摄手法，大胆运用特写和叠印。正如他自己所说，这在当时已经算是特技了。

梅兰芳直到第二年的冬天，才在北京真光电影院先后看到了这两部片子。两部片子都不是单独放映，而是搭配了其他片子同时放映的。在这之前几个月，他分别接到上海两位朋友的信，一位说在 9 月 25 于在上海海宁路新爱伦电影院看到与商务印书馆的另一部片子《两难》同时放映的《春香闹学》；另一位说在 11 月中旬于上海西门方板桥共和电影院看到与《柴房》同时放映的《天女散花》。

时隔不久，梅兰芳从李拔可那里了解到，这两部片子不仅已在上海、北京和其他一些大中城市放映，很受观众赞誉，而且发行到了海外，在南洋一带颇受侨胞的欢迎。

对于初次涉猎影坛的这两部片子，梅兰芳总结说："虽然这两部片子在电影摄制的技术方面仍是启蒙时期，更谈不到古典戏曲的表演艺术如何与电影艺术相结合，但在拍摄戏曲片方面，继《定军山》之后，还是作了一些新的探索的。"只可惜，梅兰芳最早拍摄的这两部片子在 1932 年"一·二八"事变中，因商务印书馆印刷所被日军飞机炸了，而随其他库存影片被熊熊大火烧毁，消失殆尽。

如果说同为以唱戏为生的京剧演员，梅兰芳和孟小冬有什么不同的话，恐怕最大的不同在于梅兰芳具有极强的创新意识，从而形成独具风格的"梅派"艺术；相对而言，孟小冬更像是一个"唱匠"。当然，这并不排除她的唱，她的演有其个人特性，但尚不构成"孟派"。除此之外，梅兰芳在演戏之余，广泛涉及其他艺术，有电影、有诗词、有书法、有绘画，这使他在陶冶个人情操的同时，赋予"梅派"戏更浓烈的文化气息。在这个方面，孟小冬也有所欠缺。

整个 1920 年，孟小冬只是认认真真地学戏，按部就班地演戏以履行和上海大世界的演出合约。梅兰芳则不同，他演戏，也编新戏，《上元夫人》是他当年的新编戏。然后，他赴上海，拍了电影，赴南通，和张謇诗来诗往。秋天，他拜画家齐白石为师，从而引出一段尊师佳话。

梅兰芳曾经说过这样一段话，可以作为他学画的动机："我感觉到色彩的调和，布局的完密，对于戏曲艺术有声息相通的地方，因为中国戏剧在服装、道具、化妆、表演上综合起来，可以说是一幅活动的彩墨画。"

客观地说，梅兰芳并不是一开始就想好学习绘画为了服务于戏剧，而只将绘画当作业余爱好，以提高自己的文化素养而已。所以，他在初学画时，并没有想到要特地请一位绘画老师。他利用空余时间翻出祖父、父亲遗留下来的一些画稿、画谱加以临摹，但他因为既没有绘画基础，更没有理论知识，所以虽然临摹了不少画，但他自觉对用墨调色以及布局章法等，没有获得门径，只是随笔涂抹而已。后来，朋友介绍，画家王梦白成为梅兰芳绘画的开蒙老师。

王梦白的画取法新罗山人，笔下生动，机趣百出，最有天籁。他应聘做梅兰芳的绘画老师后，教学极为认真，每周一、周三、周五三次准时、准点来到梅宅。他的教学方法很简单，但学生易懂易学，他往往当着学生的面先画一幅，一边画一边讲解下笔方法，哪些地方特别要注意，哪些地方需要腕力等，他都一一讲到，不放过任何一个细微处。画好后，他将画贴在墙上，再在书桌上重新铺上宣纸，让梅兰芳对临。当梅兰芳对临时，王梦白在一旁细心指导。他之所以要采用这种教学方法是因为他认为："学画要留心揣摩别人作画，如何布局、下笔、用墨、调色，日子一长，对自己作画也会有帮助。"

作画如此，演戏又何尝不是如此呢。临摹只是一个方面，就像演员观摩别人演戏一样，临摩观摩固然有助于自己的技艺的提高，但它的根本目的在于通过临摩观摩而学会如何观察生活、积累生活素材，从而进行艺术创造。王梦白不仅教会梅兰芳如何临摹，更教会他如何观察生活。

王梦白最喜欢画翎毛，所以在家里用大笼子养了许多种不同样子的小鸟，闲来无事时，他就会静静地观察鸟儿的一举一动，看它们悠闲时的模样，看它们受惊时的神态，看它们吃食时的动作。有时，他会从地上拣一块土块或小石子轻砸鸟笼，看鸟儿起飞、回翔、并翅、张翼的种种姿式。

画小鸟如此，画昆虫也是如此，每当要画昆虫时，王梦白总是事先活捉几只或螳螂或蟋蟀或蜜蜂，仔细观察后再动笔。有时，梅兰芳和王梦白等人去香山郊游，一般人只是游山玩水，而王梦白则不然。梅兰芳发现王先生无论对花草还是对山水抑或昆虫，无一不细细地看、深深地揣摩。

当然，观察生活的表象只是浅层次的，高层次的则需要将生活素材加以提炼、夸张、再创造，就像戏曲演员扮演孙悟空，光模仿猴子的生活习性还远远不够，模仿只是一个方面，关键是要表现出孙悟空的灵性，这就需要在做到形似的同时做到神似。明白了这个道理，梅兰芳在学画时就要求自己不能简单地依样画葫芦地生搬硬套。

王梦白之后，梅兰芳又先后拜陈师曾、金拱北、汪蔼士、陈半丁等名画家为师，又在齐如山的介绍下，拜了齐白石。当时，齐白石在画界地位和吴昌硕相当，有"南吴北齐，可以媲美"之誉。据他自己说，他的画法除得力于徐青藤、石涛外，也得力于吴昌硕。所以，两人的笔法确有相似处。

齐白石与齐如山是老相识，从齐如山那儿，他自然也就认识了梅兰芳，知道梅兰芳的戏如何好，如何受欢迎，但他因每日忙于绘画，加上凡有梅兰芳演出的戏票总不好买，所以也一直未能亲见梅兰芳。当他听说梅兰芳也在学画时，更想见见他了。学画者，无人不知齐白石，梅兰芳亦然，他不但想亲眼目睹齐白石作画，更想在绘画上得其指点。

好在两人之间有齐如山，见面也就不难了。那天，在齐如山的陪伴下，齐白石来到了北芦草园梅宅。事后，齐白石在回忆录里这样描绘他对梅兰芳的初次印象："兰芳性情温和，礼貌周到，可以说是恂恂儒雅。"两人寒暄过后，齐白石对梅兰芳说："听说你近来习画很用功，我看见你画的佛像，比以前进步了。"

梅兰芳画佛像是向画家陈师曾学习的。陈师曾是陈散原的儿子，诗、书、画都有很高的造诣，他尤擅画北京风俗画。梅兰芳不但向他学习画佛，还学习画仕女。齐白石的夸赞倒使梅兰芳有些不好意思，他忙说："我是笨人，虽然有许多好老师，还是画不好。我喜欢您的草虫、游鱼、虾米就像活的一样，但比活的更美，今天要请您画给我看，我要学您下笔的方法，我来替您磨墨。"

说着，梅兰芳就要动手磨墨，也不管齐白石愿意不愿意画给他看。看着他急急的样子，齐白石笑了，他故意像提条件似的打趣道："我给你画草虫，你回头唱一段给我听，怎么样？"

"那现成，"梅兰芳不加思索道，"一会儿我的琴师来了，我准唱。"

齐白石坐在画案正面的座位上，梅兰芳坐在他的对面，果然亲自磨墨。墨磨好，他又找出画纸，仔细地铺在齐白石的面前。齐白石从笔筒里挑出两支画笔，蘸了些墨，凝神默想片刻后，便画了起来。笔下似有神助，须臾，"细致生动、仿佛蠕蠕地要爬出纸外的"小虫便跃然纸上。一旁观看的梅兰芳忍不住惊呼起来。齐白石画画的速度极快，下笔准确的程度也是惊人的。这些都让梅兰芳赞叹，而更让他惊奇的是齐白石惜墨如金，草虫鱼虾都画过了，笔洗里的水始终是清的。

这天，梅兰芳收获很大，他不但亲眼目睹了齐白石作画，还聆听了齐白石畅谈作画要诀。齐白石在为梅兰芳画每一幅时，都不停地将他的心得和窍门讲给梅兰芳听。画完后，他总结道："画，贵在似与不似之间。太实了，就俗媚，不能传神。"

"这与演戏一样。"梅兰芳说，"演员塑造形象也要讲究传神。"

梅兰芳学画的目的并不是要当个画家，而是想从绘画中汲取一些对戏剧有帮助的养料。所以对他来说，能将学画的体会运用到演戏中，那要比他单纯地学会画某一样东西要有收获得多。

画画好后，琴师茹莱卿正好也来了，梅兰芳信守诺言，为齐白石唱了一曲。至于唱的是什么曲目，目前有两种说法：梅兰芳在他的《舞台生活四十年》里说，"唱的是一段《刺汤》，唱好后，齐白石点头说：'你把雪艳娘满腔怨愤的心情唱出来了。'"齐白石在他的自述中说，梅兰芳当时唱的是《贵妃醉酒》，"非常动听"。

不管唱的是什么曲子，总之，梅兰芳唱了，齐白石听了，觉得很动听，一直到回去后，悦耳之声还一直在耳畔回响，令他激动。激动之余，他挥毫作诗云：

> 飞尘十丈暗燕京，缀玉轩中气独清。
> 难得善才看作画，殷勤磨就墨三升。
>
> 西风飕飕袭荒烟，正是京华秋暮天。
> 今日相逢闻此曲，他年君是李龟年。

次日一早，齐白石就将这两首写在画纸上的诗寄给了梅兰芳，令梅兰芳感动不已。从此，两人建立了深厚的友谊，梅兰芳也尊称齐白石为"老师"。

时隔不久，艺界流传着一段梅兰芳尊师佳话。这个"师"指的就是齐白石。事情发生的地点目前也有几种说法：《舞台生活四十年》里说在"一处堂会上"，至于是哪处，梅兰芳可能是记忆之故没有明说；齐白石说在"一个大官家"，至于是哪位大官，他也没有明说；还有一种说法是在艺界某人士家。由此看来，的确在一处堂会上。

当时，齐老先生先到一步，由于穿着朴素实在不起眼，又与众多身着锦罗绸缎的达官贵人毫不相熟，便独自坐在角落，有些被冷落的孤独。正当他暗自后悔不该来时，门口传来惊呼声一片，原来是梅兰芳来了。笑容可掬的梅兰芳在众人的簇拥下缓步而入，却突然挤出包围急步来到齐白石的面前，恭恭敬敬地鞠躬并唤声："老师！"然后搀他起身扶他在前排坐下。

梅兰芳的行为让众人诧异：难道还有比梅兰芳更显贵之人？梅兰芳怎么会如此谦恭地去招呼这样一位有些寒酸的老头子？他俩到底是什么关系？众多的疑问集聚在大家的心头，终于有好事者问梅兰芳："这人是谁？"梅兰芳大声且自豪地说："这是名画家齐白石先生，也是我的老师。"大家恍然，纷纷上前和齐白石打招呼。

齐白石此刻的心情真是无以言表，他万没有想到大名鼎鼎的梅兰芳在这样一个场合以这样一个方式为他"挽"回了他一个大面子，自然感激万分。随后，他精心绘了一幅《雪中送炭图》，并配诗一首：

> 曾见先朝享太平，布衣蔬食动公卿。
> 而今沦落长安市，幸有梅郎识姓名。

梅兰芳收到画和诗，也很感慨，他以为学生敬师乃天经地义，却蒙齐白石如此感激，心中不安，也给齐白石回了一首诗：

> 师传画艺情谊深，学生怎能忘师恩。
> 世态炎凉虽如此，吾敬我师是本分。

从此，梅兰芳尊师爱师的美名在艺界流传开来。

就在梅兰芳向齐白石潜心学画的时候，1920 年年底，孟小冬和上海大世界的演出合约到期了。

迎斑、搭斑（二）

为了相逢的分离

孟小冬签约上海共舞台，改「孟筱冬」为「孟小冬」

梅兰芳、杨小楼合组崇林社，排演《霸王别姬》

孟小冬赴南洋小吕宋

梅兰芳组班承华社赴香港演出

孟小冬赴汉口，和姚玉兰义结金兰

1920 年 11 月 11 日，孟小冬在上海大世界的乾坤大剧场演出了最后一场，戏目是《黑水国》（又名《桑园寄子》），跟她合作的是青衣汪碧云。一曲终了，大幕落下，孟小冬从此离开大世界，转战共舞台。

应该说，孟小冬在与大世界的合约即将到期时就已经跟共舞台商谈合作事宜了，否则，她也不会在仅仅相隔一个月之后，即 12 月 14 日就正式登上了共舞台的舞台。令戏迷们惊讶的是，这天共舞台的演出广告中，多了一个"新"人，名孟小冬。原来，从登上共舞台的那天起，孟小冬正式将"孟筱冬"更名"孟小冬"。然而，她为何将"筱"改为"小"，其中包含怎样的意思？无人能知。也许只是为了一个新的开始，为了以一个新的艺名期盼一个新的演艺未来。

"共舞台"的老板，是上海滩三大"流氓大亨"之一的黄金荣。

民国初年，在军阀混战、时局动荡不安的社会环境下，上海的有钱人纷纷迁居租界，客观上使得租界内的戏院日益增多。有能力开戏院的，除了有钱人，就是上海的流氓大亨。除了黄金荣的"共舞台"外，梅兰芳多次演出过的天蟾舞台，就是由人称"顾四"的顾竹轩所开，他与"三大亨"杜月笙、黄金荣、张啸林并称上海"四大金刚"。

"共舞台"有老、新之分。老的"共舞台"，创建于 1911 年，由几位开明士绅联合出资兴建，正式开演是在当年的 11 月 22 日，戏院名为"新剧场"。因为生意萧条，半年后改名"凤舞台"，后来又改称"群舞台""朝阳凤舞台"。1913 年，黄金荣正式接手，又改名字，为"天声舞台"，之后才改为"共舞台"。

所谓"共"，意即男女同台之意。可以说，"共舞台"因此开创了中国男女演员同台演出的先例。不可否认，这是一个进步。之后，京剧演员吕月樵接手"共舞台"，改称"沪杭共舞台"。几年后，即 1917 年，"沪杭共舞台"回归黄金荣，又改名为"沪江共舞台"。1919 年 1 月，上海"共舞台"经过修缮后，重新开门迎客。

孟小冬能够和共舞台签约，而且一签就是一年，其中最重要的有两个原因：

一、乾坤大剧场和共舞台相比，相对而言，后者更具实力，它是专门的京剧演出场所，而乾坤大剧场只是上海大世界这个游艺场所中的一个分支机构，因此面对的观众大多数是游乐后坐下歇脚的普通人，不像共舞台的观众多半是纯粹的戏迷、专业的票友。对于一个职业京剧演员而言，若想在演艺事业上更上一层楼，累积更大的名声，专业舞台才是他们驰骋的空间。孟小冬不例外。她的父亲、叔叔当然也期盼她能有大的发展。

在孟小冬于上海大世界演出的时候，孟父孟鸿群搭班共舞台，在共舞台演出，因此结下了不少人缘。这为孟小冬加盟共舞台，提供了人情上的帮助。另外，六叔孟鸿茂也帮了不少忙。这是他们主观上的努力。

二、客观上，此时的共舞台非常需要一个新的女老生，顶替共舞台的台柱子、女老生露兰春。

有人说，黄金荣开办共舞台，其实就是为了露兰春。此说并非没有道理，共舞台定名为1913年，露兰春就是在这年在上海演出，也确实在共舞台唱过一段时间。甚至可以说，她走红上海，也就是在共舞台时期。因此又生出这样的说法：是黄金荣捧红了她。

露兰春比孟小冬大10岁，出生于1898年，原籍山东，本名连她自己都不知道。她走上戏曲之路，是因为继父。她在8岁时，生父病故，她随母亲流落到河北、京津一带。母亲改嫁后，爱好戏曲的江苏扬州籍继父便让露兰春随一位京剧票友学习老生戏，并为她取了个"露兰春"的艺名。

14岁时，露兰春在天津开始登台，以唱《文昭关》《战蒲关》等唱做兼重的老生戏为主。当年，上海"天仙合记茶园"到天津邀角，露兰春应聘南下上海，并崭露头角，被冠以"京津著名坤角"的头衔，从此享名。在"天仙合记茶园"关闭后，她又辗转"共舞台"等戏院，继续演唱，技艺日进，声誉渐隆。之后，1914年，她离开了上海，到武汉等地演出。

共舞台经过修缮，重新开门迎客。为庆祝开张，露兰春被黄金荣邀为台柱子，回到共舞台献唱。这时，她的艺术更趋成熟，能文能武，唱做俱佳，不仅为自己赢得更大的名声，也使共舞台戏迷盈门，因此成为共舞台的头牌名角儿。作为台柱子，她深受共舞台老板黄金荣的器重；作为女人，特别是才貌双全的女戏子，她让黄金荣垂涎三尺。

1919 年秋，黄金荣因为露兰春，险些葬送了自己的身家性命。原来，有一天，露兰春唱戏唱到一半，忽听得台下有人喝倒彩。一个以唱戏为生的演员，无论对于喝正彩，还是喝倒彩，早已习已为常，并不在意。但是，对露兰春暗生情愫的黄金荣却不能容忍。仗着他是青红帮首领，当即命人将那人"揪"出来。然后，他亲自动手，将那人痛打一顿，为心上人好好出了一口恶气。

谁知道，黄金荣暴打的这个人，不是普通老百姓，而是号称民国"四大公子"之一的浙江军阀卢永祥之子卢筱嘉。卢少爷回家哭诉一番，告了黄金荣一状，卢军阀大怒。他的部下何丰林不知道是奉命行事，还是擅自主张，竟然拉了一队人马，将黄金荣掠劫而去，软禁了起来。后来，在杜月笙、张啸林的大力奔走之下，黄金荣这才脱险。不过，经过这么一折腾，他的元气大伤，威风扫地。有人甚至断言："杜月笙就此后来居上，张啸林也借此站稳了脚跟。"

之后，露兰春在共舞台的演出日渐减少。有心纳露兰春为妾的黄金荣更不想她频频抛头露面。不过，他俩真正结合，已是 1922 年年底了。有资料显示，此前，露兰春曾经和"四大名旦"之一的荀慧生在共舞台合作演出过，而且两人还传出过绯闻。

荀慧生是 1919 年年底赴沪演出后留在上海发展的，主要演出场所在亦舞台。有一段时期，荀慧生交叉演出于亦舞台和共舞台。在共舞台演出时，很自然地与露兰春有了更多的同台合作机会。这个时候，他是旦角头牌，露兰春是老生行头牌。两人同挂头牌，又是一男一女、一旦一生，一个英俊、一个娇美，在外人的想象中，这才是天造地设的一对。渐渐地，戏迷们到共舞台，最想看的，就是他俩合演一出戏。1922 年 10 月 3 日，他俩合作演出《第一美人》（又名《昭君》），荀慧生饰演昭君，露兰春饰演苏武；1922 年 11 月 4 日，他俩合作演出《狸猫换太子》，荀慧生饰演寇珠，露兰春饰演陈琳。

在很多时候，当事人本无意，外人却有心。当荀慧生突然发现有人在谈论他和露兰春，而且神情语言都很暧昧时，他想起了身边好友曾经对他的忠告。他们一直在提醒他，在生活上一定要处处小心谨慎，特别是在男女问题上，万万不可出错，所谓"一失足成千古恨"。之前，他在散戏后，循例会和其他演员们一起去吃宵夜，其中也有露兰春。为避嫌疑，之后，散了戏，他会编出各种理由，借故立即卸妆回家。

相比而言，在他俩的"关系"上，露兰春似乎更积极一些。有时，露兰春主动、当面邀请他共餐，他婉言谢绝。为便于休息、独处，他在某饭店包了一间房。不久，他的包房旁边一间原本是空着的房间，被露兰春包了下来。一些不怀好意的人，打探到这个情况后，按捺不住兴奋，日夜守候着，等着看好戏。荀慧生更加小心翼翼地演出和生活，更加小心翼翼地维持着与露兰春演戏搭档的平常关系。他以此对抗着一切流言飞语。终于，绯闻悄悄地来，也悄悄地去了。

荀慧生大约是在 1922 年年底离开共舞台的。不久，露兰春嫁黄金荣为妾。

也就是说，孟小冬于 1920 年年底之所以能跟共舞台签约，并非因为共舞台的坤生露兰春嫁人而告别了舞台致使共舞台坤生乏人，那时，露兰春仍然是共舞台的台柱子。不过，共舞台签约孟小冬，的确有让她日后顶替露兰春的想法。因为此时，黄金荣早已萌生纳露兰春为妾、让她退出舞台的打算。

事实上，在孟小冬于共舞台演出的一年时间里，露兰春仅演出过两场戏，戏目分别是《十二本宏碧缘》和《曹操逼宫》（即《逍遥津》）。这样说来，在这一年里，共舞台坤生台柱子实际上成了孟小冬。

在露兰春活跃在共舞台的时候，她最拿手、最受欢迎，共舞台口碑最佳的两出戏是连台本戏《宏碧缘》和《阎瑞生》。仅这两出戏，就为露兰春赢得很大的名声，更为共舞台挣得大把银圆。当时，有几家唱片公司还特别为露

孟小冬戏装照

兰春灌录了这两出戏的唱片，其中一张"阎瑞生惊梦"更风靡一时。一时间，大街小巷的留声机里放的都是"惊梦"中一段"二黄"唱腔，几乎人人都会哼唱"你把那冤枉的事对我来讲，一桩桩一件件桩桩件件对小妹细说端详"。

既然共舞台有心让孟小冬顶替露兰春，就一定会让她唱这两出戏。孟小冬在共舞台演出的"打泡戏"，还是那出《逍遥津》。一个月后，她正式演出十四本《宏碧缘》，饰演其中的主人公，唐代武林高手骆宏勋。又三个月，她演出《阎瑞生》。既然这两出戏都是露兰春的看家戏，孟小冬曾经向她讨教，也就是自然而然的了。除此之外，在演出方式上，孟小冬也模仿过露兰春。比如，孟小冬和张文艳合作演出《阎瑞生》，张文艳饰姐姐莲英，孟小冬饰妹妹玉英，扮的是旦角，着时装，用大嗓。和露兰春演出这出戏时一样，孟小冬也在前本中串演阎瑞生。

因为此时露兰春很少登台，孟小冬也就没有机会和她同演一出戏，甚至连同台的机会，也仅有一次。那次同台，孟小冬演《十一本宏碧缘》，饰骆宏勋；露兰春演《十二本宏碧缘》，也饰骆宏勋。两个上海滩著名的女老生同演一个角色，着实令戏迷大开了眼界，当然也免不了对她们作一番比较，最终的结论符合常理：各具特色，各有千秋。

从商业论，孟小冬在共舞台收获颇丰，以她自身的名声，以她顶替露兰春的"噱头"，以她演出共舞台的招牌戏《宏碧缘》和《阎瑞生》，她都能引人关注、受人追捧。除此之外，她还和多才的吕月樵合作演出过玩笑戏《十八扯》。吕月樵青衣、武生、老生、老旦都能唱，孟小冬向他学了几出老旦戏。常常地，她和父亲孟鸿群同台演出，老父只唱些开锣小戏，而女儿却常唱压轴、大轴，这又能引起话题。

从艺术论，严格说来，这一年，孟小冬并没有长足艺术进步，她大部分时间都在唱玩笑戏，唱故事性极强的连台本戏。比如，据统计，头本《阎瑞生》，她唱了 62 次；二本《阎瑞生》，她唱了 65 次；十六本《宏碧缘》，她唱 36 次；十五本《宏碧缘》，她唱了 34 次。除此，她的戏，不出《逍遥津》《斩黄袍》《空城计》《武家坡》《翠屏山》《四郎探母》等传统老戏之外，其中《四郎探母》，她唱了 41 次；《武家坡》，她唱了 36 次。不要说没有新创过一部新戏，就连传统戏，她也没有新学，一直翻来倒去地唱那些她早就唱熟了的、唱烂了的旧戏。

梅兰芳则不同，他虽然在不间断的营业戏中也唱老戏、传统戏，更唱他的新编戏。最值得称道的是，他继续在创编新戏。1921 年，也就是孟小冬搭班共舞台时，梅兰芳和杨小楼编创了经久传世的新戏《霸王别姬》。这出戏不仅是"梅派"名剧，更是中国京剧舞台上一个永恒的传奇。它的诞生，可谓一波三折。

1918 年三四月间，杨小楼和另一位旦角演员、后来和梅兰芳同时跻身"四大名旦"的尚小云合作创排了一出新戏《楚汉争》。非常巧的是，在《楚汉争》公演之前，梅兰芳的专职编剧齐如山已经编成《霸王别姬》，同样取材于霸王和虞姬的故事。当时，齐如山将角色都安排好了，由架子花脸兼武花脸演员李连仲饰演霸王，由梅兰芳饰演虞姬。但是，因为梅兰芳事务缠身，一直没有机会排演这出戏。然而当他们准备排演时，却惊见《楚汉争》已经抢先亮相了。

尚小云与杨小楼的《楚汉争》，取材于清逸居士（爱新觉罗·溥绪）编写的历史剧，全剧共分四本，从刘邦、项羽鸿沟讲和开始，到项羽乌江自刎结束，两次演完，头本，他们于 3 月 9 日推出，二、三、四本，他们在 4 月 6 日、7 日分两天演出。

《楚汉争》的推出，打消了梅兰芳排演《霸王别姬》的念头。他担心的是，有故意与人相争之嫌。如果将尚小云与杨小楼的《楚汉争》与之后梅兰芳与杨小楼的《霸王别姬》作个比较的话，从《楚汉争》洋洋洒洒长达四本就可看出，这出戏的场子过多。而且，可能是因为杨小楼太精于武打，又太看中尚小云的武功了，所以，打戏也过多。同时，大段唱腔也显得整出戏比较瘟而不够紧凑。但是，它还是因题材的新颖而大受欢迎。

尽管《楚汉争》与之后的《霸王别姬》相比，总体上存在不少缺陷，但就尚小云和杨小楼个人的表演而论，还是值得称道的。比如，有人评价尚小云的表演："小云之饰虞姬，真能将当日维谷情态，刻画靡遗，以虞姬外秀内慧，善察人情，为君王起舞帐中之际，进退殊难自决，情丝牵累，早在美人慧眼之中，故饮剑自裁，以明其志。"在这之前，旦角演员无人能与梅兰芳一比高低。尚小云却凭借《楚汉争》，大有后来居上的趋势，锋头直逼梅兰芳，名声几与梅兰芳持平。

但是，《楚汉争》所存在的缺陷，恰恰给了梅兰芳摆脱尚小云的追赶，又一跃而前的机会。三年后，1921 年冬，梅兰芳决定重拾《霸王别姬》，一是因为事过境迁，早已不存在"与人抢戏"之虑。同时，他认为，"霸王"杨小楼的戏，存在着过场太多、唱腔前后重复等毛病。更重要的，他觉得尚小云在《楚汉争》里的虞姬完全是杨小楼的"霸王"的陪衬，是个典型的配角，唱腔少，念白也少，正如王瑶卿所说，是个"高等零碎儿"。从这个角度说，尚小云的《楚汉争》实际上是以霸王为主角的，而梅兰芳的《霸王别姬》却是以虞姬为主要刻画对象。

齐如山的原剧本是依据明代沈采所编的《千金记》传奇编写的。当梅兰芳决定重排后，齐如山在原作的基础上，参考了尚小云、杨小楼版的《楚汉争》剧本，重新做了修订。因为有《楚汉争》的前车之鉴，新编《霸王别姬》摒除了场子过多、打戏过多的毛病，同时将《楚汉争》侧重霸王项羽转为以虞姬为主。

为了这部戏，梅兰芳无论是在唱腔、舞蹈、服装和舞台灯光设计等方面，都倾注了大量心血，费了很大功夫，其中的"虞姬剑舞"，后来不仅是《霸王别姬》的特色，也成为"梅派"艺术经典。因此，相比较而言，在艺术上，《霸王别姬》确实要胜于《楚汉争》，不仅仅是故事结构上，更表现在刻画人物性格细腻、舞蹈的壮美上。也可以说，《霸王别姬》是艺术竞争的结果。就梅兰芳个人而言，面对新一代旦角演员尚小云的"咄咄逼人"，他积极应对，不断创新，终于凭借这出戏再创辉煌，继续稳列旦角第一。

有人认为正因为有之前的《楚汉争》，所以梅兰芳才会选择杨小楼演霸王。其实，这也许只是原因之一。此时，梅、杨刚刚合作组织了一个班社"崇林社"。之所以取"崇林"二字，是因为他俩的姓都是木字旁，两"木"合而为"林"。虽然"崇林社"因杨小楼生病只维持了短短一年多，但却成就了一部传世名剧《霸王别姬》。

表面上看，两人合作组建戏班，合作演出《霸王别姬》似乎只是出于艺术的需要，实际上，这次合作显示了梅兰芳超强的心理分析才能，以及面对青出于蓝而极可能胜于蓝时从容面对并且积极竞争的大将气魄。

虽然此时旦角的地位逐日递升，大有取代生行成为舞台中心的意思，但是拥戴生行戏和生行演员的老观众仍然大有人在。当谭鑫培去世后，他们便将目光转向杨小楼，杨小楼也就成为新一代生行演员的领军人物。这时，梅兰芳作为旦行翘楚，也只有他能够与杨小楼并行。于是在戏曲舞台上，客观上便形成了"梅、杨并世"的局面。

与以往观众或只捧生行或只捧旦行的情形不同，随着观众审美情趣的悄然变化，他们已不满足于在舞台上或只看到生行头牌，或只看到旦行头牌，生、旦头牌同时亮相，将是他们更愿意看到的情景。

梅兰芳一直是个眼光高远的人，也是个心中永远装着观众的人。多年来，他虽然致力于自己的演艺，却从来不是个埋首书斋不闻世事的人，他很清楚他的戏无论如何变化和创新，最终将面对的是观众并接受观众的裁量。不论个人偏好如何，只有观众认可的变化和创新，才能称得上是成功的。因而，他无论是排新戏，还是改良老戏，总是一边做，一边顾及观众的承受能力。也正是时时处处考虑到观众，他的创新步伐总是缓慢的、循序渐进的，而绝不是一夜之间彻底改头换面地一步到位。如果当他发现观众并不接受他的某一变化，他将立即变回从前，重新选择新的突破。

在如此长期实践中，他练就了体味观众需要、洞察观众心理的良好素质。当观众的审美心理发生变化时，他敏锐地察觉到了。"崇林社"的组建，正符合当时社会上"梅、杨并挂头牌"的观众心理，因此备受瞩目也就成为必然。

从此，既喜好生行戏也不排斥旦行戏的观众真正感受到了"梅、杨同台"的盛世局面，大呼过瘾的同时又似有不满足。梅兰芳知道那"不满足"其实是观众期待着能有一出真正展示两人各自风采，又有默契配合的大戏，这其实也是他自己的心愿。在这种情况下，《霸王别姬》诞生。

从《楚汉争》到《霸王别姬》，也可以看出梅兰芳之所以始终稳居旦行首席，始终无法让后来的尚小云超越的原因。尚小云自幼习武生，武功底子确实强于梅兰芳。他被杨小楼看中，也是缘于此。在艺术实践中，扬自己所长，是应该的。但是，也许正因为如此，恐怕他过于在乎武功的展示，而忽略了其他。梅兰芳具有较强的创新意识，他的"创新"，从唱、舞、服饰、灯光等，体现在各个方面。最重要的是，他更注重对人物情感的描摹。

梅兰芳在《霸王别姬》中的"剑舞"不同身段

简言之，此时的尚小云对一出戏，还缺乏通盘、全面的考量；梅兰芳则更细致一些，一个很重要的表现，就是他非常顾及观众心理。

起先《霸王别姬》是演到项羽乌江自刎为止的，那时，观众对虞姬自刎以后的霸王的一场打戏也还饶有兴趣，那毕竟是名武生杨小楼的拿手好戏。随着时间的推移，观众欣赏水平的提高，观众更喜欢看演员如何刻画人物性格，如何表达人物思想感情，而对单纯的开打已渐失兴趣。于是，观众看到虞姬自刎后，便不再有兴趣往下看了，纷纷退场而去，随杨小楼在舞台上如何费力做戏了。这种冷遇使有"国剧宗师"称号的杨小楼很是尴尬，以颇为复杂的口吻对梅兰芳说："这哪儿像是霸王别姬，倒有点儿像姬别霸王了。"

梅兰芳虽然对杨小楼的境遇颇为同情，但他对观众的反应也深表理解，他意识到：戏到该结束的地方就一定要结束，绝不能拖泥带水、当断不断。他决定无论杨小楼如何心有不甘，也要尊重观众的选择，删掉最后一场打戏，全剧就只演到虞姬自刎为止。

除了和杨小楼演过《霸王别姬》，梅兰芳还和金少山、周瑞安、刘连荣配合过这出戏，而只有与杨小楼合作，他才真正感到过瘾，其他几位无论是在名望上还是在表演上都稍逊杨小楼一筹。杨小楼也曾说："我们俩唱惯了，抽冷子跟别人一唱，卯不上劲，也怪事，我们俩一块唱，我也不知道哪儿来的一股子劲。"所以有人说："只有梅兰芳与杨小楼合演的别姬，才是真正的霸王别姬。"

《霸王别姬》之所以流传至今，其中原因不仅仅是有"伶界大王"之称的梅兰芳和有"国剧宗师"之称的杨小楼之间的强强联手的明星阵容，也不仅仅有"虞姬剑舞"舞出的凄美苍凉的悲剧气氛，更因为这出戏开创了戏剧性和歌舞性相结合的梅派剧目先河。梅兰芳从此摆脱了为歌舞而歌舞的单一模式，摸索出了一条新路。

准备地说，梅兰芳的《霸王别姬》是在 1921 年年底开始编排的。次年，即 1922 年年初，这出戏在北京的第一舞台首次公演。接着，梅兰芳第五次赴上海，又第三次赴南通。就在他抵达上海时，孟小冬却离开了上海，远赴南洋小吕宋（即菲律宾群岛的吕宋岛，因曾被西班牙侵占，西班牙被称大吕宋，吕宋岛则被称小吕宋）。她这次远行，是应当地华侨商人的邀请前往进行商业演出。

当年夏天，梅兰芳在北京成立了承华社。该社实则崇林社的前身，由于杨小楼自上海演出回京后一直患病，故而脱离了崇林社。承华社成立后几年内，一直演出于被首次称为剧场的"真光剧场"。该剧场位于东华门大街，它既有很新式的建筑，又有全新的经营管理模式。不仅如此，真光剧场印制的戏单都与以往不同。比如，崇林社的戏单是石印的，纸质很薄，字体则由主角名字的大字到一般角色的小字；而承华社在真光剧场演出的戏单是用道林纸铅印，一张折合式的，外面算是封面，有"真光剧场剧目"的字样，里面的人名字体一样大小，没有主次角的分别。这从中可以看出，梅兰芳是一个很善于接受新鲜事物的人。

"承华社"成立后的头等大事，就是应香港太平戏院的邀请，远赴香港进行为期一个月的演出。

1922 年 10 月 15 日，"承华社"140 余人分别从天津、上海乘船前往香港。其中主要演员有老生郭仲衡、武生沈华轩、武旦朱桂芳、小生姜妙香以及姚玉芙、诸如香、李寿山、张春彦、小荷华、福小田、贾多才和曹二庚等人。沈华轩是旗人，原是梆子戏演员，因昆曲底子厚，改唱京戏，曾走红于上海。梅兰芳特地请沈华轩同行，是因为让他顶替杨小楼，和他合作《霸王别姬》。梅兰芳的琴师茹莱卿也因病未能同行，改由梅兰芳的姨父徐兰沅为之操琴。

梅兰芳到香港演出的消息早就传遍了香港的各个角落，消息灵通人士甚至知道梅兰芳所乘的邮轮号，因此早早地等候在九龙码头。消息一传十、十传百，过不多久，九龙码头已是万头攒动。

当梅兰芳乘坐的"南京号"邮轮于早晨 8 时缓缓驶入九龙码头时，周围许多小轮划艇竞相围拢过来，小轮、划艇上的人全都踮着脚尖，伸长脖颈朝"南京号"探头，争睹梅之风采。开着小轮、划艇前来欢迎的有百余人。这种欢迎方式别具一格，令梅兰芳既感新鲜，又深受感动。"南京号"

停稳后，岸上围观的市民也骚动起来，人流不由自主地朝前滚动，拥向"南京号"。港九之间的轮渡交通因此而被阻，暂停轮渡达4个小时之久。

接到香港太平戏院的演出邀请，梅兰芳很是兴奋，他几乎没有犹豫就给了太平戏院一个满意的答复。他之所以如此爽快，首先考虑到的是"想把自己的艺术介绍给港粤同胞，同时检验一下北方古老的传统剧种是否也能得到南方观众的认可"。不论港粤观众对"北方古老的传统剧种"是否有好感，他们如此狂热地聚集在码头欢迎"北方古老的传统剧种"的代表人物，就已经令梅兰芳激动不已了。

梅兰芳到香港后，偕妻福芝芳初住于友人邓昆山家。与几番赴沪演出一样，他在香港也受到当地社会名流的热情接待，收到三四十人的赠诗。到港当晚，何棣生在金陵酒店设宴为之洗尘。由邓昆山介绍，他于到港次日，"往谒华人代表周寿臣、伍汉墀两君，旋赴华商总会答拜。4点赴何君甘棠住宅茶会，7点赴陶园简琴石君宴会。是日有广州各团体派来代表梁培基君等到寓相晤，佥称现由全省学界、教育界、报界、美术家、技术家、东西洋留学生发起拟在省定期开会欢迎"。两天工夫，"各界过访招饮者，络绎不绝，令人应接不暇"。

早在梅兰芳赴港之前，香港总督司徒拔爵士就曾接到过与梅兰芳素有交往的英国驻华公使艾斯顿的一封信。艾斯顿在信中特别就梅兰芳赴港演出一事关照总督对梅兰芳要多加照拂，理由是梅兰芳"平时对于促进中英两国之间的友谊多有尽力"。司徒拔接信后，不敢怠慢，立即下命令给警察署。警察署在梅兰芳抵港后，便特地为其配备了五名警官，不分昼夜，日夜保护，甚至连梅兰芳出入上下车，都由他们为其开关车门。正式演出时，他们不仅陪梅兰芳出入戏院，连梅兰芳在后台化妆，他们都高度警惕地守候在化妆室门口，随时注意一切来往之人。

歹徒无法近身，就写恐吓信。当梅兰芳收到一封索诈五万英镑的恐吓信后，警察署除派人侦查此案外，更对梅兰芳加强了保护。为防止负责保护的警察工作懈怠，他们通知梅兰芳说："如所派警员有所疏惰，一接电话，即可调换。"与此同时，警方出于安全考虑，为出入剧场的工作人员配制了两种通行卡，"演员为绿色，其余办事人员为红色"，都用梅兰芳的相片作为标记，以便稽查。警方的安全保卫工作可谓细致周到。

为感谢香港警方竭诚尽力地保护，梅兰芳于10月17日特地拜会了总督司徒拔。二人的会见轻松而愉快。司徒拔除对梅兰芳的到港极表欢迎外，毫不掩饰自己能有机会欣赏到梅兰芳的艺术的喜悦之情。会谈中，他建议梅兰芳两年后在英国举办博览会时能赴英国一游，到那时，他可以借回国述职之机，亲自为之导游。梅兰芳笑着表示，若有可能届时一定前往。司徒拔有着西方人特有的幽默，他颇有些神秘地对梅兰芳说他自小也喜好演剧，且偏好饰女角，"和梅先生堪称同行"，此说，惹得梅兰芳和在座的一起哄堂大笑。

后来，司徒拔曾亲赴戏院，观看了梅兰芳的《天女散花》和《嫦娥奔月》。11月8日，梅兰芳首演《天女散花》，司徒拔前去观赏，将一个大银鼎赠送给梅兰芳，银鼎"雕镂极为精工。鼎镌中英两种文字，中文上款为'兰芳先生惠存'，当中为'善歌移俗'四字，跋语为'梅君兰芳于一千九百二十二年十一月南游来港，因君素具改良戏剧、转移风俗宏愿，特赠此以留纪念'等语，下款为'护理香港总督施云（司徒拔又名）赠'"。在看《嫦娥奔月》时，梅兰芳手持花镰的形象令司徒拔吃惊不小，他悄声问身旁的同伴："密斯特梅也会高尔夫球吗？"原来他把梅兰芳手中的花镰当成了高尔夫球棒了。他这傻傻一问，问得同伴忍俊不禁。外国人看中国京剧有时真是雾里看花。

梅兰芳赴港演出，考虑到地域文化的不同及由此带来的南北观众戏剧欣赏口味的差异，对南国观众究竟能否接受他的艺术，并不敢抱太大的奢望。让他始料不及的是，对于他的艺术，港粤同胞不仅喜欢，而且痴迷。这令他既感动又兴奋，因而将原定只演10天到15天的计划变更，增演至一个月。

从10月24日正式演出起，到11月22日最后一场演出止，梅兰芳首赴香港演了整整30天，共33场。这30天中，10月29日、11月5日、11月12日，分日夜两场。为不辜负港人的盛情，梅兰芳共演了29个剧目，几乎每天更换。最受欢迎的仍是《天女散花》，应观众要求演过三次。当时，社会上曾流传着这样一句谚语："三睇散花，抵得倾家。"《黛玉葬花》《天河配》《春香闹学》《嫦娥奔月》，头二本《虹霓关》《贩马记》演过两次，其他剧目有《麻姑献寿》《御碑亭》《千金一笑》《汾河湾》《樊江关》《探母回令》《牢狱鸳鸯》《邓霞姑》《游园惊梦》《银空山》及《回龙阁》《上元夫人》《贵妃醉酒》《甘露寺》带《回荆州》《佳斯拷红》《穆柯寨》《晴雯撕扇》，头二本《木兰从军》《霸王别姬》《水漫金山寺》和《辕门射戟》。这 29 个剧目中，既有传统戏，又有时装戏，还有古装新戏，可谓丰富多彩。

在正式演出前几天，太平戏院就广为宣传，并刻意将戏院布置得富丽堂皇。首场演出那天，戏院门口以五色电灯缀着"梅兰芳"三个大字，院内通道直达台前都用彩布鲜花点缀。台上悬挂着南洋烟草公司所赠的绉纱大幕，并有横袿各一副；台口和包厢栏外以及前座上空均用绉纱结彩电灯，五光十色，照耀全场。香港各界知名人士周寿臣、伍汉墀、周少岐、何棣生、何世光、刘德谱、张冠卿、邓昆山等诸位先生，以及同乐会同人均赠花篮列置台前，蔚为大观。

无论是首场，还是以后各场，前去太平戏院的观众无以计数，若不早早排队，根本无法买到戏票，在这种情况下，戏院不得不打破以往一贯的严禁加座的限制。上演《上元夫人》《虹霓关》《嫦娥奔月》时，戏院站立观剧者多达数百人。上演《霸王别姬》时，竟有两三人合坐一个座位的奇特情景出现。因观剧者众多，每次戏散后，退场时因拥挤而造成多人被撞倒，失物者也因此逐日增多。每天从太平戏院出来的被撞伤者、失物者令警方大为头疼，他们不得不向戏院提出意见。

于是，戏院自 11 月 11 日起，在梅兰芳的大轴戏后面加演一出由粤伶陈少五等人的演出，让一部分戏迷继续滞留在戏院，以此达到使人流分两次出场的目的。这种情况在香港是从来没有过的。除香港文艺界名流和普通百姓常赴戏院外，香港政界如港督、市府官员和港议会议员都曾赴戏院看过梅兰芳的戏，连在港的外籍人士都被这空前盛况所吸引，一改过去着便服去中国戏院看戏的习惯，特地换上礼服前去观剧。港方不仅打破严禁加座的限制，对演戏时间也有所放宽，经港督谘询议会的特别许可，允许不受演戏至夜间 12 点钟为止的限制，特许太平戏院在梅兰芳演出期间，可以延长至 12 点半为止。

港人在欣赏梅兰芳的演出后，更想一睹卸了妆的梅兰芳的形象。就在梅兰芳拜见香港总督后的当晚，他应几位友人之邀，前往太平戏院观看著名花旦千里驹主演的粤剧。当有观众发现梅兰芳出现在他们中间时，场内秩序一时大乱，场外的观众听说后，居然临时购票进场，为的不是看粤剧，而是看梅兰芳。

梅兰芳本来是去看别人的，现在却不得不被别人看，心里不免有些不安，感到如此场面有些对不起台上正演出的同行。在众目睽睽下和众人窃窃议论中，他将一场戏勉强看完，然后匆匆离开，从此再也不敢堂而皇之地出现在公共场合了。

11 月 4 日，梅兰芳和友人乘车游历，午后在一家西餐馆午餐，周围群众闻讯后，从四面八方拥来，只片刻工夫，餐馆四周围观者达三四千人。最让人惊心动魄的是，在餐馆对面有几幢高约十丈的九层住宅楼，不少人为占领有利地形，以便清晰地目睹梅兰芳真容而不顾危险且不听警察劝阻，攀援而上。有人因此调侃道："真是舍命探梅哟！"

11 月 12 日，是农历九月二十四，正是梅兰芳 28 岁生日。虽然他在这之前秘而不宣，但仍然被众人知晓。香港名流何棣生、何汉墀、周寿臣、周少岐等人，以及报界和同乐会，连续几天在颐和酒楼设宴庆祝梅兰芳的生日，每次应邀参加宴会的多达三四百人，宴厅遍布鲜花，并燃放烟花爆竹，热闹非凡。

香港各报对梅兰芳的演剧和人品都是赞誉和褒扬，这与他们以往的做法截然不同。缘于竞争之故，以往各报对同一事件的评论总是相左，一方极力捧，另一方必定狠命杀，捧有捧的原因，杀有杀的理由。对于梅兰芳，连一贯喊杀的也一改常态，这说明梅兰芳的确技高一筹外，别无他因。特别是对于梅兰芳的人品，各报更是旗帜鲜明。梅兰芳最后两天的义务戏是应东华医院、潮汕赈灾会等单位的邀请，他在演义务戏时，像演营业戏一般认真，一丝不苟，甚至某些方面比演营业戏时还要卖力。对于他这种行为，各报的评论相当一致，一致夸赞他有高尚的艺德。

梅兰芳首赴香港演出，非常圆满，不仅使港人认可了北方古老的传统剧种，而且使他们狂热地爱上了这一剧种。离港那天，沿岸爆竹齐鸣，自发前往码头欢送的群众不下万人，码头放炮悬旗，各小轮鸣笛致敬。一位近八旬的老人见此情景，感慨着住在香港几十年，还从来没有见过这样热闹的场景。

就在梅兰芳结束在香港的演出时，孟小冬也完成了在汉口的三个月演期。

如果说，北京是中国京剧真正意义上的发源地的话，那么，汉口则是中国京剧的孕育地之一。著名老生谭鑫培、后来成为孟小冬老师的余叔岩、程君谋都是湖北人。程君谋就是汉口人，有"汉口谭鑫培"之称。当时有这样的说法，除了北京，尚有三个城市，京剧演员最难立足，一是上海，一是天津，一是汉口。这几个城市的戏迷欣赏水平高，因而比较挑剔。反过来说，如果能在这几个城市立稳脚跟，那也就算得上名角儿了。

梅兰芳最早到汉口，是在1919年冬天。当时，他应汉口大舞台经理赵子安之约，赴汉口演出了一个月，同去的演员还有王凤卿、朱素云、姜妙香、李寿山、姚玉芙等人。在这一个多月时间里，梅兰芳的演出剧目仍然是老戏、昆曲、古装戏、时装戏四种。同在上海演出一样，古装戏最受观众欢迎。

按照汉口方面的安排，陪梅兰芳唱生旦戏的有王凤卿和余叔岩，王凤卿唱上半月，余叔岩唱下半月，这样的安排应该说是很聪明的。梅兰芳和王凤卿合作多年，彼此配合极为默契，但越是默契越是失了新鲜感，虽说梅兰芳不至于因为总和一个人对戏而提不起精神，观众却是会厌倦的。梅兰芳与余叔岩合作不久，彼此还在磨合。余叔岩的风格不同于王凤卿，他宗谭派，王凤卿则是汪派传人，这样，梅余的合作也就大不同于梅王的合作。

孟小冬于1921年11月结束在共舞台的演出，她没有选择和共舞台续约。这是聪明的做法。其实，她和共舞台的一年演期合约，在那时算是比较长的了。长期合约有利有弊：利于收入稳定，也能保证一定量的演出实践，而不至于"有了上顿没下顿"，演了这场还得为寻找下一场费神费心；

弊端显而易见，那就是不利于艺术的进步，更不利于名声的向外扩展。

离开共舞台后，孟小冬随即应邀赴福建演了半个月，返回上海后，她便有了一个赴汉口演出的机会。介绍她赴汉口的是二伯孟鸿寿。可惜的是，也因为孟鸿寿，孟小冬又错过了这个机会。当时，孟鸿寿因私事迟迟未给孟小冬赴汉口的准确信息，孟小冬的师傅仇月祥以为事情有变，正巧这时，小吕宋方面来邀，而且即刻支付了定金，仇月祥便应允了下来。于是，孟小冬先去了小吕宋。

孟小冬汉口之行，终于成行，靠的不是孟鸿寿，而是共舞台的老艺人马春甫。他和孟鸿群有些交情。当时孟小冬能够加盟共舞台，马春甫出了大力，就是他在黄金荣面前极力美言，终使黄金荣点了头。汉口方面，上次错过了孟小冬，心有不甘，这次又托马春甫再约孟小冬。马春甫欣然应允。就这样，孟小冬和汉口签了演出合约，约定演期为三个月，从8月到11月，包银为两千四百元。随其同往的，有师傅仇月祥、琴师孙老元、旦角汪碧云、小生汪素云等。

8月20日，孟小冬一行登上"太古轮"号离开上海。汉口戏迷早已翘首期盼多时。日，孟小冬准时在怡园（相当于上海大世界，也是一个游艺场所，内设戏台）登台。三天的"打泡戏"是《逍遥津》《徐策跑城》《打鼓骂曹》。正逢酷夏，晴天暑日，人人汗流浃背，戏迷们却毫不在意，纷纷挤向怡园，一睹沪上名女老生的风采。孟小冬的表现没有让他们失望，她的扮相、她的嗓子、她的唱功、她的做表，无一不让观众由衷叫好。她的戏，几乎场场爆满。因此，在约定的三个月演期结束后，怡园再三恳求，孟小冬又续签了将近三个月。这样一来，她在汉口实则演了近半年，直到1923年年初才返回上海。

也许，孟小冬此次赴汉口，最大的收获不是提高了技艺、扩大了名声，而是结识了姚玉兰。因为孟小冬日后的人生，和姚玉兰这个人有很大关系。换句话说，孟小冬后来嫁上海"流氓大亨"杜月笙为妾，姚玉兰从中起了很关键的作用。

和孟小冬一样，姚玉兰也是坤伶，也主工老生，也是生旦净都能唱，也学孙（菊仙）派、谭（鑫培）派、刘（鸿声）派，也常演《逍遥津》《辕门斩子》《南阳关》等戏。和孟小冬不同的是，姚玉兰还向母亲学了汪（笑侬）派戏。这使她的戏路比孟小冬更广一些。

姚玉兰之母，艺名"小兰英"，工文武老生，宗汪派，曾有幸得汪笑侬亲授，擅长《九更天》《桑园寄子》《南天门》《四进士》《打严嵩》《硃砂痣》《哭祖庙》《受禅台》等，所唱《扫松下书》《徐策跑城》还被上海长城唱片公司灌录成唱片；姚玉兰之父，艺名"七盏灯"，工丑行，不幸的是他很早就去世了。早年，小兰英在大连开办了一间童伶科班，以授徒为生。姚玉兰和妹妹姚玉英出身梨园家庭，自小就在科班学戏，很早就踏上了戏路。

小兰英很精明强干，待两个女儿能够登台了，就关了科班，带着她俩出外跑码头，北京、天津、上海一定是去的，另外，她们北上南下，北到过哈尔滨，南到过湖北，甚至还远赴新加坡、菲律宾等地。在北京演出时，她有"坤伶老生大王"之称。受其影响和熏陶，玉兰、玉英很快成长起来，能够独当一面了。不过，很多时候，母女三人同演一出戏。比如，在《群英会·借东风·华容道》这出大戏里，小兰英饰鲁肃，姚玉兰饰诸葛亮，姚玉英饰周瑜；在《赵五娘》里，小兰英饰张广才，姚玉兰饰赵五娘，姚玉英则饰小花脸李旺。除此，她们还合作过《珠帘寨》《四进士》《狸猫换太子》等。

孟小冬在汉口演出时，小兰英母女三人正好也在汉口。大家都是女人，又都是唱戏的，还都唱的是老生，彼此好奇是自然的。特别是姚玉兰，在连看了孟小冬多出戏之后，一下子就喜欢上了这个"小妹妹"——姚玉兰年长孟小冬4岁。起初，她看小冬的戏，是观摩、学习，后来，她也成了小冬的戏迷，竟然放下自己的演出，天天跑去看小冬。就这样，两人相识、相知，然后义结金兰。

几年以后，姚玉兰做了杜月笙的妾。小兰英气急，又阻挡无力，心灰意冷之下独自远走浙江普陀山出家当了尼姑。后来，她还过俗，还唱过戏，但之后，踪迹全无。又几年后，孟小冬也做了杜月笙的妾。

京城聲音

生旦颠倒的合演

梅兰芳又拍了五部电影

孟小冬搭班「白玉昆班」

「梅派」新戏又增八出，每出都有新创造

孟小冬北上，抵济南，险遭「狗肉将军」欺凌

梅兰芳请泰戈尔看戏，泰戈尔赠纨扇

孟小冬过津门，初抵北京，一出《四郎探母》一炮而红

梅孟同台

在 1923 年前，梅兰芳拍过两部电影《春香闹学》和《天女散花》。尽管如此，他对电影拍摄方式以及电影表演与舞台表演的区别其实并未完全了解，以至于在以后的又一次电影拍摄时，与摄影师发生了争执。那是在 1923 年的春天，他应美国一家电影公司的邀请，拍摄《上元夫人》里的一段"拂尘舞"。

按照梅兰芳的理解，摄影机开动，他面对摄影机就如在舞台上表演一样，一气呵成。然而，刚拍了一会儿，摄影机就停了，他也不得不停下动作，很好奇地问："这段没有完，怎么停了？"美国摄影师说："拍电影的规矩就是这样的。"接着再拍，可他刚舞了几下，摄影机又停了。他有些不高兴。他认为中国戏的规矩是连绵不断，头尾贯串到底的。在他看来，如此一次次被打断，演员的情绪难免受影响，必然影响一段舞蹈的完整衔接。

在摄影师的解释下，他这才明白，戏曲电影并非只是将舞台表演简单地机械地搬上银幕，它需要符合电影摄制规律。误会解除了，拍摄继续下去。梅兰芳按照摄影师的要求，拍了停，停了拍，有时一个身段没有做完就停了，第二个身段当然衔接不上，这样又需要重拍。就这样断断续续地拍了无数遍。对此，梅兰芳只有一个感觉：比唱一出完整的戏还要累。不过，他也因此对拍电影有了更进一步的经验。

第二年秋天，民新影片公司委托华北电影公司的负责人找到梅兰芳，请他拍摄几个新戏的片段，梅兰芳答应了。于是，他接连拍摄了《西施》里的"羽舞"、《霸王别姬》里的"剑舞"、《上元夫人》的"拂尘舞"、《木兰从军》里的"走边"（"走边"是舞台术语，即"行路"的意思）和《黛玉葬花》。拍摄地

梅兰芳与孟小冬合影（1928 年）

点在真光电影院。在屋顶上搭一个摄影棚，用的背景大部分是梅兰芳在舞台上用的布景片子，由民新影片公司的黎民伟、梁林光担任摄影，仍然没有正式的导演。

对于这次集中拍片，梅兰芳总结说，虽然比第一次拍摄的《春香闹学》和《天女散花》要好一些，但由于器材和技术条件的限制，还谈不到成功或失败。对于他个人而言，又多了份拍电影的经验。

这期间，结束在汉口长达近半年的演出返回上海的孟小冬，做出了一个很重大的决定。那就是，搭班北上。当然，这并非她个人突发奇想，而是师傅们、父亲和叔伯们共同为她做的安排。

最先提出这个建议的是她的琴师孙老元。孟小冬的师傅仇月祥虽然也学过谭派，但相比孙老元，谭派技艺稍逊。孙老元曾为谭鑫培操过琴，也和谭派正宗传人余叔岩合作过，可以说，他精通谭派，也熟知余派。唱老生，不能不学谭，也不能不学余。因此，仇月祥提议孟小冬向孙老元求教。孙老元为孟小冬操琴，对孟小冬很看重，认为她先天条件不错，人很聪明，悟性也高，在老生行定有前途，很愿意倾其所有传授谭派、余派技艺。不过，他以为，小冬若真正有志于此，应该北上北京，那里才有真正的京剧舞台，更有真正的京剧人才。

闻此言，孟小冬怦然心动，她对北京早已向往。

仇月祥也深以为是，立即表示赶紧去问孟小冬父亲孟鸿群的意见。

孟鸿群和六叔孟鸿茂得知孙元老、仇月祥的打算后，说了一句话，让孟小冬非常惊讶，他们说："我们早有此意。"

想想也是，对于孟鸿群兄弟而言，北京虽说不是他们的祖籍，但也算得上是他们的故乡，父亲老孟七当年就是在北京搭班唱戏立业成家。如今，孟家如果能够顺利北上进京，既可以让女儿小冬在艺术上有更大的发展，也可以了却叶落归根的思乡心愿。

就这样，孟小冬北上的计划，没有费什么周折，就决定了下来。

下一步，就涉及如何北上，怎样北上的问题。孟鸿茂认为，很简单，搭班北上。那么，搭谁的班？他想到了一个人：白玉昆。他知道，正在大舞台唱戏的白玉昆已有辞班北上的打算。

白玉昆是著名的武生演员，出身于 1894 年，9 岁时进入天津德胜奎科班学戏，得"三麻子"王鸿寿亲授。18 岁出科后和周信芳、程砚秋、金少山、高庆奎、盖叫天、杨瑞亭等人都有过合作。他传统功力深厚，技艺全面，文武兼备，一专多能，戏路宽博，因此被誉为"能派全才演员"。由于他和梅兰芳、赵如泉、周信芳、赵君玉等人同为甲午年出生，因此被并称为"梨园八骏"。

孟小冬决定北上时，白玉昆正在为北上而广罗人才组织班社。他的"北上"，目的地并非北京，而是天津。此番组班，他是应天津方面的邀请，准备在天津唱一段时期。当孟鸿茂自告奋勇为小冬北上一事前去拜访白玉昆时，白玉昆新组的班社里已有小翠芬、王庆奎、灵芝花、小马五、张雨亭、庞少春、陆树田等人，成员并不齐备。因此，对于孟小冬，以及小冬堂弟、孟鸿茂儿子孟小帆意欲加盟，白玉昆当然没有拒绝的道理。

事情谈妥了。但是，孟小冬真正动身北上，已经是 1923 年年底了。

从 1923 年开始，一直持续到 1928 年，是梅兰芳集中排演新戏的第二个阶段。在这一阶段中，他将全部精力集中于古装新戏的创排，以及对传统剧目的整理加工。主要剧目有八部，分别是：《西施》《洛神》《廉锦枫》、四本《太真外传》《俊袭人》、全本《宇宙锋》《凤还巢》《春灯谜》。其中，《太真外传》在 1927 年《顺天时报》举办的"五大名伶新剧评比"中，是他五部候选作品中得票最高的。《洛神》是他所有创编的古装戏中唯一在共和国成立后还演出的一出戏。这八出戏，几乎每出都有创新，或唱腔，或舞蹈，或装束，或伴奏。

比如，创编于 1923 年夏的《西施》，取材于昆腔《浣纱记》。由于西施是古代四大美女之一，要表现她的美与柔除了委婉动听的唱以外，不可不舞。同时，要表现吴王夫差沉迷于酒色、流连于歌舞，也不可不舞。为此，梅兰芳特地到当时的京师图书馆（现北京图书馆）借了一本《大清会典图》，研究了书上开列的许多舞蹈姿式，结合剧情与西施这个人物形象，决定借鉴古代的一种名为"佾舞"的舞蹈形式。

这出戏另一个创造就是为丰富音乐的表现力，梅兰芳首次在京剧伴奏乐器中增加了一把二胡，由王凤卿的儿子、琴师王少卿担任二胡伴奏。起初，梅兰芳也是抱着"试试看"的心态，谁想，这一改不仅立即为观众所接受，而且一直延续至今。

在《洛神》中，梅兰芳在曲调方面运用了各种曲牌，使音乐柔美，唱腔别致，强化了浓厚的浪漫主义色彩。

在《廉锦枫》中，他于唱腔方面，首创了以前旦角从来不唱的"反二黄原板"。这是"梅派"剧目中，唯一的一段"反二黄原板"。另外，他还新创了"刺蚌舞"。1924年，梅兰芳二次访日时，应日本"宝冢"电影公司邀请，将这出戏里的"刺蚌"片段拍成了电影。

梅兰芳从青年到晚年最有代表性的保留剧目之一是《宇宙锋》，它也是"冷变热"的典型剧目之一。这出戏原是一出典型的青衣戏，重唱功而不重做表。梅兰芳认为如果"抱着肚子死唱"不能恰当地表现主人公性格中坚强的一面，在细心揣摩、认真分析人物的性格和心理状态后，重新创造了这个形象。

无论是创编新戏，还是改编旧戏，梅兰芳在每出戏里几乎都有一些新的改革尝试，但每次改革都是微小的。这样的行为表面上看是他的处处谨小慎微的性格使然，却恰恰是他的聪明所在。他无论是在出名前还是在出名后，始终能认清自己的身份，能够认识到演员是靠观众生存的。他之所以每次进行的改革都是微小的，正是抱着尊重观众的态度，给观众一个认识、接受他的改革的过程。当他的改革得到观众认可后，他就保留下来，若是遭到大多数人的反对，他就及时修正。因而，在他的一生中，从来没有在一出戏里，让观众突然看到一个全新的梅兰芳。这无数的"微小"累积起来，使梅兰芳逐渐"大"了起来。

除了几部时装新戏、老戏服装的新戏外，梅兰芳在他的古装新戏里且歌且舞，将歌舞有机地结合起来，从而将"花衫"这一新的旦行表演方法发挥得淋漓尽致，特别是"舞"，可谓异彩纷呈：《嫦娥奔月》里的"花镰舞"、《天女散花》中的"长绸舞"、《麻姑献寿》中的"盘舞"、《上元夫人》中的"云帚舞"、《洛神》中的"独舞"和"群舞"、《红线盗盒》中的"拂尘舞"、《木兰从军》中的"单剑舞"、《霸王别姬》中的"双剑舞"、《西施》中的"羽舞"、《太真外传》中的"翠盘艳舞"等。同时，他又创造性地使用了"追光""二胡""布景"等手段，使得京剧舞台前所未有地绚烂夺目、美不胜收。

梅兰芳过人的才华、惊人的创造力在这个时期被充分激发了出来，这也是他演艺生涯的辉煌时期。

孟小冬搭班"白玉昆班"北上天津途中，在济南停了下来，应邀在庆商茶园演了几个月。此时，已是1924年了。在白玉昆班，挂头牌的自然是白玉昆，孟小冬挂二牌。济南戏院，日场也很多。白、孟等人不得不日场、夜场轮轴演。头牌白玉昆主演夜场，二牌孟小冬主演日场。夜场的戏目以新编连台本戏《狸猫换太子》《侠义英雄鉴》等为主；日场以传统戏《捉放曹》《空城计》《珠帘寨》《四郎探母》等为主。常常地，孟小冬也在夜场戏中客串演出。

唱着唱着，孟小冬在济南也唱红了。一个女戏子，本来就惹人关注，何况是从大上海来的美貌和才艺并存，又年轻鲜嫩的美女戏子，那就更成为泉城达官贵人、商贾富豪的追逐对象了。这其中，有人称"狗肉将军""长腿将军"的军阀张宗昌。此人极爱看戏，凡是角儿的戏，他都看过，包括梅兰芳。很多角儿，还到北京的张府唱过堂会。

此次，张宗昌听了孟小冬的戏，只有一个感觉：好。这个"好"，既有夸赞小冬技艺的，也有赞美小冬美貌的。他甚至说，这个姑娘，唱得比余叔岩还好。一下子，他就成了孟迷，而且是捧孟派主力成员。他自

年轻时的孟小冬

己，只要有空有闲，就去戏院，同时，他还赠票给其他人，"逼"大家都去看孟，都去捧孟。慑于此公淫威，部下们都不敢不去戏院，不敢不说孟小冬"好好好"。那段时间，戏院后台，天天都堆满了张宗昌和他的部下们赠送的花篮。

到戏院看孟，张宗昌有些不满足了。于是，他在家里办堂会，盛邀孟小冬。孟小冬心无杂念，哪儿有请，就到哪儿唱。在张府一连唱了好几天，张宗昌对她越发殷勤，甚至百般讨好。这让随行的仇月祥和戏班的其他人心生不安，更为小冬捏着把汗。可是，包括孟小冬在内，所有人都知道不能得罪此人，否则，后果难以想象。他们能做的，只有祈祷。小冬自己，则时时小心提防着。

正在大家万分紧张的时候，张宗昌突然接到顶头上司、奉系军阀张作霖的电报，让他即刻赴京，商议迫在眉睫的军事大事。他万般无奈，只得匆忙结束堂会，"放开"孟小冬。就这样，孟小冬意外得以解脱。不久，直、奉冲突不断，战事频繁。混乱之际，孟小冬随白玉昆班按照原定计划，前往天津。

张宗昌离开了济南，印度著名作家、诗人泰戈尔来到了济南。泰翁此行，是为促进中印文化交流而应邀访华的。他在诗人徐志摩的陪同下，先后在上海、南京等地参观、讲学。每到一处，他和他热情洋溢的演讲都得到中国人民的热烈欢迎。在济南演讲时，翻译、作家王统照介绍泰戈尔的演讲"不同于一般的政治家、教育家、演说家，譬如一种美丽的歌唱，又如一种悠扬的音乐"。

1924 年 5 月 8 日是泰戈尔 63 岁生日，他有意识地选择这天来到了北京。北京文化界、戏剧界人士为欢迎他的到来和为他庆祝生日，于 10 日晚在东单三条协和医学院礼堂举行特别的欢迎仪式。之所以说其特别，是因为仪式非常见的酒会、餐会形式，而是由徐志摩为首的新月社成员用英文演出了泰翁的话剧《齐德拉》。

《齐德拉》是泰翁的名剧，作于 1891 年。在自己生日之际，能看到中国人诠释的自己的作品，不能不令泰翁兴奋。该剧由张彭春导演，建筑学家梁思成绘景，女主角由建筑学家、工艺美术家、作家和诗人，以后是梁思成夫人的林徽因饰演，其他演员有：徐志摩饰爱神，刘歆海饰男主角阿顺那，林徽音的父亲林长民饰四季之神阳春，丁西林、蒋介震等人饰村民，王景瑜、袁昌英饰村女。这是中国人首次演出印度话剧。

梅兰芳也参加了这天的欢迎仪式，他就坐在泰翁的身边——第三排中间。

演出结束后，泰戈尔对梅兰芳说："在中国能看到自己的戏很高兴，可我希望在离开北京前还能看你的戏。"

能看到梅兰芳的戏是当年每个首次到京的中国人或外国人的强烈愿望，梅兰芳自然已经习惯这种要求，于是，他笑道："因为您的演讲日程已经排定，我定于五月十九日请您看我新排的神话剧《洛神》，这个戏是根据我国古代诗人曹子建所作《洛神赋》改编的，希望得到您的指教。"

5月19日夜，梅兰芳如其承诺，在开明剧场为泰翁和随行人员专场演出了《洛神》。泰翁虽然听不懂台词，但他始终看得聚精会神。散戏后，他到后台向梅兰芳道谢，只说了句："我看了这出戏，很愉快，有些感想，明天见面再谈。"

次日中午，梅兰芳一半是为了听泰翁对《洛神》的感想，一半是为泰翁饯行——当晚，泰翁将启程去太原——而和梁启超、姚茫父来到泰翁的住处。泰翁在对《洛神》的布景提了意见。他认为该戏的布景"一般而平凡"。他向梅兰芳建议说："这个美丽的神话诗剧，应从各方面来体现伟大诗人的想象力，所以，色彩宜用红、绿、黄、黑、紫等重色，应创造出人间不经见的奇峰、怪石、瑶草、琪花，并勾金银线框来烘托神话气氛。"梅兰芳认为泰翁言之有理，虚心地接受了建议，以后又请人重新设计了布景。

有人问泰翁对《洛神》的音乐歌唱有何感想，他笑着说："如外国莅吾印土之人，初食芒果，不敢云知味也。"意思是说，"中国的音乐歌唱很美，但初次接触，还不能细辨滋味"。梅兰芳很赞赏泰翁的态度，有意见就提，没有感觉就说，而不是盲目恭维、刻意奉承。

然后，梅兰芳与泰翁交换了各自绘画的体会，一致认为："美术是文化艺术的重要一环，中国剧中服装、图案、色彩、化妆、脸谱、舞台装置都与美术有关。艺术家不但要具有欣赏绘画、雕刻、建筑的兴趣和鉴别力，最好自己能画能刻。"

陪同泰翁访华的国际大学艺术学院院长难达婆薮是印度名画家，梅兰芳向他求画，他当即挥毫，用中国毛笔画了一幅水墨画，"内容是古树林中，一佛跌坐蒲团，淡墨轻烟，气韵沉古"。后来，梅兰芳"在画上以意为之地题作《如来成道图》，什袭珍藏"。中国科学院文学研究所的吴晓铃先生于 1982 年 12 月访印回来后，撰文说"难达婆薮在访华之后，画法突变，尽染华风，特别是晚年所作大都追步云林小品，其弟子辈糅合中印笔法，蔚为一代新的流派，沟通之功不能不记在梅先生和泰翁的账上。这才是真正的文化交流"。

随泰戈尔访华的印度画家难达婆薮根据梅兰芳的《洛神》而绘制的大型油画

临行前，梅兰芳、泰戈尔互赠礼物，梅兰芳送给泰戈尔的是他在百代唱片公司灌录的几张唱片，计有《嫦娥奔月》《汾河湾》《虹霓关》《木兰从军》。这几张唱片和谭鑫培、刘鸿声、刘寿峰、俞粟庐等人的唱片一直为泰翁所珍藏，直到他于 1941 年 8 月去世后，这些唱片才和 1929 年他二次访华时由宋庆龄赠送的京剧脸谱模型一起藏于国际大学艺术学院的博物院里。

泰翁送给梅兰芳的礼物是一柄纨扇，他在扇上用毛笔以孟加拉文写了一首短诗，然后又自译成英文。写罢，他分别用两种语言将诗朗诵给大家听，英文诗云：

You are veiled，my beloved，

 in a language l do not know，

As a bill that appears like a cloud

behind its mask of mist.

　　诗人林长民当即将这首诗译成古汉语骚体诗，一并写在纨扇上，并写了短跋。

　　1961 年，在纪念泰戈尔诞辰一百周年之际，梅兰芳将珍藏了 30 余年的这柄纨扇取出，请吴晓铃、石真夫妇共同推敲泰翁孟加拉文原诗的含义。石真曾在泰翁创办的印度国际大学泰戈尔研究所里工作过五年，精通孟加拉文和泰戈尔文学。她看过诗后，首先对泰翁的书法赞赏不已，说："泰翁的书法，为印度现代书法别创了一格，他的用笔有时看似古拙，特别是转折笔路趋于劲直，但他却能用迂回婉约之法来调剂，寓婀娜秀隽于刚健之中，给人以峰回路转、柳暗花明的感觉，而整体章法又是那么匀称有力，充分表现出诗人的气质。"对那首诗，她觉得"原诗比英译文还要精彩，格律极为严谨"。

　　听石真如此说，梅兰芳迫切要求石真将原诗直接译成白话体诗，诗云：

　　　　亲爱的，你用我不懂的
　　　　语言的面纱
　　　　遮盖着你的容颜；
　　　　正像那遥望如同一脉
　　　　缥缈的云霞
　　　　被水雾笼罩着的峰峦。

　　石真还给梅兰芳解释说："这是一首极为精湛的孟加拉语的即兴短诗，这类的短诗，格律甚严，每首只限两句，每句又只能使用十九个音缀，这十九个音缀还必须以七、五、七的节奏分别排成六行。更有趣味而别致的

是，这类的短诗正像我们的古典诗歌一样，一定要押韵脚，而且每行的'七'与'七'之间也要互叶。"这首诗之所以很接近中国古典诗歌，石真说是因为"泰翁对我们的古典诗歌是十分称赞的，诗人虽然不懂汉语，但是他读了不少英语翻译的屈原、李白、杜甫和白居易的诗篇，并且时常在著作和讲话里征引，这首短诗的意境，便很有中国的风味。他非常形象地用云雾中的峰峦起伏来描述他所热爱而又语言不通的国家的艺术家那种纱袂飘扬、神光离合的印象。"

通过石真的翻译和解释，梅兰芳更加怀念已逝去多年的泰翁，为此，他写了一首题为《追忆印度诗人泰戈尔》的诗，刊登在当年 5 月 13 日的《光明日报》上，全文如下：

1924 年春，泰戈尔先生来游中国，论交于北京，谈艺甚欢。余为之演《洛神》一剧，泰翁观后赋诗相赠，复以中国笔墨书之纨扇。日月不居，忽忽三十余载矣。兹值诗人诞生百年纪念，回忆泰翁热爱中华，往往情见乎词，文采长存，诗以记之。

诗翁昔东来，矍铄霜鬓叟。

高誉无骄矜，虚怀广求友。

当日盍簪始，叮咛期勖厚。

欢赏我薄艺，赠诗吐琼玖。

影声描绘深，格律谨严守。

紫毫书纨扇，笔势蛟蛇走。

微才何足论，鼓舞乃身受。

百岁逢诞生，人琴怅回首。

纪念谈轶事，肤词堪以帚。

惟君恋震旦，称说不去口。

愿偕中国人，相倚臂连手。

文章与美术，探讨皆不苟。

> 如忘言语隔，务使菁华剖。
>
> 忆听升讲坛，响作龙虎吼。
>
> 黑暗必消亡，光明判先后。
>
> 反帝兴邦意，忧时见抱负。
>
> 寰球时代新，孤立果群丑。
>
> 惜君难目击，远识诚哉有。
>
> 中印金兰谊，绵延千载久。
>
> 交流文化勤，义最团结取。
>
> 泰翁早烛照，正气堪不朽。
>
> 谁与背道驰，路绝知之否。

谁也不会想到，这首诗竟成了梅兰芳最后的遗墨。这年 8 月 8 日，他因心疾而去世。梅夫人率子女将梅家历代收藏的文物和纪念品，包括泰戈尔赠送的那柄纨扇和难达婆薮赠送的那幅水墨画悉数交给了国家，以供后人鉴赏。

1925 年，对于梅兰芳和孟小冬来说，是个值得纪念的重要年份，特别是对孟小冬，甚至可以说，这年是她艺术和人生的重要转折。因为在这年，她初次献声北京，一炮而红，从此定居北京。也因为在这年，她结识了梅兰芳。

在进京之前，年初，孟小冬随白玉昆班抵达天津，演出于日租界的新民大戏院。和在济南时一样，她既演日场，也唱夜场。和在济南时不一样的是，她除了继续和白玉昆合作外，还多了一个合作伙伴，青衣赵美英。此女为江苏吴县人，和白玉昆同龄，也出身于梨园世家，父亲赵广义，叔叔赵广顺都唱戏。新民大戏院的老板就是赵广顺。赵美英姐弟自幼学戏，她的弟弟赵小楼是著名演员赵燕侠的父亲。赵美英戏路很广，能戏很多，曾被誉为"美艳亲王"。

孟小冬在天津演出时间不长，多和白玉昆、赵美英等合作连台本戏，如《狸猫换太子》《侠义英雄鉴》《阎瑞生》等；和赵美英合作《四郎探母》

《打花鼓》等传统戏；还和赵鸿林合作过《连营寨》。

要说孟小冬在天津的最大收获，那就是被天津谭派名票王君直看中了。王君直为小冬唱功折服，不仅小冬的每场戏他都亲入戏院观看，更亲自登门，指导小冬。这让小冬和她的师傅仇月祥、琴师孙老元深感意外和惊喜。

之后，在这年的春夏之交，孟小冬来到北京。她在北京初次登台，是在 6 月 5 日，演出地点在前门外大栅栏的三庆园戏院。这天晚上开戏前，途经此地的人们看见戏院门口张灯结彩，花团锦簇，霓虹灯闪烁，巨大醒目的戏目广告尤为引人关注："本院特聘名震中国坤伶须生泰斗孟小冬在本院献技。"

这是孟小冬第一次亮相京剧故乡。她的首场戏目是《四郎探母》，饰演杨四郎，铁镜公主由坤伶赵碧云饰演。关于这场演出，报刊这样评论：

"'坐宫'一场最见精彩，因为扮相好，台风漂亮，一出场即彩声四起，掌声雷鸣，颇极一时之盛。小冬扮相端庄，而好在处处有神气，唱则咬字正确，而好在字字有劲。是晚虽音微涩，初不因之减色，且愈觉其悲壮苍凉之致。

'过关'时，下马架子极好。

'见母'一场，三拜神气亦佳。

'回令'一场，三个屁股坐子的身段，干净峭拔，轻巧伶俐，赢得台下一片鼓掌喝彩声。

至于她的唱腔，简直美不胜收，嗓子愈唱愈亮，痛快淋漓，令人有余音绕梁，三日不绝之感。

……孟伶之须生，不惟在坤角中独步，即与现时著名之男伶相颉颃，亦不见稍逊。"

京城唱戏的，多如牛马，名声威震八方的，也大有人在。对于一个外来的，刚刚献声京城的孟小冬，评论界居然如此不吝美言，着实令人惊异，也足见此时的孟小冬在艺术上的确无可挑剔。因此，说孟小冬因一出《四郎探母》在京城一炮而红，并不为过。这"一炮而红"使孟小冬很快在京城戏界站稳了脚跟。之后，她成了众多戏院争抢的"香饽饽"。常常地，她白天、晚上连着唱；唱完这家，又赶另一家，结结实实过了一段四处赶场的紧张生活。

除了演出营业戏，孟小冬还应"长城"和"丽歌"两家唱片公司的邀请，灌录了三张六面唱片。其中在长城灌录的有：《捉放曹·行路》《捉放曹·宿店》《珠帘寨》（两面）；在丽歌灌录的有：《逍遥津》和《捉放曹·落店》。

这一年，梅兰芳的生活相对简单一些，他率承华社每周六、周日在开明戏院演夜戏，戏目还是老戏、新戏并存。

有一段时期，孟小冬也在开明戏院演戏，最受欢迎的是《南阳关》。戏院方面曾打出这样的广告："《南阳关》乃老谭名剧之一也，孟艺员小冬已得个中三昧，上期在本院开演，蒙我都中人士空巷出观，后至者均感向隅，本院至今犹引以为憾事。顷间屡接各界来函，烦请重演，雅意难违，本院特商之孟艺员，定于星期五晚重演一次。"

一个演出于星期六、星期日，一个演出于星期五，梅、孟二人一时无缘相见。

演出营业戏之余，孟小冬在这一年里，也常演义务戏、堂会戏。比如，她曾为晨钟学校筹款演了两场义务戏，演的都是大轴《探母回令》。值得一提的是，她于第一舞台演出的义务戏。这天，她和梅兰芳初次同台。这天的后三出戏码，按演出顺序排列，分别是：

倒第三：孟小冬、裘桂仙的《上天台》；

压轴：余叔岩、尚小云的《打渔杀家》；

大轴：梅兰芳、杨小楼的《霸王别姬》。

据说，在孟小冬之前，还有马连良、荀慧生的戏。于是，有人断言，此时的孟小冬，声望已经超越了马连良和荀慧生。此说不免夸张。此时的马连良，还不是"四大须生"之一；此时的荀慧生，也还不是"四大名旦"之一。和孟小冬相仿，此时的马、荀二人，也都是刚刚从上海归来。马连良在很长的一段时间里，一直搭尚小云的班，约在1924年，他暂离尚小云，赴上海演出。在上海时，他又和荀慧生合作过两个时期。荀慧生于1919年年底赴沪演出后，便留在了上海，直到1925年年初才返回北京。与此同时，马连良也自沪返京，搭班尚小云新组的"协庆社"。

换句话说，这个时候的马、荀二人，从名声上来说，和孟小冬不分伯仲。不过，在男艺人占据京剧舞台的情况下，孟小冬作为一个女人，一个坤伶，能够侧身其中，而且戏码仅在"三大贤"的梅、杨、余之前，的确令人注目。

不久之后，即8月23日，梅兰芳、孟小冬意外地有了一次合作演出的机会。

这天，北京电灯公司的冯姓总办为庆贺其母八十寿辰，在位于三里河大街的织云公所举办堂会。堂会主人有着这样的身份，因此，堂会的规格就一定不低。首先，著名青衣演员王琴侬担任戏提调。（所谓"提调"，就是办堂会的人家特别商请一人，负责安排戏码、邀请演员、计划花费等事宜。一般来说，提调由戏界有威望的内行担任。换句话说，能够担任戏提调的，总有不小的名声。）其次，被邀请参加堂会的，都是京城名角儿，有梅兰芳、余叔岩、姜妙香、龚云甫等。

在商定戏码时，确定大轴由梅兰芳、余叔岩合作《四郎探母》，其他配角是：姚玉芙饰萧太后；姜妙香饰杨宗保；龚云甫饰佘太君；鲍吉祥饰杨六郎。这出名角儿荟萃的大戏，被安排在晚宴之后登场，将整个堂会推入高潮。

戏码确定了，角色也分配好了，谁都没有想到，在演出前一周，意外出现：主演余叔岩突然称病辞演。有人说，病，只是余叔岩的借口，他是故意的，因为他心中有怨。一怨包银太少，据说，梅兰芳的包银是二千，而他只有八百；二怨在《四郎探母》这出原本是老生为主角的戏里，他不能挂头牌，而只能为梅兰芳挎刀。他对包银有意见，也许是可能的，但说他为梅兰芳挎刀而心存不满，则不太可能。

想当年，余叔岩颓丧之极时，是梅兰芳拉了他一把，让他搭班喜群社。为此，梅兰芳不惜"得罪"班社里的另一位老生王凤卿。借助梅兰芳的名声，也借助喜群社这个平台，余叔岩奋发努力，终于东山又起，重拾辉煌。不夸张地说，是梅兰芳给了余叔岩第二次艺术生命。当时，当余叔岩一心想搭班喜群社、依傍梅兰芳时，曾对人说："我甘愿为兰弟挎刀。"尽管后来，他在名声大震后离开了喜群社和梅兰芳，但他对梅兰芳的知遇之恩始终心存感激。

《四郎探母》（又名《探母回令》）这出戏唱功极其繁重，有人说它是"考验老生水平的试金石"[1]。余叔岩和梅兰芳经常在堂会戏、义务戏中合作演出这出戏。余叔岩从来也没有因为"为梅兰芳挎刀"而拒绝这出戏。

如此说来，余叔岩临时辞演，是因为病。事实上，这年6月，他因便血入院。经德国医生诊断，是肺炎初期，兼有膀胱瘤。这次，他住了两个月的医院。两个月以后，正好是8月。也就是说，他在通知冯家以及冯家堂会戏提调王琴侬不能如期参加堂会演出时，很可能还在住院期间。

余叔岩辞演，恰恰给了孟小冬和梅兰芳合作的机会。余叔岩不演，必然要找一个能够顶替余叔岩的老生。此时京城有名望的老生，又和梅兰芳合作比较多的老生，应该是王凤卿。但是，不知是何人，提到了"孟小冬"这个人。梅兰芳和王凤卿的组合，不像梅兰芳和余叔岩的组合那样，让人欣喜，给人惊艳之感，它只能说是规整，不出人意料之外。毕竟，梅、余二人是京城戏界"两大贤"，一个是旦角翘楚，一个是老生泰斗。

梅兰芳和孟小冬？有人一时不能想象这样的新组合。大多数人却眼前一亮，这不失

孟小冬墨迹

---

① 翁思再：《余叔岩传》，河北教育出版社，2002年8月版，第273页。

为一个新奇的组合。一个男人，唱的却是旦角；一个女人，唱的却是老生。一个旦角，一个老生，是一对组合；一个男人，一个女人，难道不也是一对组合？如果说梅兰芳和王凤卿的组合，是四平八稳，梅兰芳和余叔岩的组合，是强强联手的话，那么，梅兰芳和孟小冬的组合，则是独辟蹊径，具有意外之喜了。

在梅兰芳眼里，孟小冬是初升的太阳般充满朝气的新人；在孟小冬眼里，梅兰芳是高不可攀的伶界大王。作为搭档，他俩对彼此都很陌生。因此，正式演出前，对对戏，磨合磨合，的确是必须的。于是，那一天，在"梅党"主力成员、中国银行总裁冯幼伟位于东四九条35号的家里，两人正式见了面，彼此打了招呼，一个称"梅大爷"，一个称"孟小姐"。

然后，他们就穿着便服，演习了一遍《四郎探母》。梅兰芳饰铁镜公主，孟小冬饰杨四郎。在梅兰芳的铁镜公主唱时，由他的琴师徐兰沅操琴；在孟小冬的杨四郎唱时，由她的琴师孙老元操琴。初次合作，当然无法做到珠联璧合、琴瑟合鸣，甚至连配合默契都谈不上。但是，两人各自的艺术功底都很深厚，而且都唱过无数遍这出著名的传统戏，因此，唱得还算顺利。

之后，又经过几次合练，梅孟的《四郎探母》终于在堂会那天，如期登场了。演出很顺利，很成功。然而，谁也没有料到，孟小冬的艺术生命轨迹，因此改变了方向。

梅兰之恋

相恋在豆蔻梢头

孟小冬定居北京，拜师陈秀华

梅兰芳频繁接待外国友人，梅宅成了「外交场所」

梅、孟合唱《游龙戏凤》

梅、孟两情相悦，渐生情愫

梅兰芳有妻室，前有王明华，后有福芝芳，还有

无疾而终的刘喜奎

友人操合，梅孟结合，另择新屋而居

　　孟小冬以一出《四郎探母》在北京城一炮而红，又因为和梅兰芳合作《四郎探母》而迅速跻身名角儿行列，演出邀约纷至沓来，她忙得不亦乐乎。频繁演出、灌录唱片，使她的经济状况大为改观。这个时候，她认为可以将父母家人接到北京来了。其实在她离沪赴京之前，孟鸿群就已经产生了移家北京的想法。当时，他对小冬说，你先去看看，如果能在北京站稳脚，我们就过来。因此，孟小冬如此急切地决定全家定居北京，除了北京是京剧的故乡，京剧界泰斗级人物都在北京，在这里能有更好的艺术发展等因素之外，在孟家人的心里，似乎还存有落叶归根、衣锦还乡之类的朴素观念。

　　此时孟家，孟鸿群因为身体原因，已很少登台，即便登台，也只能唱些小戏，戏份很少。因此，孟小冬实际上已经成为孟家顶门立户的支柱了。一家人全都指望她的演戏收入维持生计，自然地，她在哪儿，他们也应该跟到哪儿。既然孟小冬在北京奠定了事业根基，那么，他们必须跟随她而去。很快，孟鸿群、张云鹤夫妇将上海的家清理之后，带着小冬弟妹一起乘火车奔赴北京。

　　在这之前，孟小冬在北京东城的东堂子胡同购买了一处住宅，房子不大，小冬自住一间，师傅仇月祥住一间，父母住一间，三个弟妹合住一间，就已经住得满满当当的了。孟鸿群身体原本就虚弱，加上旅途劳顿，刚到北京就病倒了。于是，孝顺的小冬又请了一个女佣，负责家里烧饭买菜打扫卫生等杂事，还请了一个看门的男佣叫海公段，负责照顾三个弟妹。如此，房子就显得更拥挤了。

　　孟小冬的琴师孙老元并不和他们住在一起，但他天天要到孟家为小冬吊嗓、说戏。这里吊嗓，那里锅碗瓢勺叮叮当当，还有弟妹们的打闹，父母的呵斥，等等，院子里显得异常嘈杂。想想长此以往不是个事儿，孟小冬狠狠心，决定搬家。当初，孟鸿群之所以下决心让小冬离沪到京发展，还有一个原因，那就是小冬的舅舅张桂芬也在北京唱戏。他是汪派老生，艺名"小桂芬"，虽不能和余叔岩、谭富英、言菊朋、马连良这样的名老生相比，但也算得上是角儿。于是，小冬委托张桂芬找房子。不久，孟家又乔迁，迁居东四三条内的一个大四合院。

将家安顿好，孟小冬在演出之余，忙着拜师了。

按照北京梨园行的行规，只有入了行会，注了册、登了记，被承认而符合了京剧演员的身份之后，才能正式作为京剧演员登台唱京剧。这里的"行会"，指是的"正乐育化会"。

用一句话概括，"正乐育化会"是北京戏曲艺人的自治性行业组织。它成立于1912年，发起人是京剧演员余玉琴、田际云。它成立的时代背景，是辛亥革命之后、全国各界走向维新道路之时。它成立的目的，是想通过自己的团体向同行们传播新思想、灌输新知识，以提高他们的文化修养，更好地在舞台上塑造人物，更好地发挥戏曲的教育功能，实践戏曲的社会责任。

尽管"正乐育化会"只是一个行业性社会团体，并不具有政府职能性质，但是，它的权威性是无可置疑的。一个演员能否在北京的舞台上登台唱戏，事先必须征得行会的审查、登记、批准。其中包括北京当地初入戏门的演员，以及初次由外地到北京，想要登台的演员，比如孟小冬，就属此类。

所谓审查，即审查该演员是否具备登台唱戏的资格。也就是说，他的学艺经历、他的师承、他的技艺水平等。其中"师承"是很重要的一个方面。北京梨园行又有个不成文的行规，即外来的演员，无论之前是否坐过科、拜过师，到北京后，如果想在京城登台，还必须另外拜师，拜北京的师。

当时，学旦角的角儿，大多数拜有"通天教主"之称的王瑶卿，而一般旦角，大多数拜吴彩霞、诸如香、赵绮霞等；学老生的角儿，主要拜陈秀华、鲍吉祥、张春彦等，而一般的老生，则主要拜陈少五、札金奎等。孟小冬此时，算得上是角儿了，因此她在北京拜的第一个师傅，是陈秀华。

由于此时的拜师是入会的必经程序，因此不少刚到北京的演员，也就只将拜师当作一种无可奈何的形式，很敷衍，只是在拜师时按规矩送去孝礼，并不真正前去学习，空有师徒之名。孟小冬则不同，她是少数真心向学中的一个，时常向陈秀华讨教，虚心求学。这个时候，她似乎已经找准了方向，那就是主工余（叔岩）派。除了随师学习字眼、唱腔，每有余叔岩登台，她必前往观看，细心观察。有的时候，她还向余派票友请教。比如，对余腔有相当研究的名票李适可，就曾应孟小冬之请为她传授过余派技艺。

拜了师，取得了正乐育化会会籍，孟小冬正式成为北京梨园行的一员了。

这期间的梅兰芳，似乎大大减少了营业戏的演出，不为别的，只为他已不仅仅是一个以唱戏为生的演员了，而肩负起了对外交流的文化使者的责任。这个"责任"不是政府、官方强加的，而是以他的艺术才华、人格魅力在民间自然形成的。

1926 年 7 月 15 日，新加坡维多利亚剧院，这里正有一场别开生面的西洋舞剧表演，男女主角是来自美国的"现代舞之父"泰德·肖恩和"舞蹈第一夫人"露丝·圣丹尼斯伉俪。其优美的舞姿与凄美的爱情故事深深打动着观众，然而有华人观众却发现其中的一部取名《吴妻别帅》的舞剧似曾相识，除了人物、故事，甚至台上还出现了一名检场人员，手持一根带竹叶的竹竿站在一旁，象征一棵树，随后由他撤去舞台上的椅子和其他物件。这岂不和中国京剧的舞台传统相一致？最让那些熟知梅戏的观众惊奇的是，吴帅夫人身上所穿的那套带水袖的戏装很像梅兰芳曾经穿过的。

其实这个《吴妻别帅》正是取材于梅兰芳的《霸王别姬》，吴帅夫人身上的那戏装也是梅兰芳送的。

就在前一年，肖恩夫妇率舞蹈团进行为期一年半的亚洲巡演。他们在北京演出三天也只能逗留三天，故抽不出时间观看梅兰芳演戏，却又对梅戏十分向往。梅兰芳慷慨大度地将他的剧团带到剧场，俟他们演出一结束，续演一场京剧。这不仅让观众喜出望外，更让包括肖恩夫妇在内的舞蹈团成员欣喜若狂，他们来不及卸妆就飞快奔向观众席，一睹梅的风采。

观剧后，肖恩夫妇说"比想象的还要令人振奋"。出于舞蹈家的敏感，他们对梅兰芳美丽的手、优雅的身段、雍容的台风大为震撼，称"从没有见过如此深刻感人的异国情调的表演"，更认为"梅先生是复兴中国舞蹈的唯一真正希望"。次日，他们特地拜访了梅兰芳，三人相谈甚欢。临行，梅兰芳送给圣丹尼斯一套带水袖的戏装。

肖恩夫妇回国后立即将《霸王别姬》移植改编成了一出十分钟的西洋舞剧，取名《吴妻别帅》，并在新加坡首演，从此该剧成为舞蹈团的保留剧目。

论及梅兰芳与国际人士的交往，最早要追溯到1915年梅兰芳集中排演古装新戏期间。那年下半年，他用他的那部新编古装新戏《嫦娥奔月》招待了一个美教师团体。从此，每当有外宾来访，在招待宴会或晚会上，梅兰芳的京剧表演均成为保留节目。在此之前，在华外国人是不进中国戏园不看京剧的，在他们眼里，戏园充满了庸俗的喧闹和混杂的人群，京剧只是敲锣打鼓、尖声怪叫。梅兰芳改变了他们对京剧的观感，连美国驻华公使在看了他的戏后，也忍不住大声叫好，并向其国人大加推荐。于是，越来越多的外国人与梅兰芳结识。

也正是如此，梅兰芳得以跨出国门，将京剧引向国外。两次出访日本又去过香港后，更多的外国人知道并认识了他，他与国际人士的交往也就愈加频繁。1926年，他不但接待了意大利、美国、西班牙、瑞典大使及夫人，还与守田勘弥（十三世）、村田嘉久等50多位日本歌舞伎名伶同台献艺，更与瑞典王储夫妇"赠石订交"。

这年6月，意大利驻华公使维多里奥·赛鲁蒂将回国述职，临行，他托人向梅兰芳致意，希望能相约一见。梅兰芳爽快地答应了。约定那天，赛鲁蒂因急事缠身，无法如约前往梅宅，便让夫人作为代表。梅兰芳在无量大人胡同梅宅接待了和公使夫人一同前来的美国、西班牙、瑞典大使及夫人子女等18人。他们畅谈戏剧，气氛十分热烈。意大利公使夫人说她喜好音乐戏剧，年轻时也曾登台串戏，深知戏剧表演不是一件很容易的事，对梅兰芳所演各剧，她表示都很欣赏，尤其对他那变化多端的手势，更叹为中外无二。告辞前，梅兰芳与来客合影留念，并赠送给他们每人一张剧照。

不久，英国公使蓝博森爵士偕夫人、女儿、参赞等，和其他几国公使和夫人子女也到无量大人胡同拜访过梅兰芳。日本著名画家渡边氏访华时，也特地拜访梅兰芳，两人畅谈艺事绘画，交流心得。

早在1924年，日本著名演员左团次受梅兰芳两次赴日演出获得成功启发，组团赴中国演出。行至半道，因北洋军阀正在京津一带混战，交通受阻，无法继续前行，全团只得折返，只有左团次一人到达北京，与梅兰芳有过短暂的会晤。1926 年 8 月，东京别一舞台经理山森三九郎组织了一个赴中国演出剧团，著名歌舞伎演员守田勘弥和村田嘉久子是该团的主要演员。

当梅兰芳从先行到京的山森手中接过东京帝国剧场社长大仓男爵的介绍信，得知他在日本演出时结交的守田等人将到京演出时，异常兴奋。8 月 20 日晚 7 点半，梅兰芳、尚小云、老十三旦（侯俊山）、姜妙香、姚玉芙等人到车站迎来了日本客人。次日下午，梅兰芳召开茶话会欢迎守田等全体演员。中方参加茶话会的还有杨小楼、余叔岩和尚小云。梅兰芳亲致欢迎词。守田勘弥在致答谢词中称赞梅兰芳是"东方艺术的卓越表演家"。他还说，"从梅兰芳 1919 年首次到东京演出后，日本人民便深知中国艺术自有其渊源，大有研究价值"，又说"当时日本人无事不称赞欧美，仿佛要模仿西方才具号召力，可是我们深信东方艺术固有其特征，正不必仿效欧美，故而这次专程访问贵国，亦在于发扬东方艺术，使世人认识它的真正价值"。

山森在与梅兰芳洽商演出事宜时，邀请梅兰芳与日本演员同台献艺。三天演出结束后，日本演员即将启程回国，梅兰芳特嘱咐夫人福芝芳在大栅栏谦祥益绸缎庄购置了衣料，为日方全体演员每人赶制了一套中国服装，送给他们以作纪念。起程那天，守田、村田等全体演员穿上梅兰芳送的中国服装，与特地赶到车站送行的梅兰芳依依惜别，他们感谢梅兰芳的一片深情厚意，更感谢梅兰芳为日中友好和中日文化交流所做的努力。

1926 年 10 月，瑞典王储古斯达夫斯·阿多尔甫斯偕其王妃路易丝·亚力桑德拉，并大礼官、女礼官、武官、侍从各一人，来到北京，预定访华 15 天。王储夫妇的到来，让北洋政府外交人员忙得天昏地暗，他们特别印制了一种十分漂亮的"王储及王妃来华游历日程表"，自从到北京那天起，直到出京之日止，一天天地和他们排定日期，把北京的所有名胜全都列入其中。王储是位考古大家，闲时喜欢到古玩店转转，坐着插着标志着"特别保护之意"的小黄旗汽车,在各大小胡同中穿行,访寻古迹。

王储此次来华,是以私人名义,所以抵京后即声明不接受任何官方招待。虽然官方接待单位因此而没有通知已赴济南演出的梅兰芳返京,但王储却自己提出要见见梅兰芳。他说:"在瑞典的时候,早耳其名,今番来华,必须一观芳容,一顾妙曲,然后快心。"梅兰芳是王储访华要见的三人之一,另两位是"以元首自居、发号施令,不可一世的代揆顾总长(即顾维钧)"和"拥兵十万的少年将军张学良"。王储的话传到了顾维钧的耳朵里,他立刻去电济南,请梅兰芳迅速回京。王储坚持不受官方招待,"只愿亲到梅家中看他演唱,声明不算请客,不收请柬,只当个人访问梅氏"。

梅兰芳回京后,按照王储的意思,以个人名义筹备一切,邀请王储夫妇到无量大人胡同作客,王储夫妇欣然接受了邀请。

虽然是私人访问,但王储毕竟不是普通人,10月27日晚,当局仍然动用了大量警察,守候在梅宅周围,以防不测。这天,无量大人胡同5号梅宅被布置得十分辉煌华贵,走近大门,曲折的走廊上,满挂着些纱灯,十分的壮观。王储夫妇在瑞典大使的陪同下来到梅宅,首先就大加赞赏那华贵、壮观的布景。梅兰芳亲自出来迎接,然后将客人领入客厅。在客厅,王储就中国的戏剧和艺术问题同梅兰芳会晤良久,充当翻译的是陶益生。

在梅宅临时搭了个小小的戏台,观众席能容下30个人,座后预备了冷西餐的陈设。梅兰芳就在那小小的戏台上为王储演出了《琴挑》(与姜妙香合演)和《霸王别姬》中的"舞剑"(与周瑞安合演)一场。《琴挑》演毕,演员和客人共用冷食,只有王储仍然站在台前,凝神欣赏由徐兰沅、王少卿、杨宝忠、高连贵、霍文元合奏的中国民族乐曲《柳摇金》和《雁落梅花》。

散戏后,宾主共入客厅,乘梅兰芳卸妆时,王储浏览室内陈设的古物,对案头的一方古印颇感兴趣,此印上刻着如下几个字:"竦长剑兮拥幼艾。"王储拿在手中把玩良久,他对人说:"此石为田黄,最可宝贵,余连日访购未得见类此之精品。"此时,卸妆后的梅兰芳来到客厅,见王储对这块田黄兽头图章爱不释手,便表示愿意将这块珍藏多年、重达二两的古章赠送给王储，以作纪念。王储闻知，大喜过望，一再表示感激之余，说他将以此物，传之子孙，永作纪念。

王储与梅兰芳刚见面时，送给梅兰芳二帧亲笔签名之照片，但未题上款。经大家共同商议，便想请王储就将当晚观梅剧后的感想题字在照片上。王储身边的大礼官插话道："王太子素不题他人上款。"不过，他又补充说："若特志数语，当无不可。"于是王储书"为此极乐之夜，志我最佳之谢悃"于照片之下。

此次友好的会晤一直持续到午夜一时，王储临别前，还与梅兰芳等合影留念。

30 年后，已是瑞典国王的古斯达夫斯六世偕王后在瑞典首都斯德哥尔摩皇家剧院观看了中国古典歌舞剧团的演出，当他听说梅兰芳的女儿梅葆玥也随团来到斯德哥尔摩时，立即要求见见她。在皇家剧院的休息室里，国王握着梅葆玥的手，愉快地回忆起当年和梅兰芳会晤时的情景，还提到了那块田黄图章，说已经把它和自己的其他文物全部捐赠给皇家博物馆妥善收藏以供瑞典人民欣赏。他还叮嘱梅葆玥回国后转达他对梅兰芳的亲切问候。

梅葆玥回国后，将国王的问候转达给了父亲，梅兰芳听后十分激动，不由翻出旧相簿，找出当年他与王储的合影照片，又想起了那次愉快的会晤……

可以说，梅兰芳那些年接待过国外包括文艺界、政界、实业界、教育界等各界各色人士多达六七千。由于当时的北洋政府不愿意支付外交交际费，或者说因为腐败而拿不出钱来，梅兰芳每次接待外国友人就不得不自掏腰包。难怪梅家女佣张妈曾对梅夫人福芝芳开玩笑说："梅大爷每次要花那么多钱开茶会招待洋人，我看早晚会让他们给吃穷了！"

当年的美国驻华商务参赞裴林·阿诺德于 1926 年 11 月 29 日撰文概括了梅兰芳那时期的外交活动，文章说："那些在过去十年或廿年旅居北京的外籍人士，满意地注意到梅兰芳乐于尽力在外国观众当中推广中国的戏剧。他把自己的艺术献给祖国人民，使他们得到愉快的享受。与此同时，他在教育外国观众如何更好地欣赏中国戏剧表演这方面所尽的力量，也许同样可以使他感到自豪。我们祝愿他诸事成功，因为他在帮助西方人士如何更好地欣赏中国文化艺术方面所尽的一切力量，都有助于东西方之间的相互了解。"

自从 1925 年 8 月梅兰芳、孟小冬合作了《四郎探母》后，很多戏迷都盼望着两人能再度合作。不过那时，在营业戏中，男女演员尚不能同台，更不能同戏。然而，义务戏、堂会戏则是例外。因此，梅、孟若同台、同戏，只能同唱义务戏，或堂会戏。1926 年下半年，机会来了！北洋政府财政总长王克敏为庆贺五十寿辰，决定办一次堂会。他这样的身份，应邀来唱堂会的，也一定不是一般人。于是，梅兰芳来了，孟小冬也来了。

有人提议，晚宴后的大轴戏，理应由梅兰芳、孟小冬合作一出大戏。这个提议立即招徕众人应和。梅、孟二人也没有表示反对。唱什么呢？一个生，一个旦，自然唱生、旦对儿戏，《四郎探母》唱过了，那就唱《游龙戏凤》吧。梅兰芳曾经和余叔岩多次合作这出戏，早已了熟于胸；孟小冬则有些发憷，因为她虽然学过，却从来没有演过。初演这出戏，她就要和梅大师合作，这着实让她大出冷汗。不过此时，她已经 19 岁了，心智早已成熟，又多次跑码头，舞台经验也很丰富，加上她年少成名，多少有些心高气傲，倔强而不服输。在外人面前，她哪里会承认唱不了。于是，他俩第二次合作的剧目就这样确定了下来。

《游龙戏凤》又名《梅龙镇》，故事大意是：明朝正德皇帝假扮军官出游，当他行至山西大同府梅龙镇时，在一家酒店巧遇李凤姐，为她的美貌所诱，就用言语挑逗她，当他跟李凤姐进屋后，再不肯出来，又怕李凤姐喊叫而惊动当地官府，便吐露了自己的真实身份，并封李凤姐为妃子。山西大同当时还流传着关于正德皇帝和李凤姐的几种传说，一说正德皇帝后来将李凤姐带回北京，可走到居庸关时，李凤姐就病死了；另一说是正德皇帝后来离开李凤姐时，李凤姐已身怀有孕，而正德皇帝回京后，就把凤姐忘了，凤姐一直在大同附近以卖炸糕为生。

这虽说是一出著名的生、旦对儿戏，但提议梅、孟合作这出戏的人，似乎另有他图，换句话说，有些"心怀不轨"。从该出戏的故事内容便可

知，戏里有些情节不可避免地沾染情色成分。很多年以后，梅兰芳在他的
《舞台生活四十年》里明确说戏里有一些"庸俗琐碎的表演"。比如，有一
场戏，正德皇帝从下场门出来，走到李凤姐身后，搂抱住她的腰。还有些
场次，极具挑逗性。之前，梅兰芳在和余叔岩合作这出戏时，不断地删减
其中他认为庸俗琐碎的部分。但是，因为剧情需要，还是不可避免地存有
两人打情骂俏的细节。

　　在有些人想来，一个饰旦的男人，一个饰生的女人，本身阴阳颠倒，
又在戏里眉来眼去、打情骂俏，甚至动手动脚，是很值得期待的事情，具
有极大的想象空间。他们要看的，或者说，想看的，就是饰演正德皇帝的
女人孟小冬，如何挑逗饰演李凤姐的男人梅兰芳。因此，尽管梅兰芳、孟
小冬一板一眼地唱，规规矩矩地演，在欣赏艺术的人眼里，他们一个活泼
俏皮，一个风流倜傥，有情但不色、不浪，然而在另外一些人的眼里，他
们看到的却是另外一番景象。

　　看着看着，有人提议，何不将他俩撮合成一对儿？这样的提议，就像
当初有人提议让梅、孟合作一样，立即招来响应。梨园中人的婚姻，很符
合"门当户对"这样的传统，也就是说，梨园人家互相结亲。"唱戏的子女
只能从事唱戏"的户籍陋习，是歧视艺人的一种表现。既然如此，有谁愿
意将自家的闺女嫁给唱戏的？因此，在梨园界，艺人之间彼此通婚，便成
了不得已而为之的习俗。

　　以梅兰芳为例，他的发妻是名武生王毓楼的妹妹、名老生王少楼的姑
母王明华，他的第二个夫人福芝芳，也是唱戏的出身。但是，王明华本身
并不唱戏，福芝芳也是唱青衣的，梅、王和梅、福这样的结合，又能引起
什么话题呢？而梅、孟则不同，他们的反差太大。生活中的丈夫在戏里却
是柔情似水的美娇娘；生活中的妻子在戏里却是霸气十足的强壮男。他们
在戏里的表现，很容易让人对他们生活中的夫妻关系进行揣测和想象。从
经济方面考虑，一对夫妻在戏里阴阳颠倒，那将会引来多少关注？似乎是
可以预知的。

　　从梅、孟两人来说，他俩经过两次合作，对彼此都有了一定了解。此

时的梅兰芳，名气自不必说，又刚刚三十出头，相貌俊美，因性情儒雅而风度翩翩，很绅士。这样一个有型有名具有相当社会地位的男人，有哪个女人不会对他产生好感？孟小冬呢，正值妙龄，一双大眼，鼻子直挺，嘴唇饱满，从五官到脸颊的线条，于女子的圆润中，又隐现男子的直硬。眉目之间常常带了一丝忧郁，闲坐时，满是处子的娴静；回过神来，则又透露出一股迫人的英气。她的扮相俊逸儒雅，姿态柔美又不失阳刚；她的嗓音高亢、苍劲、淳厚，全无女人的绵软与柔弱，听来别有韵味。天津《天风报》主笔沙游天非常欣赏孟小冬，在文章中称之为"冬皇"，这一称号随即便被公众接受，"冬皇"美誉一时四传。这样一个有貌有才被广泛关注的女人，有哪个男人不会对她产生好感？于是，梅、孟互相吸引，当在情理之中；日久天长，两人渐生情愫，也似乎不出人意料。

可是，此时的梅兰芳，早已有家有室，而且先后娶过两个妻子——

梅兰芳是在17岁那年（即1910年），和王明华结的婚。那时，孟小冬不过才3岁。王明华处事干练，能吃苦，会持家，而且通情达理。她刚嫁过来时，梅家还不富裕，她毫无嫌贫之意，而是尽心尽力操持家务。她的手也很巧，梅兰芳有件过冬的羊皮袍，因为穿得时间太久了，皮板子已经很破，但经她的巧手缝缀，就又可以让梅兰芳多穿一个冬天。每每看到妻子于天寒地冻的雪夜坐在被窝里就着昏暗的光线一针一线地缝补时，梅兰芳的心中就充满愧疚和感激。

随着梅兰芳渐渐走红收入日增，又见王明华如此能干，原来掌管梅家的梅兰芳伯父梅雨田便放心地将家里银钱往来、日常用度的账目交由王明华。在她的细心安排下，梅家虽未大富大贵，但也安逸。

王明华与梅兰芳十分恩爱，结婚的第二年就生了个儿子，取名大永；隔了一年又生了个女儿，唤作五十，儿子女儿都很乖巧。那时梅兰芳每当散戏回家，总是与媳妇儿说起演出的情况，一边与儿女嬉戏，沉醉在天伦之乐中。

王明华不仅在生活上妥帖照料梅兰芳，甚至于在他的事业上也能给他很多有益的建议。比如《嫦娥奔月》中嫦娥的服装，老戏是把短裙系在袄子里边，在王明华的建议下，创作人员参照古代美女图，改为淡红软绸对胸袄外系一白软绸长裙，腰间围着丝绦编成的各种花围，中间系一条打着如意结的丝带，两旁垂着些玉佩。这种设计后来成为程式化服饰。嫦娥头面的式样设计王明华也功不可没。头面的式样梅兰芳他们最初也取样于仕女画，可是画中人物只有正面、侧面，很少见到有背面的，结果当梅兰芳转过身去的时候，后面的式样很不理想。这一难题最终是被王明华解决的，她的设计是，把头发披散在后面，分成两条，每一条在靠近颈子的部位加上一个丝绒做的"头把"，在头把下面用假发打两个如意结。

不仅如此，王明华对于梳头也很在行。梅兰芳初期演古装戏时，出门往戏馆去，随身总是带着一个木盒子。那里面装的是王明华在家为他梳好的假头发，因为那种梳法连专门梳头的师傅都梳不上来。梅兰芳上台前只需把假头发往自己头上一套，一个精美的古代美人的形象便立刻出现

梅兰芳第二次赴沪时，夫人王明华（左一）随行

了。时间一长，便有不明真相的人误以为王明华是亲到后台为梅兰芳梳头的。传来传去，假的传成了真的。

王明华很可能就是听到了这个传言才决心真地到后台去帮丈夫梳头的。在当时的行规里，后台仿佛是一个神圣之地，是不容女人涉足的。王明华敢于将多年陈规一举打破，当然需要极大的勇气，也可略窥她的性格。王明华之所以如此，固是梅兰芳演古装戏的需要，事先做好带去毕竟不如现场做；同时也是因想要为丈夫排除干扰。

一个演员走红之后，便如同亮起了夏夜之灯，免不了会招来各种虫蛾在身边乱扑横飞。演员受骚扰而影响事业，受诱惑而步入歧途的不乏其例。王明华一方面听见梅兰芳祖母对他这方面的教诲，另一方面也是自己担心，于是毅然将为梅兰芳演出前的梳头、化妆等活揽了过来，因此得以常伴梅兰芳身边。夫人出马，梅兰芳身边顿时清静了许多。

梅兰芳第一次到日本访问演出，王明华也是跟着去的。所以那次的成功，也有她的一份功劳。为了长伴在梅兰芳身边，王明华在与梅兰芳生了一双儿女之后，一时考虑不周，贸然做了绝育手术，却不料过后大永和五十两个孩子却因为当时的医疗条件太差而相继夭折了。从此，梅兰芳每晚散戏回家，再也听不见两个孩子欢快的笑声，心中的伤痛是难以言表的，但他看到妻子因怀念儿女形容憔悴、不思饮食，整日里卧床叹息萎靡不振，他又不得不强打精神，掩盖起自己的悲伤，反过来安慰妻子。坚强的王明华自知如此颓丧势必影响丈夫的演艺，便又安慰丈夫："你忙你的去吧，别担心我，我没事的。"

夫妻俩就是这样互相安慰支撑着度过了那些悲苦的日子。失去儿女的梅兰芳虽然伤心也未深责妻子，但他毕竟有肩挑两房、为梅家传宗接代的重任，因此，1921年，他又娶妻，新娘名叫福芝芳。

梅、福第一次见面是在1920年的一次堂会上，当时，梅兰芳前演《思凡》，后演《武家坡》，中间的一出戏便是福芝芳参演的《战蒲关》。梅兰芳对眼前这个只有15岁的小姑娘颇有好感，觉得她人长得很大气，足可以用《水浒》中宋江见玄女时描写的"天然妙目，正大仙容"来形容，又见她

"为人直爽，待人接物有礼节，在舞台上兢兢业业"。细一打听，福芝芳原来是吴菱仙的女弟子，她正跟吴菱仙学习青衣呢。

由吴菱仙对梅家的感恩图报心情，梅兰芳的婚事他不会不上心。何况梅兰芳是他给启的蒙，福芝芳又是他的女徒，徒弟徒妹，一门二徒，若能结成姻缘，为师的当然高兴。当吴老先生获知梅兰芳对福芝芳也有好感时，便有一天借口到梅家来借《王宝钏》的本子，便带了福芝芳同去。梅家见了漂亮又文静的福芝芳，非常中意，立刻请吴菱仙前往福家说媒。

说媒的过程似乎并不十分顺利。福芝芳生在北京的一个旗人家庭，父亲逝世很早，与母亲相依为命。福母福苏思以削卖牙签等小手艺维持生活，虽然守寡多年，却依然保持了满族妇女自尊自强的性格，当她听说梅兰芳已有一个妻子，便道：我家虽然贫寒，但我女儿不做姨太太。梅家得到回话急忙商议，再至福家禀报：正好梅兰芳是肩桃两房，福芝芳入门后，梅家将把她与前边那位太太等同看待，不分大小。福母这才允诺了这门亲事。1921年冬，梅兰芳与福芝芳结为秦晋之好。

王明华原知梅兰芳对梅家香火所负责任，只会深悔自己当时的冒失及叹息命运的作弄，不会反对梅兰芳与福芝芳的婚事，更不会对梅兰芳有怨怼。她也知道梅兰芳是有情有义之人，不会嫌弃她。细心的梅兰芳很是洞察王明华的复杂心理，为不使她难过，新婚之夜，他先在王明华的房里陪着说了些话，而后说："你歇着，我过去了。"王明华本就是个通情达理的人，又见梅兰芳如此体察她的心情，自然很是感激，便道："你快去吧，别让人等着。"

梅兰芳与第二任妻子福芝芳（于1921年结婚）

福芝芳生下大儿子后，立即提议过继给王明华，还亲自把儿子抱给王明华。王明华给婴儿缝了顶小帽子，又将孩子送回给福芝芳，她对福芝芳说："我身体不好，还请妹妹多费心，照顾好梅家后代。"

王明华因肺痨病久治不愈，身体很弱。后来为养病，她独自去了天津，最终病逝于天津。当福芝芳得悉后，叫儿子赴津迎回其灵柩，将她葬于北京香山碧云寺北麓万花山。

梅兰芳与福芝芳的感情很好。为支持丈夫的事业，福芝芳嫁入梅家后便放弃了演戏，专心相夫教子。闲时，她在丈夫的帮助下读书认字。梅兰芳又特地为她请了两位老师教她读书，使原来识字不多的她文化提高到可以读古文的程度，也足见她的聪明。于是，她不再仅限于贤妻良母的角色，像王明华一样日渐成为丈夫事业的好帮手。她常伴梅兰芳看书、作画、修改整理剧本，也常到剧场后台做些化妆、服装设计方面的工作，甚至演员之间有了矛盾，她还帮助梅兰芳一起从中说和。

演出之余，梅兰芳最喜欢去的地方就是万花山，或许是因为"万花"与他的字"畹华"谐音之缘故吧。他在山脚下买了一块地，然后种树盖房，取名"雨香馆别墅"。早年，这里是他躲避世俗纷扰、修身养性之地，后来这里又是前夫人王明华的安葬之地。20世纪50年代末的一天，他与夫人福芝芳又一次游于此地。不知为什么，他突然说："我想我死后最好就下葬在这里吧。"福芝芳以为丈夫随便一说，便接口道："您老百年后还不是被请进八宝山革命公墓。"梅兰芳不无担忧地说："我如进了八宝山，你怎么办呢？"一听此言，福芝芳的眼泪几乎夺眶而出，她这才知道梅兰芳是为了能和她永久在一起，才有如此想法的。后来，梅兰芳的墓地就在此处，他的两边是他的两位夫人。

在王明华、福芝芳之外，在孟小冬之前，梅兰芳生命中还出现过一个女人，常被忽视，她是刘喜奎。曹禺在1980年的时候，著文这样说："如今戏剧界很少有人提到刘喜奎了。"然而在20世纪一二十年代，她可是红透半边天的名坤伶，是唯一能跟谭鑫培、杨小楼唱对台戏的女演员。她比梅兰芳小一岁，1895年出生于河北，自小学习河北梆子，后来兼学京剧。

在梅兰芳大量排演时装新戏时，刘喜奎在天津也参与演出了不少新戏，有《宦海潮》《黑籍冤魂》《新茶花》等。

就现存资料，梅兰芳和刘喜奎初次同台演出，大约是在 1915 年。当时，袁世凯的外交总长陆徵办堂会，几乎邀集了北京的所有名角儿，其中有谭鑫培、杨小楼、梅兰芳，以及刘喜奎。四人的戏码分别是《洪羊洞》《水帘洞》《贵妃醉酒》《花田错》。此时的谭鑫培年事已高，而梅兰芳已经崭露头角。因此，演出后，谭老板感叹道："我男不如梅兰芳，女不如刘喜奎。"

的确，这个时候的刘喜奎，已经唱红了北京城。据说有她演出的包厢，大的一百元，小的五十元。有的戏院老板跟她签演出合同，不容讨价还价，直接开出每天包银两百的高价。她的个性很独特，视金钱为粪土，她说："我一生对于钱，不大注重，我认为钱是个外来之物，是个活的东西。我又不想买房子置地，我要那么多钱干什么？我的兴趣是在艺术上多作一点，并且改革一下旧戏班的恶习。"

对钱如此，面对权势，她则不卑不亢。初入北京，她曾被袁世凯召去唱堂会。袁二公子对她百般纠缠，她嗤之以鼻；袁世凯想让她陪客打牌，她严辞拒绝；袁三公子扬言："我不结婚，我等着刘喜奎，我要等刘喜奎结了婚我才结婚。"她不加理睬。身处如此复杂的环境中，她坚守着自尊，保持着纯洁。她公开自己的处世原则：不给任何大官拜客；不灌唱片；不照戏装相，也不照便装相；不做商业广告。她特立独行、自尊自强的个性，受到梨园界人士的尊重，更受到梨园前辈老艺人的喜爱。田际云和票友出身的孙菊仙就是其中之一。

田际云和孙菊仙很为刘喜奎的处境担心，不约而同地认为应该尽快让她嫁人，以便摆脱不怀好意的人的纠缠，但他们又不愿意看着年纪轻轻又有大好艺术前途的她过早地离开舞台。想来想去，他们想让她嫁给梨园中人。田际云想到的人，是昆曲演员韩世昌；孙菊仙想到的人，就是梅兰芳。相对来说，刘喜奎更倾向梅兰芳。事实上，他俩的确有过短暂的恋爱经历。

关于两人恋爱的时间，据刘喜奎自己回忆，是在她 20 岁的时候，也就是大约在 1915 年。她说:"我到 20 多岁的时候,名气也大了,问题也就复杂了,首先就遇到梅兰芳,而且他对我热爱,我对他也有好感。"这时,梅兰芳在经过两次赴沪演出,又创排了几部时装新戏后,名声大震。一个名男旦,一个名坤伶,在外人眼里,是相当般配的。那么,他们为什么又分手了呢?

显然,这个时候的梅兰芳是有家室的。他们的分手,有没有这个原因呢?刘喜奎在事后的回忆录中说到他俩的分手时,并没有提及这个原因。事实上,尽管这是刘喜奎的第一次恋爱,恋爱对象又是名旦梅兰芳,最终却是她自己提出了分手。之所以如此,她这样回忆说:"我经过再三地痛苦地考虑,决定牺牲自己的幸福,成全别人。"

当时,她对梅兰芳说:"在我的一生中,从来没有爱过一个男人,可是我爱上了你,我想我同你在一起生活,一定是很幸福的。在艺术上,我预料你将成为一个出类拔萃的演员,如果社会允许,我也将成为这样的演员。所以,我预感到我身后边会有许多恶魔将伸出手来抓我。如果你娶了我,他们必定会迁怒于你,甚至于毁掉你的前程。我以为,拿个人的幸福和艺术相比,生活总是占第二位的。这就是我为什么决心牺牲自己幸福的原因。我是从石头缝里进出来的一朵花,我经历过艰险,我还准备迎接更大的风暴,所以我只能把你永远珍藏在我的心里。"

梅兰芳问:"我不娶你,他们就不加害于你了吗?"

刘喜奎说:"宁为玉碎,不为瓦全。"

梅兰芳沉默了片刻后,说:"我决定尊重您的意志。"

于是,两人就分了手。对于刘喜奎来说,这成了她一生中最遗憾的事。许多年以后,她回忆起这段经历,这样说:"我拒绝了梅先生对我的追求,并不是我不爱梅兰芳先生,相反,正是因为我十分热爱梅兰芳先生的艺术,我知道他将来会成为一个伟大的演员,所以我忍着极大的痛苦拒绝了和他的婚姻。我当时虽然年轻,可是我很理智,我分析了当时的社会,我感到如果他和我结合,可能会毁掉他的前途。"

遗憾归遗憾,但刘喜奎说她从来不后悔。从那以后,她一直默默地关注着梅兰芳。当梅兰芳在抗战时期蓄须明志时，她由衷地佩服；当梅兰芳享誉世界时，她感到骄傲和自豪。在她隐姓埋名深居简出近40年后，中国人民共和国成立，她被请了出来，到中国戏曲学校当了教授。这个时候，她和梅兰芳重新见了面。抗美援朝时，他俩又同台演出。时过境迁，往事如烟，过去的一切，都成为了曾经。

撇开刘喜奎不谈，孟小冬面对的，是尚有两个妻子的梅兰芳，如果她嫁梅兰芳，能够像当年福芝芳那样，如愿成为梅兰芳第三个妻子，而不只是梅大师金屋藏娇的一个妾吗？她不免有些担心。不过，担心归担心，她终究没有抵挡得住奔涌而至的情感洪流。于是，梅、孟相恋了。

梅孟之恋若在常人，其实就是一件很寻常的事，只不过他二人皆是京城名角儿，连起居衣着芝麻大的事情都为众人所关注，恋情自然更是街谈巷议的好话题，报刊当然无例外地特别起劲，两人恋情发展的每一步，都是引人入胜的好新闻。

恋爱总是两个人的事儿，梅、孟产生恋情，虽然当事人特殊情况种种，也总不外乎两情相悦、两性相吸而已。对艺术的共同的热爱与追求，两人同台演戏配合默契，台下互相倾慕对方的才华，经常交流艺术，如此产生感情，是再自然不过的了。然而，事实似乎并不那么单纯。有人说，他俩走到一起，是他身边的朋友为了某种目的有意撮合的。

"他身边的朋友"指的是梅兰芳的专职编剧齐如山，以及站在齐如山这边的其他人。那么，他们是为了何种目的撮合梅、孟呢？据说，他们之前是支持王明华的，而对福芝芳有些不满。在他们看来，王明华之所以以养病为由避走天津，都是因为福芝芳。他们又抱怨福芝芳将梅兰芳管得太死，梅兰芳不如以前自由了。也就是说，梅兰芳不能随心所欲地跟他们"混"在一起了。因此，为了气福芝芳，他们有意将梅、孟拉在一起。这是说法之一种。

还有一种说法，有人说梅、孟结合，是身患沉疴的王明华一手安排的。比如署名"傲翁"的作者曾在天津《北洋画报》上写的一篇文章中说：梅娶孟这件事，"最奇的是这场亲事的媒人，不是别人，偏偏是梅郎的夫人梅大奶奶。据本埠大陆报转载七国通信社消息说道：梅大奶奶现在因为自己肺病甚重，已入第三期，奄奄一息，恐无生存希望，但她素来是不喜欢福芝芳的，所以决然使其夫预约小冬为继室，一则可以完成梅孟二人的夙愿，一则可以阻止福芝芳，使她再无扶正的机会，一举两得，设计可谓巧极。不必说梅孟两人是十二分地赞成了，听说现在小冬已把订婚的戒指也戴上了。在下虽则未曾看见，也没得工夫去研究这个消息是否确实，只为听说小冬已肯决心嫁一个人，与我的希望甚合，所以急忙地先把这个消息转载出来，证实或更正，日后定有下文，诸君请等着吧！"

　　傲翁这样写文章，写这样的文章，实在是很不负责任的，而且在未曾提供确凿证据的情况下，单凭道听途说，就把梅兰芳发妻王明华说成一个死之前还要设计害人的狠毒女人，如此随意败坏他人名誉，实在过分。其在文章中，不止一处说"听说……"，挑明消息来源不实，连题目都写的是"关于梅孟两伶婚事之谣言"，似乎并未以假充真，蒙骗读者，实则玩的是"春秋笔法"，一面说明是谣言，一面却将谣言传播出去了，自己却又不用负责，逃掉了干系，委实危害不浅——不仅对于梅兰芳及其家人，对于读者也会产生误导。因为他把"梅大奶奶"为梅孟做媒一节，写得绘声绘色，不怕人不信。

　　1926 年 8 月 28 日的《北洋画报》上，傲翁又撰文说"小冬听从记者意见，决定嫁，新郎不是阔佬，也不是督军省长之类，而是梅兰芳"。当天的《北洋画报》上还刊发了梅、孟各一张照片，照片下的文字分别是"将娶孟小冬之梅兰芳（戏装）""将嫁梅兰芳之孟小冬（旗装）"。这可能是媒体最早一次对梅孟恋情作肯定报道。

　　那么，傲翁在这篇文章中，为什么特别提到"新郎不是阔佬，也不是督军省长之类"呢？孟小冬曾经得罪过一个权势之人，这人为了报复，在小冬于某戏院演出时，放出话来，要包下这家戏院，然后清空戏院，让小冬面对空无一人的戏院，唱独角戏。当然，他最终没那么做，但对孟小冬来说，还是有被羞辱了一番的感觉，自尊心大受伤害。于是，她也放出话来，以后要么不嫁人，要嫁就嫁更有权势之人。她嫁梅兰芳，实则没有

"将娶孟小冬之梅兰芳（戏装）"　　　　　　　"将嫁梅兰芳之孟小冬（旗装）"

实践她当初的豪言——梅兰芳是艺术家，有名望，但和"督军省长之类"相比，应该不算有权势之人。在那个年代，唱戏的没有社会地位，何来权，何来势？因此，孟小冬最终选择嫁梅，而没有左挑右选"督军省长之类"，还是感情占了上风。

梅子黄时雨（二）

东风且伴蔷薇住

对孟小冬嫁梅兰芳，最反对的，不是孟鸿群、张云鹤，而是师傅仇月祥。起初，孟鸿群夫妇很担心女儿为妾——可能任何人都不能容忍自己的女儿给人做小。但是，有人信誓旦旦地在他们面前保证：王明华病重，恐怕不久于人世，而且她长住天津，梅家实则只剩下一房，即福芝芳。也就是说，小冬嫁过去，就梅兰芳肩桃两房之责，她也是可以和福芝芳平起平坐的，即两房都是夫人，没有太太、小妾之说。简单地说，就是"两头大"。

与此同时，孟氏夫妇又听说此婚事是王明华做的主，她是认可小冬的，而且她就是为了阻止福芝芳被扶正，才撮合兰芳和小冬的。干脆地说，她有意让小冬做大。他们也许不知道，福芝芳嫁梅时，梅、福两家就已经谈妥，福芝芳是以夫人身份嫁的，谈不上扶正不扶正。不管怎么说，孟氏夫妇认定女儿是去当夫人的，而不是做小，又从媒人那里收到梅家送来的一笔巨款，自然答应得很爽快。

无论如何，仇月祥都反对这门婚事。有人认为，他反对的原因，是他舍不得放弃孟小冬这棵"摇钱树"。他知道，小冬一旦嫁给梅兰芳，自然是不能登台唱戏了——伶界大王梅兰芳怎么可能让妻子粉墨登场如此招摇呢。小冬一旦不唱，他这个师傅就没了经济来源。嫁了人的小冬是可以不唱的，身为梅太太，没有经济负担，而他仇月祥，可就没那么好运了。这样的说法，对仇月祥很不公平。其实，他的反对，是有道理的，事后证明，也是极其英明的。

在仇月祥看来，孟小冬先天条件太好了，这样的条件，不是一般人所具备的。另外，她天资聪慧，接受能力强，又好学向上，加上名师指点，她的艺术前途光明一片。事实上，她无论是在上海，还是在无锡，以至后来到济南，抵天津，唱到哪儿，就红到哪儿。最后她进入京剧人才荟萃的北京城，仍然一炮而红。这说明什么？这只能说明她天生就应该是唱戏的，甚至可以说，她为戏而生。何况这时，她二十岁不到，年纪轻轻就脱离舞台，岂不太可惜？就算仇月祥有经济方面的考虑，也不为过。他一手将孟小冬培养出来，倾注了大量心血，弟子成名走红，师傅脸上有光，同时有了经济保障，也不是不能理解。

孟小冬似乎不能体会师傅的良苦用心，或者说，她体会到了，但还是不顾师傅的强烈反对。此时，她情窦已开，她被梅兰芳所吸引，特别是当她消除了"做小"的担忧后，完全没有了顾忌。在舞台上，她扮着叱咤风云、指点江山的大英雄，或者是豪情万丈、激情澎湃的大男人，然而这并不意味着她的骨子里具备了自我独立、永往直前的大无畏气势。

她还是女人，有着女人固有的崇尚爱情、依附男人，甘愿做男人背后小女人的传统观念。也许，她登台唱戏，本就不是她对生活的主动选择，而是生活所迫家庭所逼，她只是将唱戏当作挣钱养家糊口的手段，而不是因为她对京剧艺术的热爱，从而视唱戏为一种事业，一种争取女人独立自主的方式。因此，当不需要她养家糊口时，她很自然地决然"抛弃"了唱戏。何况，她将嫁谁？梅兰芳！一个女人，能够嫁给这样一个人，怎么能不感到心满意足？

仇月祥伤心极了，也痛心极了。事已至此，他唯有无可奈何。他选择离开北京，重返上海。不知道孟小冬有没有亲自送师傅离开。即便相送，师徒俩此时必定相对无言。多少年的师徒情分，终究抵不过男女之情。

一个要嫁，一个不想她嫁；一个不想唱了，一个还想让她唱，这一切，原本并非大是大非的原则问题，然而不知为什么，这对师徒似乎从此脱离了关系并且恩断义绝。许多年以后，孟小冬自京返沪。此时，已六十高龄的仇月祥晚景凄凉。很多人都以为孟小冬会去看望恩师，并给予他生活上的接济。但是，她没有。有人不甘心，直接进言孟小冬，明确告知她仇月祥生活困顿，希望她念及师恩加以救济。孟小冬是何态度？上海某报在一篇题为《孟小冬冷淡开蒙先生》的文章中这样写道："……小冬含糊其辞，好像没有这样一位授业师一般。"

令人费解的是，既然媒人承诺"两头大"，也就是说，梅兰芳娶孟小冬，是准备像他当年娶福芝芳一样，也给予夫人名分的，那么，他俩的婚礼为什么不公开呢？没有花轿，没有迎亲，没有吹吹打打。实际上，他俩从恋爱到结婚，都是避人耳目、神神秘秘的。就连新房，也只是设于冯（幼伟）宅之中。据说，梅、孟婚礼，举行的时间是在 1927 年农历正月二十四。参加婚礼的，只有"梅党"成员，如冯幼伟、李释戡、齐如山等。又据说，冯幼伟任证婚人，冯的小姨子任伴娘。如果此说属实的话，那么，梅、孟关系是由齐如山等梅党成员一手促成的传言，并非空穴来风。

春暖花开时节，具体说，大约 4 月，梅、孟从冯宅迁出移居东城内务部街，原因是不知谁走漏了风声，有人打听到久不露面的孟小冬早已被梅兰芳藏在冯宅，而且两人还秘密结了婚。这一来，冯宅是待不下去了，于是搬家。

无论居于冯宅，还是住在新居，孟小冬总也脱不了被梅兰芳金屋藏娇的感觉。既是秘密成婚，她就不能公开登台，也不能公开以梅夫人的身份露面。她的生活很单调。住在冯宅时尚好，冯宅人多，她可以串门闲谈；住在新屋，身边除了陪伴她的冯幼伟小姨子，一个做家务的老妈子，一个看家护院的男佣外，别无他人。梅兰芳不能天天陪着她，他还要唱戏，还要接待外国友人，还要创排新戏，还要交际，最重要的是，他有他的家，有夫人和孩子，他还要回家。1928 年 1 月，福芝芳又诞儿，取名绍斯（即梅绍武）。由此推测，梅兰芳在随孟小冬搬迁新居时，还是时常回家的。

为解小冬寂寞，梅兰芳购置了一台手摇唱机，又捧回来一叠唱片。白天，孟小冬靠听唱片打发时间，回味她在舞台上的辉煌，感慨逝去了的唱戏时艰辛又美好的岁月。在梅兰芳的鼓励下，她还读书认字，习画临字。她那么早就学戏登台，自知文化欠缺，一直有心要补足这一课。

不过，两人毕竟新婚，生活总是温馨而甜蜜的。这从后来公开的一张梅兰芳游戏照片上可窥见一斑。照片上，梅兰芳身着家居装，右手插腰，左手

梅兰芳和孟小冬正在做游戏

做了一个动作。这个动作在灯光的映衬下，投射在他身后的白墙上，显出一个鹅头的影像。在照片的右侧，是孟小冬的笔迹："你在那里做什么啊？"在照片的左侧，梅兰芳回答道："我在这里做鹅影呢。"梅兰芳难得如此活泼幽默充满生活情趣，看得出来，此时，他的心情是极其轻松和愉悦的。

的确，1927年上半年的梅兰芳，好事连连，和孟小冬的婚事是一桩，还有一件事，对他来说，也极具意义，那就是北京《顺天时报》举办的一次活动。这次活动涉及"四大名旦"称谓的由来。

关于"四大名旦"称谓的来历，时至今日，一直存在着这样的误区，那就是，很多人都认为，这个称谓来自于一次观众投票活动。换句话说，"四大名旦"是投票选举出来的。也就是说，这次投票活动，就是为了选举"名旦"。

这种说法，在相当长的时期内，很有"权威"性，很普遍，也就被广泛引用，有传记作者这样写道："1927年，北京《顺天时报》举行全国首届旦角名伶评选活动。这完全是一种群众自发的行为，以投票方式选举自己心目中的名伶，结果以得票数多少而定。经过一番角逐较量，梅兰芳以一出《太真外传》，尚小云以一出《摩登伽女》，程砚秋以一出《红拂传》，荀慧生则以一出《丹青引》获得前四名，被称为'中国四大名旦'（或称'京剧四大名旦'）。"

甚至连《中国京剧史》也有类似说法："1927年，北平的《顺天时报》举办了一次京剧旦角名伶评选活动，由读者投票选举。其结果是：梅兰芳……程砚秋（砚秋）……荀慧生……尚小云……徐碧云……荣膺'五大名旦'。因徐碧云较早地离开了舞台，之后观众中就只流传着'四大名旦'的名字了。"

实际上，这次投票活动的全称是："为鼓吹新剧，奖励艺员，现举行征集五大名伶新剧夺魁投票活动。"（《顺天时报》1927年6月20日第五版）。也就是说，投票活动主要针对的是"五大名伶"的新剧，并不涉及对他们五个人个人艺术的全面评价。"五大名伶"是梅兰芳、程艳（砚）秋、尚小云、荀慧生、徐碧云。更准确地说，活动规则是要求投票者从五个人所演新剧中分别选出最佳的一出戏。

为缩小范围而使选票相对集中，主办方从五人所演新剧中各选出五部作为候选，也就是一共有 25 部候选剧目。它们分别是：

梅兰芳：《洛神》《太真外传》《廉锦枫》《西施》《上元夫人》；

程砚秋：《花舫缘》《红拂传》《青霜剑》《碧玉簪》《聂隐娘》；

尚小云：《林四娘》《五龙祚》《摩登伽女》《秦良玉》《谢小娥》；

荀慧生：《元宵谜》《丹青引》《红梨记》《绣襦记》《香罗带》；

徐碧云：《丽珠梦》《褒姒》《二乔》《绿珠》《薛琼英》。

一个月以后，投票活动结束。7 月 23 日，《顺天时报》揭晓了投票结果。从收到的选票来看，这次活动很受读者支持。主办方共收到选票 14091 张，五大名伶各自的最佳剧目分别是：

梅兰芳的《太真外传》，得票总计 1774 票；

程砚秋的《红拂传》，得票总计 4785 票；

尚小云的《摩登伽女》，得票总计 6628 票；

荀慧生的《丹青引》，得票总计 1254 票；

徐碧云的《绿珠》，得票总计 1709 票。

这次活动，从开始刊发启事，到投票过程，以至最后揭晓结果，都只用了"五大名伶"这个名称，而没有用"五大名旦"。这就造成两个后果：

一、有人因此推断，在这之前，还没有"四大名旦"（或"五大名旦"）的说法，否则，主办方应该用"五大名旦"，而不是以"五大名伶"之名；

二、正因为如此，有人得出结论："四大名旦"的称谓，就是在此次投票活动结束后确立的，即被选举产生的。

很明显，这样的结论是不符合实际的。

首先，此次投票选举活动，针对的只是五个人的新戏，并不是评选孰强孰弱。也就是说，只将他们各自的新戏做纵向比较，而并不将他们五人做横向比较，更不是在五个候选人中，选出四强。

其次，如果"四大名旦"之说是因为此次投票选举活动而产生的，那么也应该是"五大名旦"，为何漏掉徐碧云而只说"四大名旦"呢？

　　除此之外，如果以得票多少排列，位列第一的是尚小云的《摩登伽女》，6628 票，其次是程砚秋的《红拂传》，4785 票，然后是梅兰芳的《太真外传》1774 票，接着是徐碧云的《绿珠》1709 票，最后是荀慧生的《丹青引》，1254 票。假使这次活动的目的确是为了选举"四大名旦"，那么，按照票数，排在前四位的，也应该是尚小云、程砚秋、梅兰芳、徐碧云，缘何荀慧生最终位列"四大名旦"之一，而缺了徐碧云呢？仅从这个角度上说，"四大名旦"是由戏迷、读者选举产生的论断，就是错误的。

　　投票选举，是确立"四大名旦"称谓的其中一种说法。这种说法最终被事实所推翻。另外，还有一种说法，更加没有说服力，不值一驳。

　　据说，在 1924 年到 1925 年期间，在军阀张宗昌家的堂会上，梅兰芳、尚小云、程砚秋、荀慧生合作了一出《四五花洞》。这次演出《四五花洞》，梅、尚饰演两个真金莲；程、荀饰演两个假金莲。由于四个人的表演各具特色，艺术水平难分高下，便从此有了"四大名旦"的说法。

　　这样的说法十分含糊，没有明确到底是由谁最先喊出"四大名旦"这个名称的。民间曾经有这样的流传，四大名旦同台演出过多次，但合作演出一部戏，只有《四五花洞》。实际上并不尽然。

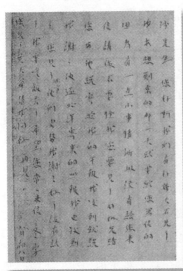

孟小冬写给沙大风的一封信（手迹）

　　1918 年 5 月 26 日，中国银行总裁冯幼伟在家里举办堂会。在这次堂会上，梅兰芳、尚小云、程砚秋、荀慧生与其他京城名角儿合作演出了《满床笏》。这次，可能是四人初次同台、初次合作的一场演出，颇具纪念意义。只是那时，还没有"四大名旦"的说法。

　　就现存资料而言，基本可以肯定的是，"四大名旦"的称谓是由天津《天风报》社长沙大风率先提出来的。沙大风（1900—1973）原名沙厚烈，笔名沙游天。因为沙游天中的"天"，英名是"SKY"，而俄文人名中的"斯基"，也是"SKY"，所以，又有称他"沙游斯基"。他早年在《天津商报》任戏剧版主编，后得到天津最大的百货公司中原公司的资助，于1921年创办《天风报》，自任社长。

之所以说"四大名旦"源于沙大风之口，依据是：

第一，缘于三个知情人的回忆，他们是沙大风的儿子沙临岳、上海文史馆馆员薛耕莘、宁波镇海的陈崇禄。薛耕莘曾经在《上海文史》上撰文，称梅兰芳曾亲口对他说过这样的话。陈崇禄则说他曾经见过沙大风的一枚印章，上有"四大名旦是我封"这七个字。

据沙临岳回忆，"四大"其实是借用当时流传甚广的"四大金刚"之名。"四大金刚"指的是直系军阀曹锟的内阁大臣程克等4人。有人说，由于梅兰芳、程砚秋、尚小云、朱琴心的名气不亚于"四大金刚"，所以有人称他们为"伶界四大金刚"。后来，荀慧生取代了朱琴心，"伶界四大金刚"又指梅兰芳、程砚秋、尚小云、荀慧生。

沙临岳还说，对于梅、程、尚、荀四位艺术家的造诣，其父沙大风总是叹赏不已，但对"伶界四大金刚"这个称谓颇不以为然。他觉得金刚怒目与四旦的娇美英姿不相吻合，所以提笔一改，改称为"四大名旦"。

第二，上海早年的戏剧杂志《半月戏剧》主笔、专事戏剧评论的梅花馆主（本名郑子褒）于20世纪40年代初写过一篇文章，题目是《"四大名旦"专名词成功之由来》。尽管他没有明说，但他的论断，实际上从侧面印证了"四大名旦是沙大风所封"的说法。更重要的是，他直接说明，"四大名旦"的来历，是因为荀慧生。他的这篇文章中，有这样一句话："提倡'四大名旦'最起劲的，不用说，当然是拥护留香的中坚分子。"

"留香"，是荀慧生的号；"拥护留香的中坚分子"，是被称为"白党"的捧荀派。旧时京城，达官贵人、文人雅士争相捧自己钟情的艺人，甚至为此另组专社专团，比如，捧艺名"白牡丹"的荀慧生的有"白社"，捧尚小云的有"云社"，捧筱翠花的有"翠花堂"，捧杜云红的有"杜社"等，不一而足。相应的，"社"的成员，就被称为"党"，比如，"梅党""白党"

等。还有人将荀慧生的戏迷，戏称为"白痴"。

那么，"白党"捧荀慧生，为何要提出"四大名旦"这个称谓呢？梅花馆主在文章中，很肯定地这样写道："因为那时的荀慧生，离开梆子时代的'白牡丹'还不很远，论玩意儿，论声望，都不能和梅、尚、程相提并论，可是捧留香的人，声势却非常健旺，一鼓作气，非要把留香捧到梅、尚、程同等地位不可，于是极力设法，大声疾呼地创出了这一个'四大名旦'的口号。"

台湾著名剧评家丁秉鐩也这样说："'四大名旦'的成名次序，是梅、尚、程、荀。所谓'四大名旦'这个头衔，就是捧荀的人创造出来的，把荀慧生归入名旦之林，想与梅、尚、程三人居于同等地位。……"①

可以确定的是，沙大风就是"白党"成员之一。不仅如此，他还被称为"白党首领"。

至于沙大风是在什么时候提出"四大名旦"这个称谓的，上海文史馆馆员薛耕莘明确说是在 1921 年，即沙大风在《天风报》的创刊号上首次提出的。然而，"1921 年"说，存有疑义。因为那时，程砚秋（当时叫程艳秋）只有 17 岁，还处于搭散班演唱的阶段，演出剧目也只限于传统老戏。这个时候，他还没有赴沪演出，也没有独立挑班，更没有一出新戏，他只是作为梅兰芳的弟子，受梅兰芳的委托去过一次南通而已。虽然在梨园界，此时他已渐有名声，但应该尚未达到"名旦"的地步。在这个时候，就将程砚秋列入"四大名旦"行列，似乎不太可信。

按照梅花馆主的说法，"四大名旦"创始于"民国十七年"，即 1928年，也就是《顺天时报》举办"五大名伶新剧夺魁投票活动"后的第二年。从这个角度上看，说"四大名旦"产生于这次投票活动之后，并非没有道理。只是，它不是由投票选举产生的，更不是由此次投票活动所决定的。

整个 1927 年，梅兰芳经历了冰火两重天。上半年，他春风得意，新婚燕尔，身边有佳人相伴；在艺术上，"四大名旦"的称谓逐渐被叫响，而且

---

① 丁秉鐩：《菊坛旧闻录》，中国戏剧出版社，1995 年 10 月版，第 259 页。

开始深入人心，这是他在继"伶界大王"之后的又一个美称。然而下半年，他却被卷入一场血案之中，给他带来极大的负面影响，而且直接关系到他和孟小冬的关系。

关于这件血案，当时京、津大小报刊纷纷在显要位置予以报道，天津《大公报》的标题是"诈财杀人巨案"；北京《晨报》的标题为"北京空前大绑票案，单枪匹马欲劫梅兰芳，冯耿光宅中之大惨剧"，更几乎用了整幅版面，详细报道事件经过；《北洋画报》配以罪犯被枭首的相片……

这桩案件的过程虽然有些离奇，可是就案件本身来说并不复杂，警方不仅当场将罪犯击毙，案件也很快处理完毕。可是，就是这样一个看似简单的案件，却又因了不为人知的缘故，竟变得扑朔迷离。

这桩"血案"的真凶到底是谁，迄今仍有两个版本，一说李志刚，一说王惟琛，令人难下结论。

版本之一来自报刊对案件的报道。各报刊的报道虽然略有出入，但大体情节相差不大：

1927 年 9 月 14 日下午两点多钟，有一个穿西装的年轻人，开始在北京无量大人胡同梅兰芳住宅门口徘徊，晚上 9 点左右，梅兰芳的司机发动了停在门口的汽车，到东四 9 条 35 号冯幼伟家，去接与众友人在那里为黄秋岳祝寿的梅兰芳。年轻人见了，拼命在后面追赶。

司机到了冯宅，便将这个奇怪的年轻人的举止说给其他来宾的司机及冯宅看门人听。大家便到门口去向年轻人问究竟，答是家里有急事，来向梅老板求救。大家见他衣着整洁，面目清秀，不像是一个无赖，问他姓名，答叫李志刚。便有一位仆人去上房通报梅兰芳。梅兰芳说，我并不认识此人。坐在一边的绰号"夜壶三"的《大陆晚报》经理张汉举便起身走出来查看。

李志刚见到张汉举，脱帽鞠躬后说，他与梅兰芳的确不认识，但他祖父与梅兰芳有旧，现已逝世 3 天，停尸在床，无钱入殓，因此求助于梅兰芳。一边说着，欷歔不已。张汉举说，你与梅兰芳既不相识，他怎么帮助你呢？如果找个介绍人，或者把情况写清楚，这样比较有效。李志刚便从口袋里取出一封信，交给张汉举，同时又挥泪跪下，样子十分可怜。张汉举把他扶起来，读了信后，便拿了信到上房给梅兰芳及在座的人看。

众人读了信，起了恻隐之心，于是凑了约两百元，由张汉举转交。张汉举也并不是个见不得眼泪的人，并未轻信李志刚，他拿钱在手，嘴里道，我要到他家去看一看，如果是真的，我再把钱交给他。说着，他来到门外，把李志刚叫到门内的走廊下，问他住址。答是东斜街。张汉举说，好极了，我住在西斜街，你稍等一会儿，等宴席散了，我同你一道到你家去看看。李志刚说，我肚子很饿。张汉举便给了他5元的钞票一张。李志刚却不肯收，只说，从早晨到现在，粒米未进，现在只想吃东西。张汉举便叫仆人拿了些残羹剩饭，给李志刚在门房吃。

夜里11点，席终人散，张汉举与画家汪蔼士及李志刚一同乘汽车往西城驶去。汪系搭便车顺路回家。当车行至东斜街口时，李志刚忽然凶相毕露，从腰间掏出一把旧式左轮手枪来，向张、汪二人明言他前面的话都是假的，他的目的是要向梅兰芳索要5万大洋。命张、汪尽快为他设法，否则手枪伺候。在他的逼迫下，汽车重又开回冯宅。此时梅兰芳已经回家去了。

李志刚不让张、汪下车，只命车夫进去报告。冯幼伟拿了500元给车夫，李志刚不收，说，5万元一块钱也不能少。车夫重又入内，如此往还几次，终未谈妥。这时，适有两个巡警由西口走来，李志刚以为是冲着他来的，于是挟持张、汪二人进入冯宅。后在与闻讯赶来的军警对峙中，汪蔼士借机得以逃脱，而张汉举则被李志刚开枪打死，李志刚也丧命军警枪下，随后李志刚被枭首示众。

各报刊都说劫匪叫李志刚；将罪犯枭首示众的京师军警联合办事处在张贴的布告中也称其为李志刚。该布告全文如下：

"为布告事，本月十四日夜十二时，据报东四牌楼九条胡同住户冯耿光家，有盗匪闯入绑人勒赎情事，当即调派军警前往围捕，乃该匪先将被绑人张汉举用枪击伤，对于军警开枪拒捕，又击伤侦缉探兵一名。因将该匪当场格杀，枭首示众，由其身边搜出信件，始悉该犯名李志刚，合亟布告军民人等，一体周知。"

几年后，孟小冬在刊登的《启事》里也说是"李某"。看来罪犯姓李名志刚无疑。实则未必，因为有人言之凿凿地说，案犯叫王惟琛，发案的地点不是冯宅，而是无量大人胡同的梅家！

说这话的人是袁世凯的女婿薛观澜，薛也住在无量大人胡同。那天，袁世凯的三公子袁克良（字君房）偕如夫人孙一清来访薛观澜，薛观澜回忆当时情景：

> 是日君房来到无量大人胡同，和我一见面，就很紧张地对我说："这儿胡同口已经布满军警，我刚才遇见了军警督察处派来的人，他们说梅兰芳的家里出了事，我们一同出去看个明白再说。"于是，我和君房，速即走出大门口一看，只见梅家瓦檐上站着几个佩枪的军士，看来形势极其严重，胡同两头更布满军警与卡车，如临大敌一般。因此君房的神经格外紧张起来，他在街头大声喊道："畹华是我们熟识的人，他有性命危险，等我赶快去拿一管枪，把他救出来。"我们知道君房为人是说做就做，并非徒托空言。大家便赶忙上前拦阻，君房才慢慢镇静下来。不久我们就听得枪声如连珠……

薛观澜笔下的案犯穿着浅灰色西装，文质彬彬，面色苍白，年约20岁。后经他打听来的消息是，案犯的名字叫王惟琛，是京兆尹（相当于市长）王达的儿子，于北京朝阳大学肄业。

王惟琛是纨绔子弟，一直单恋孟小冬，始终得不到小冬回报，正在百般愁苦之际，听说小冬已被梅兰芳"抢了去"，一时想不开，一天突然闯入梅宅，欲找梅兰芳理论。当时已近正午，梅兰芳和冯幼伟等几个朋友正在吃午饭，佣人进来通报，说有一个大学生模样的年轻人要见梅大爷。在座的张汉举自告奋勇，对梅兰芳说他先出去看看那人有什么事，然后便离座随佣人走出餐厅往客厅走去。

张汉举矮矮胖胖，由于记者出身，颇善词令，平时热衷于交际，喜欢管三管四，所以才有"夜壶张三"的绰号。他来到客厅，以为找几句托词就可以把王惟琛打发掉，谁知还未等他开口，就见王惟琛从口袋里掏出一把手枪，抵住张汉举，叫道："我不认得你，你叫梅兰芳快些出来见我，他夺了我的未婚妻，我是来跟他算账的，与你不相干。"

张汉举到底也是见过世面的人，他没有被吓住，很快稳定了情绪，笑着对王惟琛道："朋友！你把手枪先收起来吧，杀人是要偿命的，我看你是个公子哥儿，有什么事尽好商量。"然后，他又说梅兰芳出去了。王惟琛自己也很紧张，听说梅兰芳不在家，突然手足无措起来，恼羞之下，忽然改口要起钱来："梅兰芳既敢横刀夺爱，我可不能便宜了他，我要梅兰芳拿出10万块钱来，由我捐给慈善机关，才能消得这口怨气。"张汉举与他讨价还价，钱数降到了5万元。张汉举大声呼唤佣人，让他们转告冯幼伟，赶快去筹款。

其实，早在王惟琛掏出手枪的那一刻，就有佣人忙不迭地奔到餐厅通知了梅兰芳、冯幼伟。此时，听王惟琛说要钱，冯幼伟一面打电话通知军警督察处，一面通知银行迅速提出5万元现款。

钱送到时，军警也已包围了梅宅。当佣人将钱扔进客厅后，王惟琛将张汉举挟作人质，好使他安全离开梅家。走到大门外，王惟琛这才发现军警不仅包围了梅宅，连周围屋顶上都有荷枪实弹的军警。因为过于紧张，他手中的枪响了，张汉举重重地倒在了地上。一见人质已死，军警们众枪齐发，顷刻间，王惟琛被打成了蜂窝状，当场毙命。

以上两种说法，一个

《晨报》上刊登的"梅宅血案"

是各报所载，一个是亲眼所见，到底哪一个是事实呢？有人一见当年报道案件的报纸，就武断地以为"王惟琛"一说是错的，殊不知警方若是为维护王达的名声，玩一个李代桃僵的把戏，骗过记者与公众，并不是一件十分困难的事情。事实上，似乎不排除有这种可能。否则，明明是一个事实清楚的案件，何以连凶犯姓名、发案地点都没有一个准确的说法呢？有人因此猜测，难道是两件完全不相干的事件，被混为一谈了？

罪犯的死算是咎由自取，张汉举却死得冤枉。他上有七十老母，下有幼子小女，子不过13岁，女才只有6岁，还有一妻二妾。张家人闻听惨剧，悲痛不已，也有些迁怒梅兰芳。那些天，梅宅天天传出张家人的嚎哭。梅兰芳对张汉举之死深感歉疚，他不仅包揽了张汉举的后事，而且还赠送给张家位于麻草园的房屋一幢，现金二千元。

这场血案对于梅兰芳的刺激，并不止于对张汉举之死的歉疚，他还承受了社会舆论的巨大压力。公众对于明星的态度向来如此，见男女台上般配，便热望及乐见其成为生活中的伴侣，也不管是否使君有妇，罗敷有夫，而一旦出现事端，则又横加责备。梅兰芳天津的一位友人来信慰问，梅兰芳在回信中这样写道：

> ……寒夜事变，实出人情之外。兰平日初不吝施，岂意重以殃及汉举先生，私心衔痛，日以滋甚。乃以戏院暨各方义务约束在先，不能不强忍出演，少缓即当休养，以中怀惨怛，不能复支也。兰心实况，先生知之较深，正类昔人所言，盛名之下，其实难副，此时岂有置喙之地！已拟移产以赙张公，惟求安于寸心，敢（？）申于公论。至于流言百出，终必止于智者。兰在今日，只以恐惧戒省为先，向不置辩。

后来梅孟分手，有人便将这两件事说为因果——梅兰芳受"血案"的刺激而离开孟小冬。还有人说，因为福芝芳说了句"大爷的命要紧"，使梅兰芳痛下决心离开孟小冬，回到福芝芳身边去。事实上，他俩分手，是在四年之后。不过可以肯定的是，这件血案，不可避免地给梅孟关系蒙上了阴影。

梅兰芳 （二）

呢喃声里暗颦眉

血案本身，和孟小冬没有关系，但是，制造血案的李某（王某？）却和孟小冬有关系。尽管孟小冬始终不承认她和该人有关系，甚至发誓她根本不认识他，然而事实是，他是她的戏迷，更是她的追求者，也许郎有情，妹无意，但他们的确见过面，而且不止一次。他是因为孟小冬，才欲绑架勒索梅兰芳的，从而造成血案。因此，如果有人说，血案的发生和孟小冬不无关系，似乎并不为过。

既然如此，心有余悸的梅兰芳不得不重新审视他跟孟小冬的关系。他俩结合，固然有朋友的撮合，但更重要的还是两情相悦。然而，男女相爱不是一切，特别是爱会淡，情会逝。当爱淡了、情逝了，剩下的又都是流言、麻烦、困扰、压力，那么，两人逐渐疏离，便是自然的。

对于梅兰芳来说，血案没有伤及他肉体，但却给了他巨大的精神压力。这份压力，是外界给予的不利于他名声的议论，甚至指责。他是爱惜羽毛的，他那么多年来精心打造了温和、大度、善良、谦恭、义气、责任等好名声，他一直细致地维护着。如今，如此血腥味浓重的惨案，因他爱的孟小冬而发生，使他险些遭遇不测，又使张汉举做了他的替死鬼，无疑对他一贯的好名声和一贯的良好形象造成极大的破坏。

也许是为了及时挽回他在公众面前的形象，也为了给自己的家庭一个交代，血案之后，梅兰芳很少回他和孟小冬的爱巢了。尽管外界对梅兰芳、孟小冬的关系议论颇多，但他们结合，毕竟从来没有公开过，始终处于保密状态。不知梅兰芳此时的心理如何，他是想就此重返夫人身边，而淡化他和孟小冬的关系，用事实平息对他俩关系的猜测？不得而知。

总之，梅兰芳不仅回家了，而且常和夫人福芝芳出双入对。不仅如此，1928年初，天津《北洋画报》突然刊发这样一条消息："梅兰芳此次来津出演中原，仍寓利顺德饭店。但挈其妻福芝芳同行，则系初次。"也就是说，他赴天津演出，陪在他身边的不是孟小冬，却是妻子福芝芳，而正如报上这条消息所说，他携福同行，还是第一次。这实则向外界传达出一连串信号：他的妻子是福芝芳，他们夫妻关系甚笃，他们家庭幸福。

捧读这则消息，孟小冬气极。在她看来，福芝芳在向她示威，或者

说，梅兰芳在向她表明一种态度。这让她无法接受。之前，她也觉察到梅
兰芳的转变。因为他俩的关系，她不得不深居简出，被藏在金屋里，不敢
轻易露面。这是为什么？无非是为保护梅兰芳，保护他的好名声，保护他
的好形象。为了他，她这样的牺牲自己，消融自我，别离了舞台辉煌，抛
弃了艺术追求，过着一种金丝雀般孤寂无聊的生活。想想自己也是有才华
的，为了爱一个男人，却不得不忍受这样的生活，她越想越觉得委屈，越
想越气。

　　这个时候像孟小冬这样处于如此地位的女人一般都会有这样的想法：
凭什么你们夫妻公开地逍遥自在，让我一个人独吞苦酒、独守空房，哪有
这样的道理？于是，一气之下的孟小冬收拾了一些简单行李，离开爱巢，
跑回了娘家。这个时候像孟小冬这样处于如此地位的女人的娘家人一般也
都会站在女方这一边，指责男方忘恩负义或者背信弃义。孟鸿群夫妇也不
例外，在为女儿的遭遇鸣不平的同时，提议：他们夫妇能去天津，你为什
么不能去天津？

　　孟小冬想想也是，他梅兰芳可以去天津唱戏，我为什么不可以也去天
津唱戏？他能唱，我也能唱。也不知道是出于报复心理，还是久不登台，
嗓子发痒很想过过戏瘾，或者是两者兼有。孟小冬决定即刻赴天津。

　　一番联系之后，孟小冬准备在天津春和戏院登台。她很久没有露面了，
戏迷们早就饥渴万分，突然获悉她又唱，无不欢欣鼓舞。率先唤小冬"冬
皇"的沙大风，本就是"孟迷"，他曾很肉麻地称她为"小冬吾皇"，还连
呼"万岁"，如今得知"吾皇"将抵津，连日在其主办的《天津商报》上开
辟"孟话"专栏，大捧特捧，极力宣传。

　　这次，和孟小冬合作的是有"坤旦领袖"之称的雪艳琴（本名黄咏
霓），她俩之前有过合作，感情尚可。不过，孟小冬和梅兰芳结合，她是
瞒着雪艳琴的。对此，雪艳琴有些不满。但是，当孟小冬去找她，想请她
一起组班赴天津演出时，她还是爽快地答应了。两人在天津的三天"打泡
戏"，分别是第一天，合作《四郎探母》；第二天，孟小冬演压轴《捉放宿
店》，雪艳琴演大轴《虹霓关》；第三天，雪艳琴演压轴《贵妃醉酒》，孟

小冬演大轴《失空斩》。两人合作，配合默契；两人分演，又各自精彩。

虽然孟小冬在天津只演了十来天，但受欢迎程度丝毫不逊于当年。她的艺术才华固然令人称道，她特立独行的行为举止，也引人关注。唱戏时，她着男装，戴髯口；生活中，她也着男装，而且不施脂粉。小女子的娇美，衬上帅气逼人的装扮，为她平添了英武之气。听完她的唱，看完她表演，戏迷们过完了戏瘾，很自然地将注意力转向她和梅兰芳的关系。对此，她拒不吐露一星半点。联想到不久前梅氏夫妇抵津，如今孟小冬孤身一人抵津，他们的关系显得更神秘了。

梅兰芳万万没有料到孟小冬会不告而别独赴天津，而且还粉墨登台大唱了一把。原本，他喜欢她，除了美貌、才华，还有就是较强的个性。然而这时，他认识到，个性有的时候是和"倔强""任性""耍态度""使性子"等联系在一起的。他很无奈。不过，不管怎么说，他能够体会到孟小冬内心的怨气。他知道，他无意中的行为，伤了她。于是，待孟小冬返京，而且没有返回爱巢直接回了娘家后，梅兰芳主动去把她接了回来。

人是接回来了，但不可否认，他俩关系的那片阴影又扩大了一些。梅兰芳刚刚安顿好"后院"，"前院"又失火了——1928年春，他遭遇了《凤还巢》"禁演"风波。这让他因家事而有些阴郁的心情雪上加霜。

京剧向以历史题材为主，且多是悲剧，喜剧偏少。有喜剧色彩的戏多是以三小（即小生、小旦、小丑）应工的玩笑戏，而闺门旦应工的喜剧就少之甚少了。梅派代表剧目之一《凤还巢》就是一出闺门旦应工的喜剧。该剧情节曲折，妙趣横生，执笔者仍是齐如山。

长期以来，社会上一直有"京剧《凤还巢》曾被刘哲禁演"的传说。《舞台生活四十年》（1986年再版）最后一节的"按"里这样说：

> 《凤还巢》就是在中和园首次上演的。当时正是张作霖当大元帅的时期，奉系人物因"奉""凤"同音，忌讳这出戏，当时的教育总长刘哲曾托人带话最好不演《凤还巢》。

许姬传、刘松岩、董元申著《梅兰芳》（1987 年版）一书里有关《凤还巢》这样写道：

> 1928 年 4 月 6 日，《凤还巢》在北京中和园上演。当时奉系军阀们因《凤还巢》剧名与"奉还巢"同音，竟由奉系教育总长刘哲出面，以所谓"有伤风化"的罪名"禁演"了这出戏。喜剧变成了禁戏。后来《凤还巢》在人民的支持下，终于恢复了演出，那风趣的剧情和优美的唱腔，也才得以在群众中广为流传，成为各剧种竞相移植的喜剧剧目。

1994 年出版的《梅兰芳年谱》也有类似说法，作者在 1928 年条下写道：

> 4 月 6 日，在北京中和戏园首演《凤还巢》。不久，奉系军阀张作霖因《凤还巢》剧名与"奉还巢"谐音，竟由教育总长刘哲以"有伤风化"的莫须有罪名禁演。

除了几种文字记载外，还有口头传说，都说《凤还巢》曾遭禁演。无论是口头传说还是文字记载，依据的恐怕就是《北洋画报》1928 年 5 月 2 日的一则消息，该消息称："梅兰芳新排之《凤还巢》，教育总长刘哲认为有伤风化，有实行取缔说。"这则消息不是独立存在的，而是与其他几条消息并列，其他几条消息分别是"袁寒云被张宗昌、孙传芳委任'河南安辑使'""著名建筑家关颂声远赴美国""南开女中举行春季游艺会"，这四条消息的总标题为《据说……》。

很清楚，总标题之所以为《据说……》，是因为那四条消息都没有得到证实，只是"据说"。所以，《凤还巢》问题也只是"据说"，"有实行取缔说"，却并没有明确告知已被取缔或被禁演。当然，既然有此说，那么的确有这种可能。如果人们只看到这《据说……》就作"被取缔或被禁演"的推断，倒也无可厚非。问题在于仅隔了一周时间，《北洋画报》于 5 月 9 日发表了署名朱弦的文章，题目为《〈凤还巢〉问题》，文章说：

> 近传教育部对于梅兰芳新排之《凤还巢》认为有伤风化，拟加以取缔，但非事实。《凤还巢》一剧，在昆曲名《丑配》，在秦腔名《循环序》，梅易为乱弹，命名之由，因剧情中程雪娥之婚姻，几经变幻仍如其故，原拟名《换巢鸾凤》，既因并未尝换巢，乃易今名，此剧来历如此。或谓宜名《三洞房》，似较原名为佳。

如果朱弦的文章到此为止，那么远不能令人信服，所以，他在明确指出"但非事实"后，又详细谈到此说究竟因何而来。原来，《凤还巢》初演时，北洋政府教育总长刘哲的确亲临中和戏园，观看该剧。戏过半，他突然想起询问身边的教育部某司长："这出新戏我们审查过否？"司长说："尚未。"刘哲便说："可调取原本来略加修正。"

当时，刚出笼的新戏是要经教育部审查的。次日，司长命"通俗教育会"给梅兰芳发去一函，要求将原剧本尽快送至"教育会"审查。"通俗教育会"是教育部的一个分组织，司长兼任该会会长。函发出十日，"教育会"并未收到梅兰芳的回复，更不见剧本，便有些恼火，遂将原函全文刊登在报纸上。"报纸披露此事后，日本某评论家即抓为题目，加以评论，'教育会'又致函某日本评论家，与之辩正，遂致问题。"

这位日本评论家与"教育会"争辩的焦点在于"审查"和"取缔"的区别，可能他的意思是"教育会"名为"审查"，实则找碴儿"取缔"，而"教育会"则反驳，称"审查"就是审查，与"取缔"是两回事。如此热热闹闹地辩来争去，传言便纷纷而起，说梅兰芳有意对抗"教育部"之命，教育部因而将取缔《凤还巢》，甚而取缔《思凡》《琴挑》等剧。

梅兰芳没有回复，并非他置教育部之命于不顾，就他的性格与处事原则，他也绝不会有意那么做。根本原因是他压根儿就没有收到"教育会"的函。当他在报纸上看到此函后，大惊失色，忙叫人四下找寻，却在中和戏园找到了原函。原来此函被误投到中和戏园，谁也没有注意到这样一封公函，而梅兰芳此时已移师开明剧场演出，所以没有及时收到该函。

找到公函后，梅兰芳立即回复"教育会"，说明原因，并表示道歉。同时，他让人将剧本送到了"教育会"。仅三天后，"教育会"就将审查过的《凤还巢》剧本交还给了"承华社"，上面只对程雪雁的台词作了小小的修正，其余均未加改动。有人随即问梅兰芳如何看待"教育会"的修改，梅兰芳说："此戏慈先生的丑小姐，跟《凤筝误》差不多，没有什么。"

朱弦在文章最后说："'通俗教育会'改得也好，盖所谓有伤风化，殆慈瑞全打诨太过，梅所饰为贞女雪娥，谈不到有伤风化也。"

如果说因为《北洋画报》的主持人是冯幼伟的侄子冯武越，而有意偏祖梅兰芳，特地请人出面辟谣的话，那么，不要忘记该报的经济资助人是奉系的张学良将军。从该画报里既有梅兰芳这边的人，又有奉系那边的人来看，《〈凤还巢〉问题》这篇文章具有"权威性和可靠性"及公正性。

梅兰芳这样一个名人，教育总长刘哲不会不知道，他绝不会随随便便地就"禁演"梅兰芳的戏。当然，"凤"与"奉"的确是谐音，奉军在北京的军纪也的确很坏，北京人的确是很想让他们"还巢"，即退回到关外去。从这个角度看，刘哲也可能的确有取缔、禁演的想法，但到底没有真凭实据。不过，梅兰芳的确经历了一场不大不小的风波。

克服了内忧外患，连续平息了几场风波，梅兰芳不免心力交瘁。好在他有超人毅志，更想以事业掩藏烦恼。随后，他创排了两出新戏，即全本《宇宙锋》（这出戏日后成为"梅派"代表剧目之一）和《春灯谜》。这两出戏都是从开台一直演到散戏。无论是对于梅兰芳，还是对于戏园而言，这样的演出方式都是一种创新，也是梅兰芳京剧舞台实践方面的一次改革尝试。

然而，下半年，梅兰芳又遭生活打击，发妻王明华不幸病故于天津。在她病危时，梅兰芳闻讯即刻赶到天津。据说，孟小冬随即也抵津，见了王明华最后一面。王明华故后，梅兰芳亲书挽联：

三年病榻叹支离，药灶茶炉，怜我当时心早碎；

一旦津门悲永诀，凄风苦雨，哭卿几度泪全枯。

王明华是 9 月下旬去世的。两个月之后，梅兰芳、孟小冬相携出现在香港。这年年初，梅兰芳携福芝芳赴天津演出；这年年末，梅兰芳携孟小冬赴香港演出。人们将两事结合在一起，不由这样揣测：梅兰芳此次让孟小冬公开露面，而且不顾众人疑虑目光，公然携孟小冬赴港，一是为了补偿亏欠她的，一是为了就此公开他俩的关系。事实上，梅兰芳此次赴港，是演出，而不是个人游历，因此，随他同行的，还有承华社诸成员。孟小冬时时相伴在梅兰芳左右，实则印证了外界对他俩关系的猜测。

结束香港演出，梅、孟并未即刻返回北京，而是先去了上海。据报载，他俩是在次年 2 月中旬才回到北京。也就是说，这次，他俩"单独"相处了长达近三个月。之所以说是单独，是因为梅兰芳不必像在北京一样，一会儿这个家，一会儿那个家地两头跑，而只守着孟小冬一个。不仅如此，1929 年的新年，梅兰芳似乎也没有回家过。这或许是他俩第一次，也许是唯一一次在一起过年。

这一切，都让孟小冬心情大好。从 1927 年初两人结合，她一直处于"地下"状态。这样的生活，让心高气傲的她着实感到不舒服，也常常抱怨不被尊重。如今，她有重见天日之感。她终于如愿"修到梅花"了——回京后，报上刊登了她的一幅玉照，标题是"修到梅花之孟小冬自沪北归后最后造像"。

紧接着，2 月 9 日，《北洋画报》

"修到梅花之孟小冬自沪北归后的最新照"

上又刊登了孟小冬不同表情的一组照片，有迎吻、送吻、斜睇、凝思，还配发了一篇题为《写于"小影"之后》，文章说："谈起孟小冬，她现在哪里？现随何人？言人人殊，莫衷一是，恐怕正在问题，而不成问题之中。有的说已经做了'梅妻'。小冬踪迹，据传现在上海，然而现在本报竟得了她最近的妙影多幅，津门倾倒小冬的人很多，大可看看。然而也不过看看而已可也。至于她'迎吻'是迎谁的吻？'送吻'是送给谁？'斜睇'睇谁？'凝思'思谁？都在似乎可以不必研究之列……"

如果说，这篇文章对梅、孟关系还在遮遮掩掩、欲盖弥彰的话，那么，一周之后《北洋画报》上的一则新闻，则更加坐实了两人关系。新闻称："孟小冬业已随梅兰芳倦游返平，有公然呼之梅孟夫人者……"可以说，至此，梅、孟关系算是彻底公开了。

此时，梅兰芳似乎处理好了家务事，然后将全部精力投入到赴美演出的准备工作中。他没有料到，关于是携夫人福芝芳，还是携孟小冬赴美，又引发风波。

早在1919年和1924年两次赴日演出大获成功后，梅兰芳就萌生了赴美演出的念头。不过，相比去日本，梅兰芳对去美国有很深的顾虑。日本无论如何与中国同属亚洲，肤色相近，文化背景相仿，中国戏剧与日本歌舞伎有很多相似之处。日本古典戏剧直接受到中国唐朝歌舞《兰陵王入阵曲》的影响，在中国失传的唐朝古舞在日本却被完整地保存着。日本著名的"能乐"就受了中国元曲的影响，而"狂言"则受了唐代参军戏的影响。因此，梅兰芳在日本演出了《天女散花》《黛玉葬花》《千金一笑》《嫦娥奔月》《游园惊梦》等以中国古典文化为背景的戏，日本人完全能够看得懂。

然而中国对于美国人来说，则完全是陌生的。那个时期的美国人，如果说对中国人的态度还算友善的话，那也绝不是出于尊敬，对中国人嗤之以鼻的美国人大有人在。他们不认为中国有文化，他们认为如果中国有文化的话，何以会如此遭人掠夺而沦为世界弱国？中国人又何以会陷入如此悲惨的困境？在他们的印象里，中国人只会做杂碎和杂碎面。至于中国戏剧，是他们用来讥讽中国的又一有力武器。有位名叫伦伯的美国人认为中国人完全缺乏艺术美感，原因是所有演员的吐字都是单音节的，没有一个音不是从肺部挣扎吐出的，听起来就像是遭到惨杀时所发出的痛苦尖叫，更有人说那唱腔高到刺耳以致无法忍受，尖锐的声音如同一只坏了喉咙的猫叫声。

在这种情况下，梅兰芳去美国演出，能就此改变美国人对中国人的印象，还是给美国人进一步讥讽挖苦的机会？连梅兰芳自己都难以设想。另外，单靠梅兰芳的表演就能拉近如此巨大的东西方文化的差异？谁也不敢这么肯定。

因此，梅兰芳虽然有心赴美，但时机尚不成熟，他一直在等待，在准备，直到华美协进社向他发出了邀请，赴美计划这才正式提上议事日程。

"华美协进社"，这是个美国的民间团体。梅兰芳即便成行，也是以私人名义出访，因此一切经费自筹。尽管梅兰芳此时身价不菲，演出酬劳也高，但他并非出身豪门，没有祖产，只靠演出所挣戏份不但要养活一家大小，又因乐善好施，常常接济贫寒的同业人士，在家接待国际人士所产生的高昂的外交费，他也得自掏，所以面对赴美所需经费时，他颇有点一筹莫展之感。

不得已，他只能四处借贷，却一因数目太大，二因对他赴美能否成功能否挣到还债的钱表示怀疑，最终毫无收获。幸亏齐如山的亲威兼世交李石曾联合了银行界友人，与燕京大学校长司徒雷登和他的秘书傅泾波等人四处奔走，在北平募捐到 5 万美元。同时，冯耿光和吴震修、钱新之等人在上海又募捐到了 5 万美元，总算筹齐了旅资。

然而，就在梅兰芳动身前两天，从美国传来消息，说"美国正值经济危机，市面不振，要么缓来，要么多带钱"。此时，梅兰芳赴美宣传等一切准备工作已经就绪，此时如果"缓来"，声誉势必受损，但如果强行前往，又有可能血本无归而破产。梅兰芳犯了难。

左右权衡，思来想去之后，梅兰芳最终还是下了决心：冒险一拼。于是，冯耿光凭中国银行董事的身份，又筹来 5 万美元。梅兰芳便怀揣着 15

万美元，冒着破产的危险，战战兢兢地跨洋过海去了美国。

那么，梅兰芳为什么一定要去？早在他第二次访日归国后，美国驻华公使约翰·麦克慕雷去梅宅拜访他时，就曾建议他去美国演出，说"如果能够成行，则可使美国人民增进对中国戏剧艺术的了解，更可促进两国人民之间的友谊"。或许"促进两国人民之间的友谊"之类的理由过于含有官方色彩而略微显得虚，对于梅兰芳而言，到一个与中国、日本完全不同的国度展示中国文化，尽管难度颇大，但却也极具挑战性。如果说十年前他第一次去日本是"试水"的话，如今的他，演艺已臻成熟，名望也大了许多，一切都水到渠成。

更使梅兰芳下决心的，是另一位美国公使保尔·芮恩施。他在卸任回国前，在徐世昌总统为其举行的饯别酒会上，说了和约翰公使所说大同小异的一段话，他说："要想使中美人民彼此的感情益加深厚，最好是请梅兰芳往美国去一次，并且表演他的艺术，让美国人看看，必得良好的结果。"芮恩施所说并非心血来潮，他与梅兰芳彼此并不陌生。早在梅兰芳初演《嫦娥奔月》时，一次，留美同学会在当时的外交大楼公宴芮恩施，梅兰芳应邀演出《嫦娥奔月》后半出。芮恩施对梅兰芳的表演大加赞赏，次日还特地到梅宅拜访梅兰芳，与梅兰芳有过相当愉快的会晤，此后他又陆续看过几次梅兰芳的表演。

因为是官方宴会，在座的都是官方人士，他们异常惊讶于芮恩施的话，他们想不到一个中国演员竟然在美公使心里具有如此重要的地位，他们根本不相信一个京剧演员能实现中美亲善，他们以为芮恩施在和他们开玩笑。芮恩施看出这些人的疑虑，于是补充说："这话并非无稽之谈，我深信用毫无国际思想的艺术来沟通两国的友谊，是最容易的，并且最近有实例可证：从前美意两国人民有不十分融洽的地方，后来意国有一大艺术家到美国演剧，竟博得全美人士的同情，因此两国国民的感情亲善了许多。所以我感觉到以艺术来融会感情是最好的一个方法，何况中美国民的感情本来就好，再用艺术来常常沟通，必更加亲善无疑。"

大多数人对芮恩施的话仍然将信将疑，唯有当时的交通总长叶玉虎

（恭绰）心有所动。当齐如山、梅兰芳从叶玉虎那里得知芮恩施所说后，异常振奋，联想到约翰公使曾经的提议，以及这几年的外交活动，使相当的在华美国人熟知了梅兰芳与中国戏剧，他们预感到赴美计划必能得以实现。

赴美的决定是下了，那么，该取何种方式赴美呢？梅兰芳一时无法做出抉择。有人提议，通过经纪人介绍。这固然是个办法，但有人反对，说吃经纪人这行饭的都相当狡诈不好对付，很容易受他们的骗、上他们的当。比较之后，他们认为比较可行的办法是由对方来邀请，就像赴日、赴港演出一样。对方邀请又分两种方式：一由官方发出邀请，这里由外交部承接；一由民间团体发出邀请。官方邀请比较麻烦，特别是北洋政府外交部官员并非愿意倾力支持。这样一来，由民间团体发出邀请是最为合适的。

1932年，北平出版了由齐如山撰写的《梅兰芳游美记》，较详细地介绍了梅兰芳在美演出情况。在谈到梅兰芳何以能去美国的原因时，该书说"确因与哈布钦斯君有约，否则赴美的心愿，还不知何年何月才能达到呢"。哈布钦斯是美国的剧作家，在纽约有一家剧场。当他从司徒雷登那里得知中国名伶梅兰芳想到美国演出时，当即表示"梅兰芳到美国来，可以在我的剧场里出演"。虽然哈氏对梅兰芳赴美表现得很积极，但梅兰芳最终能赴美接受的并不是他的邀请。

齐如山在《梅兰芳游美记》里没有提到"华美协进社"，但偏偏就是华美协进社最终促成梅兰芳的愿望得以实现。该社成立于1926年，由胡适、张伯苓、梅兰琦、杜威（John Dewey）等几位中美学者共同发起在美成立。这是一个"得到联邦政府教育部门拨款，接受美国一些基金会资助，并由纽约州立大学系统董事会发给执照，以促进中美文化交流为主旨的非牟利性团体"。"华美协进社"成立后的首件大事，就是邀请梅兰芳访美。

出于对赴美的结果不可预知考虑，梅兰芳在决定赴美后一直到动身前，和"智囊团"成员做了大量的几乎是面面俱到的铺天盖地的准备宣传工作，意图先让美国观众对中国文化、中国戏剧有个初步认识。

首先，他们与美国的新闻界、各大戏院剧场联系，寄去照片、剧照并配以文字说明。齐如山临时编撰了几本书以加大宣传力度，其中有详细介绍中国京剧知识的《中国剧之组织》、专门介绍有关梅兰芳这个人的《梅兰芳》和《梅兰芳歌曲谱》以及对梅兰芳准备演出的戏加以逐一说明的《说明书》。似乎还嫌不够，他们又画了两百幅图，涵盖了剧场、行头、扮相、脸谱等十五类，可谓详尽细致到无可挑剔。

对于剧场和舞台的布置，存在着几种意见："完全中国式""中西合璧式"和"完全西式"。梅兰芳和齐如山都倾向于"完全中国式"，理由很简单，他们是中国人，演的是中国文化背景的戏，自然需要中国式的舞台作为载体。另外，他们这次赴美，目的就是全面展示中国戏剧，无论美国人是否接受，但他们看到的毕竟是纯味中国戏，如果舞台是西式的，何以突显"中国"模式？

因此，齐如山在用纸板比画了几十次之后，最后决定采用中国故宫里的戏台模式。舞台布置完全是中国特色：第一层是剧场的旧幕，第二层是中国红缎幕，第三层是中国戏台式的外帘，第四层是天花板式的垂檐，第五层是旧式宫灯四对，第六层是旧式戏台隔扇。至于剧场，门口满挂中国式宫灯、梅剧团特有的旗帜；剧场内也挂着许多中国式纱灯，上面绣有人物故事、花卉、翎毛；壁上挂介绍中国戏剧的图画；所有剧场人员包括检场、乐队、服务人员都着统一的中国式服装。这样一来，观众从靠近剧场开始就将被中国文化所包围，也有助于他们对中国戏的理解。

除此，赴美成员还接受了一些规矩训练，包括在火车轮船上的规矩、外国街道上的违警标志、旅馆里的章程、吃饭穿衣的习惯等。光为吃西餐时，如何拿刀叉、怎样吃面包，各种菜怎么吃、汤怎么喝等，他们就排练了几十次，一会儿到德国饭店、一会儿到英国菜馆。

为慎重起见，梅兰芳遍访在华美国人和曾留学美国的中国学者以做可行性研究，频频与熟知美国文化的知识分子接触，一方面了解美国文化以做到知己知彼，另一方面也在寻求他们的帮助，其中出力最大的，除了胡适，是张彭春。

张彭春是一个兼通中西方戏剧文化的学者。和胡适一样，毕业于美哥伦比亚大学；也和胡适一样，同时受业于教育家杜威门下。其实，"华美协进社"之所以愿意出面邀请梅兰芳赴美，正是接受了张彭春的建议。

张彭春自幼爱好京剧，留美期间因为哥伦比亚大学与著名的百老汇剧场相邻而有了很多观看西方戏剧的机会，尽管他先后获得文学硕士和哲学博士学位，但对戏剧也颇有研究。回国兼任南开大学教授后，他便被推选为"南开新剧社"副团长兼导演。这位既熟悉西方戏剧，又深谙中国京剧，还精通话剧；既有文学、哲学做底子，又进行了比较戏剧的研究的才子，连胡适都对他的学识及戏剧造诣推崇不已，称他是"今日留学界不可多得之人才"。

多年以来，张彭春在美国开设中国戏剧课，在中国开设西方戏剧课，致力于东西方文化的相互传播，成绩斐然。他相信：东方戏剧和西方戏剧只要相遇，非但不会相互排斥，必然是从相遇、相知乃至相辅相承。因此，在他看来，梅兰芳作为中国戏剧的领军人物，如果能去美国演出，让崇尚"眼见为实"的美国人亲眼目睹中国的确存在着虽然与莎士比亚、易卜生不同但同样是精美绝伦的戏剧艺术，将会极大地改善中国戏剧在西方的地位。

有齐如山等"智囊团"成员在细枝末节上的充分准备，有胡适的鼓励、出谋划策和积极参与，有张彭春的戏剧理论做基础。如此种种，梅兰芳尽管仍然对赴美前景心存忐忑，但毕竟不是黑暗一片，他甚至能隐约看到不远处的曙光。于是，他也就甘心冒着破产的危险，出发了。正如美籍华裔历史学家唐德刚教授所说，这一次，是梅兰芳有生以来第一次没有把握的演出，如履薄冰。

外界很少有人知道，在梅兰芳出发赴美前，身边的两个女人明里暗里地进行了一场赴美之争。

在进行大量而细致的准备工作中，梅兰芳他们预备了许多具有中国特色的小礼物，有梅兰芳亲自绘制的扇面、印有梅兰芳名字的绢绣等，还有笔盒、墨盒。其中有的墨盒上刻着梅兰芳的名字，以及梅兰芳的古装妇女头像，还有的墨盒上是孟小冬反串《游龙戏凤》的李凤姐和反串《黛玉葬花》中的黛玉的剧照。对此，齐如山儿子齐香曾这样回忆说：

　　我父亲一直为梅剧团到美国演出而从事繁忙的准备工作。记得我姐姐齐长也用心地描绘脸谱。准备到美国送人的礼物种类很多，梅先生自己画了很多扇面，我姐姐也画了些，以备万一不够分配临时使用。还有小巧的工艺品，如墨盒、砚台等。墨盒上都刻有图像。给我印象比较深刻的有孟小冬扮的古装像。她本是演老生的，这幅画面却是扮的古装妇女，十分漂亮。……

　　这意味着什么呢？可以揣测，起初，梅兰芳是打算带孟小冬一同赴美的。如果他携孟同行，那么又该如何对福芝芳交代？所以，他不免有些犹豫。毕竟福芝芳是公认的梅夫人，孟小冬的身份算什么呢？如果到了美国，有人问起来，他又如何解释？也说是梅夫人吗？再说了，年初，他携孟小冬赴广州，赴香港，又在上海住了一段时间，连年都在一起过的，也算对得起她了，这对福芝芳，多少有些愧疚。如今，他是不是应该携福同行呢？这样，也算端平了一碗水。

　　福芝芳和孟小冬都争取随梅同行，谁也不相让。福芝芳的理由，她是正宗的妻子，何况梅兰芳刚刚和孟小冬同游了香港，这次无论如何也该轮到她了；孟小冬的理由，她和梅兰芳赴港，原本就是梅兰芳补偿她的，因为之前，他带福芝芳去了天津。同时，她还说了一个十分有说服力的理由，那就是，福芝芳此时已有孕在身，不适宜长途旅行，何况梅兰芳

梅兰芳赴美前和孟小冬的临别纪念照

此次赴美，演出任务重，时间也长，身边有个孕妇，怎么说也不太方便。

"有孕"，这是福芝芳赴美最大的障碍，也可能就是梅兰芳最终下决心弃福取孟的最主要的原因。于是，墨盒上便有了孟小冬的头像。

福芝芳也知道挺着个大肚子随梅在美，的确不便，但她又很不甘心。既然"孕"这个问题是个障碍，那么，消除这个障碍不就行了嘛。如何消除？堕胎！

事情到了这个地步，梅兰芳还能说什么？他横下一条心：谁也不带。

孟小冬仍然不甘心，她继续在努力。然而，梅兰芳决心已下，执意不肯回心转意。孟小冬气不过，又独自跑回了娘家。她以为梅兰芳会像上次那样，等到时过境迁后来接她回去。可是，她左等右等，只等来《北洋画报》上的一则梅兰芳、福芝芳夫妇同游北戴河的消息。这则消息这样写道：

> 台上的梅兰芳是人人看得见的，下装的梅兰芳是人人想一看的，穿着海水浴背心，曲线美毕呈的梅兰芳，更是人所不得见而极希望见的。当梅氏与其夫人到北戴河作海水浴的时候，海滨居民旅客，空巷往观，真有眼福。

此时，孟小冬知道，事情恐怕已经不能挽回了。反过来想，我孟小冬没能赴美，她福芝芳也一样去不成。两败俱伤无所谓，总好过我输你赢。这样一想，她的心里略微好过一些。

梅兰芳（三）

金风吹折桃花扇

赴美名单公布，没有福芝芳，也没有孟小冬

梅兰芳抵美，第一场招待演出，观众「听不懂」

张彭春加盟梅剧团

「梅兰芳热」弥漫在美国本土

梅兰芳和范朋克、梅兰芳和卓别林结下友谊

梅兰芳被授予博士荣誉学位

梅兰芳伯母去世，引发「戴孝风波」

梅、孟终于分手

孟小冬公布「紧要启事」

梅兰芳完成赴美的全部筹备工作时，已经是 1929 年 10 月了。11 月，梅剧团正式对外发布了赴美消息。消息一传开，立即得到内行、外行及各界人士的热烈响应：李石曾约请商学界在北平齐化门大街世界社举行公宴，对梅兰芳赴美表示勉励；美国大学同学会在天津召开欢送会，各国领事和绅商参加了该会，天津市长崔廷献及同学会会员颜俊人在会上发表了演说，很赞赏梅兰芳赴美的目的，并号召"全国人对这种举动，都应该帮助"；河北省政府举行宴会，政府委员和北平市政府委员会及李石曾、周作民、李服膺、楚清波等 50 多人参加，省政府主席徐次辰在训词中说："有人说这次出去怕要失败，但就我个人想来，只要能够出去，就是成功，无所谓失败！"刘天华、郑颖孙、杨仲子、韩权华及教授学者数十人也组织了一次欢送会，对梅兰芳寄予厚望。

各式欢送会开过，1930 年元月初，梅剧团离京赴沪。成员包括：

演员：梅兰芳、王少亭（老生）、刘连荣（花脸）、朱桂芳（武旦）、姚玉芙、李斐叔（二旦兼秘书）。

乐队：徐兰沅（胡琴）、孙惠亭（月琴）、马宝明（吹笛）、霍文元（三弦）马宝柱（吹笙）、何增福（司鼓）、唐锡光（小锣）、罗文田（大锣）。

化妆：韩佩亭。

管箱：雷俊、李德顺。

顾问：齐如山。

翻译：张禹九。

庶务：龚作霖。

会计：黄子美。

由于人员少，好些人要身兼数职，如琴师徐兰沅还要在《打渔杀家》里串演教师爷；姚玉芙有时还要扮演《打渔杀家》中混江龙李俊；化妆师韩佩亭、雷俊有时还要跑跑龙套。

这份名单中，没有福芝芳，也没有孟小冬。然而，梅剧团从北平出发，先到天津，然后乘船赴上海，福芝芳一直陪伴在梅兰芳的身边。也就是说，福芝芳将梅兰芳送到了上海。在梅兰芳由上海登上"加拿大皇后"号后，福芝芳这才返回北平。这就意味着，孟小冬没有送行，她独自留在了北平。

梅兰芳赴美前的准备工作不可谓不精心和充分，但难免有疏漏。这个疏漏几乎是致命的，那就是"演出剧目"问题。

1930 年元月底，梅兰芳率团到达美国。2 月 14 日，应中国驻美公使伍朝枢的邀请，梅兰芳率先到华盛顿参加伍公使特意安排的演出招待会。当晚参加招待会的有除总统胡佛外的其余政府官员、各国大使、地方官绅、社会名流，在美的最高级别的头头脑脑能去的几乎都去了。正在外公干的胡佛总统甚至还颇为遗憾地派人嘱咐伍朝枢，希望梅兰芳能在华盛顿再待两天，等他回来。

在如此高规格的赴美后的首场演出中，梅兰芳的剧目是《晴雯撕扇》。不知为什么，梅兰芳在演出时就预感到这场戏对于美国人来说，实在不易懂得。这个故事发生在端阳节，而外国没有这个节日，由此发生的一系列细节，外国人自然也就无从理解。果不其然，张彭春在观剧后就直言："他们看不懂。"

这时，梅兰芳才意识到剧目的选择至关重要，而只有像张彭春这样精通中西戏剧差异，又熟知西方观众心理的人，才会准确地挑选剧目。同时，张彭春所具有的丰富的现代戏剧知识和西方戏剧的表演程式以及多年导演话剧的经验，都使善于博采众长的梅兰芳感觉到，他不能缺失有着深厚传统戏剧底蕴的齐如山，也需要张彭春的帮助，特别是身处异国，面对的又是完全陌生的文化和观众，张彭春的作用似乎更大。

于是，在梅兰芳的恳请下，张彭春加入进来。首先，他重新选定了剧目，以为外国人对中国戏的要求，希望看到传统的东西，因此必须选择他们能够理解的又含中国传统的故事，同时，由于外国人听不懂中国话，所以又要选择那些做、打多于唱、念的戏。在这种前提下，梅兰芳后来在美国的演出剧目，多集中在《刺虎》《汾河湾》《贵妃醉酒》《打渔杀家》等剧目上，以及《霸王别姬》里的"剑舞"。果然，《刺虎》最受美国人欢迎。

　　其次，张彭春不仅作为梅兰芳的顾问从旁辅佐，更担负了导演的职责。严格算来，张彭春是第一位真正意义上的京剧导演，京剧导演制也由此成立。这其实是梅兰芳的最聪明之处，是他善于接受新鲜事物的又一佐证，也是他从善如流的又一表现。从此意义上看，梅兰芳的成功是必然的。

　　2月17日，梅兰芳在纽约四十九街戏院公开演出。按照导演张彭春的部署，演出次序是：开演之前，张彭春身着燕尾服上台，用英文作总说明，说明中国剧的组织、特点、风格以及一切动作所代表的意义。然后由剧团邀请来的华侨翻译杨秀女士用英文作剧情介绍、说明。接着，梅兰芳才正式亮相。考虑到美国人的时间观念较强，张彭春严格限定时间，包括说明、介绍和每场戏的演出时间，整台演出绝不超过两个小时。时间之准，甚至连美国剧院也不常见。

　　当初张彭春在梅兰芳和"华美协进社"之间架起了第一座桥梁，从而促成梅兰芳访美。如今，他又在梅兰芳和美国观众之间架起了第二座桥梁，

梅兰芳抵达美国后受欢迎场面

从而缩短了中西方的差异，有助于美国观众理解看懂梅兰芳的戏。观众在理解剧情的情况下，又见绚丽的中国红缎湘绣幕布，耳听清亮悦耳的东方管弦乐声，再看那"东方美人"身着华丽彩服，迈着柔柔的碎步扭着纤纤细腰摆动着变化万千的手势，伴随着悠悠扬扬的唱腔，浑身洋溢着无与伦比的美丽和高贵，他们震惊了：遥远的中国果然有如此曼妙的音乐、动人的舞蹈和感人泪下的故事。于是，他们能够给予的，便是无穷无尽的掌声和喝彩。

可以说，梅兰芳在美国的首场演出便大获成功，这从他在每出戏后不得不谢幕多次可见一斑。最后一出《刺虎》结束后，他谢幕竟达15次之多，这在国内也是罕见的。起初他穿着戏装到台前，低身道"万福"。待他卸妆后，观众的掌声仍然不断，他只得穿着长袍马褂再次出去鞠躬。观众发现原先的那个柔声细语、婀娜多姿的美女果然就是男人所扮时，更加疯狂。

其实观众并不仅仅惊奇于男人演女人，这种艺术形式在西方戏剧舞台上也并不鲜见。让他们感叹的是，梅兰芳并非单纯地摹仿女人的一姿一态，

在美国，梅兰芳和齐如山和美国演员合影

而是艺术地再现了妇女的本质和意象。从他的表演中，他们能实实在在地感受到他刻意传达的女性端庄、温柔、秀丽、高雅等艺术特征。因而，他的表演完全超越了男人演女人的表象而更具深层次意义。

梅兰芳继在纽约之后，又移师芝加哥、旧金山、洛杉矶、檀香山等地，一股"梅兰芳热"在美国本土弥漫开来。一些商店将京剧的华丽行头摆在橱窗里展览；在鲜花展销会上，有一种花被命名为"梅兰芳花"；一位女士在三个星期之内，共看了16场梅兰芳演出，犹嫌不足，闻梅兰芳那年正好36岁，便特地买了36株梅树，在自家的大园子里辟出一块地专种梅树，并请梅兰芳破土，还把那块地命名为"梅兰芳花园"。

在纽约的最后一场演出结束后，有人提议上台和梅兰芳握手告别。梅兰芳欣然应允。于是观众按顺序从右边上来，从左边下去，秩序很好，可是梅兰芳握了十几分钟仍然不见观众减少，心里很是纳闷。细一看，原来是很多人握过一次手，下去后又重新排队，又上来握一次。就这样，梅兰芳握手握得没完没了。

美国的普通观众对中国京剧前所未有的狂热，着实让梅兰芳感动不已，他那悬于心口的石头如今总算落了地。同时，美国的新闻界、评论界等专业人士以其职业需要试图冷静和客观，但言语间却也按捺不住对中国京剧和梅兰芳个人的偏好，于是，溢美之辞褒扬之声层出不穷。

梅兰芳成功了，这不仅是他个人的成功，更是中国戏剧的成功。

在美期间，梅兰芳与美国"影坛三杰"的交往最为人称道。"影坛三杰"指的是以演武侠片而闻名全美的道格拉斯·范朋克和有"美国的大众情人"之美誉的他的夫人玛丽·璧克福以及喜剧大师卓别林。

自梅兰芳抵达旧金山之日起，就接二连三地接到范朋克的邀请信，信中恳切期盼他在洛杉矶演出期间一定要去他的别墅小住数日。起初，梅兰芳考虑到住在别人家里多有不便，再三婉拒。范朋克却无论如何不肯放弃，一再去信。盛情难却之下，梅兰芳只好应允，却不曾想他到达洛杉矶后，方知范朋克去了伦敦，而出面接待他的是玛丽。原来，范朋克早有去伦敦的计划，又不敢直言相告梅兰芳，担心梅兰芳因此更加不会去他的别墅了。

欢迎仪式过后，梅兰芳坐上范朋克提供的汽车在市府特派警车的护卫下，先到市政府拜访市长波耳泰，然后直驶范朋克的别墅"飞来福别庄"。因为"飞来福别庄"曾经接待过包括爱因斯坦在内的世界各国的艺术家、科学家、文学家而声名显赫，据说曾有人戏言"飞来福别庄"和"白宫"是 20 世纪 20 年代美国的两个最有名望之家。

梅兰芳住进"飞来福别庄"后，玛丽将整栋楼的钥匙都交给了他，她自己则住到别处去了。不仅如此，玛丽还精心安排饮食，嘱咐厨师每天变换花样。于是那段时期，梅兰芳足不出户却尝遍了世界各地美食。闲时，他还在别墅的游泳池里畅游。即将结束在洛杉矶的演出前，范朋克从伦敦赶了回来。两位艺术家除了交流电影和戏剧外，更多时候是在一起打高尔夫球，范朋克亲自教梅兰芳如何挥杆。

范朋克在见到梅兰芳后的第一句话是问："我妻的招待还满意吗？"梅兰芳笑言："怎么能不满意。太满意了，我们因此而有些不安呢。正想着什么时候有机会报答呢。"范朋克幽默地说："这个机会一定不太远。"果然，在梅兰芳结束访美归国后的第二年的 2 月，范朋克为拍摄纪录片《八十分钟遨游世界》和导演维克多·佛莱明来到北京，真的给梅兰芳提供了"报答"的机会。梅兰芳事先特为范朋克借了一所典型的老北京建筑风格的房子，并请人重新布置，摆上明清两代紫檀雕刻的家具，挂上明清的书画，还聘了一位厨师，专为范朋克做中国菜。

范朋克访华期间，由佛莱明导演，梅兰芳和范朋克合演了两组有声电影。第一组是两人见面的情形，由梅兰芳先用英语说了几句欢迎词，再由范朋克用中文说："梅先生，北平很好，我们明年还要来。"第二组镜头是范朋克穿上梅兰芳送的戏装，装扮成武松的模样，然后做了几个由梅兰芳现教的武生动作，有模有样的。梅兰芳笑言范朋克"是有史以来头一名外国武生扮演一名中国武生"。

又到了分别的时候，梅兰芳除了送给范朋克一些中国土产、文房用品、一套中国式的黑缎团花马褂、蓝缎团花夹袍及武松的全套行头外，还请范朋克转交给其夫人两套旦角服装。20 世纪 70 年代初，在好莱坞的一次电影界宴会上，玛丽身着中国古装惊艳四座。玛丽去世前，又将此服装转赠给了华裔演员、梅兰芳的义女卢燕女士。

梅兰芳一直未与范朋克夫妇断绝联系，在他迁居上海后，还曾收到过范朋克寄来的照片和刻着他名字的香烟盒，但他俩从此再未见过面。

梅兰芳与卓别林的见面因为事先不知情而颇有点戏剧性。那是在梅兰芳抵达洛杉矶的当晚，他应剧场经理之邀到一家夜总会参加酒会，刚刚坐下，便看见不远处走过来一个人似曾相识，正思量着在哪儿见过此人时，剧场经理过来向他介绍说："这位是卓别林先生。"梅兰芳恍然大悟，立即起身。这时，经理又向卓别林介绍说："这位是梅兰芳先生。"两位艺术大师的两双手紧紧相握。卓别林说："我早就听到您的名字，今日可称幸会。啊！想不到您这么年轻，就享这样的大名，真可算世界上第一个可羡慕的人了。"梅兰芳则说："十几年前我就在银幕上看见您。您的手杖、礼帽、大皮鞋、小胡子真有意思。刚才看见您，我简直认不出来，因为您的翩翩风度和舞台上判若两人了。"

于是，这次的酒会成了梅兰芳和卓别林的私人聚会。他俩一边品着美酒，一边畅谈戏剧。梅兰芳说他在卓别林的无声电影里学习到了如何依靠动作和表情来表现人物内心，卓别林则向梅兰芳请教京剧中丑角的表演艺术。这虽然是他俩的第一次见面，却由于有对戏剧的共同追求而彼此毫无陌生感，反而是无拘无束相谈甚欢。

一别六载，两人再度见面是在上海。当时，卓别林的《摩登时代》刚刚杀青，又逢新婚，便携妻子宝莲·高黛（在《摩登时代》里扮演妇女主角）蜜月旅行到达上海。梅兰芳欣然参加了由上海文艺界人士在国际饭店举行的招待会。老友重逢分外亲热，卓别林丝毫不见外地搂住梅兰芳的双肩，感慨道："记得六年前我们在洛杉矶见面时，大家的头发都是黑色的，你看，现在我的头发大半都已白了，而您呢，却还找不出一根白头发，这不是太不公道了吗？"他的话语中不免幽默调侃，但梅兰芳还是从中感受到卓别林颇为不顺的坎坷境遇，便安慰道："您比我辛苦，每一部影片都是自编、自导、自演、自己亲手制作，太费脑筋了。我希望您保重身体。"当晚，梅兰芳陪同卓别林夫妇先观看了上海当时十分流行的连台戏，又马不停蹄地带他们到新光大戏院观看了马连良的《法门寺》。

卓别林只在上海停留了短短的一天，梅兰芳几乎陪了他们一天。也仅仅是这一天，中国永远留在了卓别林的记忆中，以致他回国后在范朋克的招待晚宴上，完全用中文与范氏家的华裔仆人交流，着实令人震惊。

梅兰芳也难忘卓别林。当他于抗战期间退避香港后，经常以看卓别林的电影打发难捱的日子，一部《大独裁者》，他居然陆续看了六次，仍意犹未尽，又催促着两个儿子葆琛和绍武也去看。过后，他还耐心地分析场景，以使孩子们了解其中的政治含义。

1954 年，周恩来出访日内瓦时宴请了正在此地的卓别林，还请他观看了电影《梁山伯与祝英台》。卓别林盛赞中国传统文化，当然特别提到了中国京剧和梅兰芳。梅兰芳闻讯，盼望着与卓别林再有见面畅叙的机会，却因两人先后离世而未能如愿。

长期以来，梅兰芳除了认认真真踏踏实实做人，始终不忘他背负的责任，那就是拯救濒于衰落的京剧、提升戏曲演员的社会地位。因此，他不断地赋予京剧新的内容，但他又从不丢弃传统，他很好地在继承与创新之间找到了平衡点。看他的戏，人们看到的仍然是京剧，但却又是一个不同于传统的全新的京剧，他的艺术功绩有目共睹。

与他的前辈艺人只将眼光聚于梨园只将精力放在自身的"玩意儿"上而疏于关注梨园之外的世界懒于结交圈外朋友不同，梅兰芳是最早与知识分子结交的京剧演员。当然，社会对戏曲艺人的轻视、戏曲艺人卑微的社会地位是梨园界艺人之所以难以跳出小圈子的主要原因。梅兰芳却以为，越是如此就越难摆脱处于社会底层的局面，追求平等是人的权利，而权利又不是天赋的，是需要自己去努力的。于是，他大胆跳出框框、挣脱枷锁，主动结交方方面面人士。他以他谦逊的为人、温和含蓄的性格、不断的创新精神、大度而不计较的处事态度，日渐赢得友谊和尊重。但是尽管如此，有人在对他的称呼上仍然遵循旧例，如："梅郎""小友""艺士""戏子""老板"等，听着实在不大顺耳。

在美国演出期间，梅兰芳从称呼上就感受到这是一个全新的世界。他不再随处都听到"梅郎"或"小友"之类的不雅称呼，取而代之的是"伟大的艺术家""罕见的风格大师""最杰出的演员""艺术使节"等。他很渴望在自己的国度，也能受到如此尊重。

然而，当梅兰芳得知洛杉矶市波摩拿学院鉴于他的艺术成就，欲授予他"文学博士"荣誉学位时，他以其一贯的谦虚，说"实在不敢当"而婉言谢绝了。最早称呼梅兰芳"先生"的齐如山，却本能地以为这个机会有可能成为改变对戏曲演员不雅称呼的质的飞跃，因而他以此为理由再三劝说梅兰芳勇敢地接受。梅兰芳联想到与他交谊不错的樊樊山在赠给他诗文书画时也不愿称兄道弟，更不愿意称呼其"先生"，却又知道戏界忌讳"伶人""小友"等称呼，权衡之下后使用了"艺士"这么个有点怪异的称呼。

这多少让梅兰芳有些不舒服，只是他的脾气不似谭鑫培、陈德霖暴烈。传说谭、陈二人曾经收到一幅书画，只因为上面有"小友"二字，便当场撕毁，以表明自己坚决不接受这样不恭敬的称呼。如此想来，加上齐如山又说"如今你有了博士衔，则大家当然都称博士，既自然又大方"，梅兰芳终于有些心动。

其实，"博士"这个称呼虽然是授予梅兰芳个人的，但在梅兰芳看来，它更像是一种标志，标志着西方人士接受了中国京剧，标志着他个人已不仅是个京剧演员，而已跻身于世界文化名人之列。同时，这也不但为自己、为京剧，更为祖国争得了荣誉，也将给其他戏曲演员以自信，让他们明白，京剧演员一样能

梅兰芳在美国戴上博士帽后手持博士荣誉学位证书照

以自己高超的技艺赢得世界性的荣誉。如此，客观上也提升了京剧演员的社会地位。

这时，提议授予梅兰芳博士学位的波摩拿学院院长晏文士知道梅兰芳素来谦虚，又亲自来做工作，赞扬梅兰芳此行宣传了东方艺术，联络了美中人民之间的感情，沟通了世界文化，被授予"博士"荣衔是当之无愧的。

于是，在美国的土地上，在波摩拿学院礼堂，在千余师生和来宾的见证下，来自遥远东方的中国京剧艺术大师梅兰芳被戴上了"博士帽"、穿上了"博士服"、披上了"博士带"，欣然从晏文士院长手中接过文学博士学位证书。数日后，他又到南加利福尼亚大学，接受了由该校颁发的文学博士学位证书。

美国驻华使节袭林·阿诺德早在 1926 年就曾说过这样的话："我们赞扬梅兰芳，首先由于他那卓越的表演天才，其次由于他在提高中国戏剧和演员在社会上的地位所做出的重要贡献。"

梅兰芳这一次赴美演出，历时半年，先后访问了西雅图、纽约、芝加哥、华盛顿、旧金山、洛杉矶、檀香山等城市，共演出 70 多场，大多数满座，其余上座率也有七八成，可见其盛。他与美国各界的文化交流更是频繁，因此，有美国观众说："梅这次演出是 1930 年美国'戏剧季'的最高峰，也是自意大利著名演员爱丽奥诺拉·杜丝的演出，和莫斯科艺术剧院演出契诃夫戏剧以来，任何一个'戏剧季'的最高峰。"所以，他的这次访美是取得巨大成功的。

结束在檀香山的演出后，这年 7 月，梅兰芳一行乘"浅间丸"号轮船回到上海。一来为了答谢上海各界朋友对他这次访美的支持与帮助；二来也是为了休养，毕竟在美奔波数月，既要演出又要会见各界人士，实在是疲惫不堪。因此，他没有及时返回北平，而是在上海逗留了一段时间。

次月月初，梅兰芳返平途中经过天津时，接到噩耗，他的伯母（即梅雨田之妻）去世了。因为他肩挑两房，伯母也就是他的挑母。尽管幼时，伯母对他很严厉，但他始终感念伯母的养育之恩。得到消息后，他马不停蹄，立即赶了回家。随后，梅家办丧事，一切陷于悲凄之中。

正是这次的丧事，引发了孟小冬戴孝风波。可以说，这是他俩分手原因之一。

对此，自称跟梅兰芳交情深厚的吴性栽（笔名槛外人）这样回忆道：

> 当时梅跟孟小冬恋爱上了，许多人都认为非常理想，但梅太太福芝芳不同意，跟梅共事的朋友们亦不同意。后来梅的祖老太太去世，孟小冬要回来戴孝，结果办不到，小冬觉得非常丢脸，从此不愿再见梅。有一天夜里，正下大雨，梅赶到小冬家，小冬竟不肯开门，梅在雨中站立了一夜，才怅然离去。所以梅孟二人断绝来往，主要在孟。

这段回忆中，有一个错误，那就是并非"梅的祖老太太去世"。梅孟之恋发生于1926年，而梅兰芳的"祖老太太"，即祖母早在1924年就去世了。老太太去世后不久，梅兰芳应邀赴日，在抵达门司后曾经公开发表谈话，讲了来日演出的目的，其中一句话是："今年夏天，我祖母去世了，目前我还在服丧期间，但我还是特地到日本来了。"

关于戴孝风波，吴性栽只说了一句："孟小冬要回来戴孝，结果办不到。"据说，当时的情况是，梨园艺人们纷纷前往梅家吊唁，有"四大名旦"中的程砚秋、尚小云、荀慧生，还有"五大名旦"之一之称的名旦徐碧云，以及王蕙芳、姚玉芙、魏莲芳、王少楼、王少卿、王幼卿等。每个人都身着孝服，进了灵堂，烧了香，磕了头。可是，当孟小冬头插小白花，神情哀伤地来到梅家大门口时，却被人拦了下来——连门都不让进。

这个时候，孟小冬自认身份和其他人不一样，她是梅兰芳的妻（她不可能承认她是妾），死者是梅兰芳的桃母，而她孟小冬就应该是桃母的媳妇，媳妇给婆婆戴孝不是理所当然的嘛。然而，正是因为她的身份，所以她才不能像其他梨园艺人那样进梅家吊唁。这是她想不通的地方，也是她万分气愤的理由。她认为，是梅兰芳正宗的妻子福芝芳从中作梗。

尽管孟小冬自以为她嫁梅兰芳，有媒人，有婚礼，有证婚人，也拜了天地，算得上是明媒正娶，但在很多人看来，特别是在福芝芳的眼里，他们的这个所谓婚姻，从来没有被承认过——否则，他们为什么躲躲藏藏了那么长时间，而不敢将关系公开？孟小冬所期望的"两头大"，更没有被肯定过。既然福芝芳始终没有认可孟小冬的身份，又如何能让她以梅兰芳妻的身份为桃母戴孝呢。

一向心高气傲的孟小冬被堵在梅家大门口，又引来不少人的围观，自觉面子大失。她福芝芳可以不承认，他梅兰芳难道可以不承认吗？又急又气的孟小冬不是暂且忍辱负重、委曲求全，而是选择了反抗：她厉言要求面见梅兰芳。令她万万没有想到的是，梅兰芳没有站在她一边为她据理力争——他本来就不是这样的人。他性情温和，从来不做撕破脸皮的事，更主张息事宁人。

梅兰芳好言相劝，让孟小冬离开。他的本意可能是为了不让福孟双方针锋相对，这应该是当时处理事端的最佳方式。但是，在孟小冬看来，梅兰芳不帮她说话，也让她难堪。这使她备受打击，自尊心也受到极大伤害。她突然发现，她最心爱的男人，其实也没有把她当回事。她开始怀疑，她在他的心目中，究竟是怎样的身份，妻？妾？她也终于有所醒悟，此时的她，别说是梅兰芳身边最亲密的人，甚至连一般人都不如，他们都能进门参加吊唁，唯独她不能。

绝望啊！孟小冬满脑子都盘绕着"绝望"两个字。她走了，不单单是离开了梅家，而是走出了北平，一下子就走到了天津。她在天津的一个姓詹的朋友家住了下来。詹夫人是个佛教徒，每天烧香念佛。孟小冬想起了她小时候曾经常常跟母亲进庙烧香拜佛。此时，她还不是佛教徒，但是，现在也只有青烟香烛能够平复她心烦气躁的阴郁心情了。于是，她投入佛的世界，以寻求心灵慰藉。

至于吴性栽所说，后来"梅兰芳在雨中站立了一夜"，似乎不太可信，倒更像是小说家言。就梅兰芳当时的年龄、身份和地位，他会那么做吗？

又两个月后，天津闻人朱作舟主办辽宁水灾赈灾义演，邀请了包括梅兰芳、杨小楼等在内的京城名伶。还在天津的孟小冬得闻梅兰芳将来津，并无欣喜之情。有好事者有意撮合他俩，拟让两人再次合作，孟小冬冷冰冰地拒绝了。因为是赈灾义演，孟小冬不好回绝，但只同意和尚小云合作。梅兰芳唯有无可奈何。

不久，孟小冬之母也到天津，再三劝和，两人似乎又重归于好，孟小冬随梅兰芳返回了北平。但是，破镜是难以重圆的，他俩之间的裂隙早已难以弥合。重归于好，只是假象，半年多之后，两人终于正式分手。

感情总是两个人的事，梅、孟之间关系究竟如何，外人很难真正辨得清楚。于是，关于他俩分手的确切原因，便有了许多猜测。

有人说，是"血案"造成的。"血案"发生在 1927 年，他俩正式分手，是在 1931 年年中。这么说来，"血案"和分手似乎并没有必然的因果关系。

有人说，是"戴孝风波"引发的。严格来说，这次事件更多的是在两人分手的天平上增加了砝码，似乎也算不上是直接的原因，毕竟在此之后，他俩又在一起生活了半年多。

有人将原因归结于孟小冬"是个涉世不深、不足 20 岁的单纯、幼稚姑娘，对一切事物都看得不深不透"。可以将这样的说法理解为：单纯幼稚的孟小冬被梅兰芳骗了。这个说法更加牵强。孟小冬自幼学戏，六七岁时就开始"跑码头"，是个在复杂混乱的梨园行摸爬滚打长大的姑娘，而非一位养在深闺、菽麦不辨的温室花朵。

还有人说梅兰芳在访美期间，孟小冬不耐寂寞，又生出新的恋情。梅兰芳得知后，斩断了情丝。此说，很多"孟"派大不以为然，甚至根本不予承认。如果说支持此说的人因为没有公开"新的恋情"的确凿证据而不那么理直气壮、不那么具有说服力，因此授人以

《大公报》上刊登的"孟小冬启事"

柄的话，那么，反对此说的人也不能因为如此就义正辞严地断然否认，因为谁也不可能了解事实的全部。"新的恋情"是什么？显然不是结婚、公开同居，有的只可能是情愫暗生、眉目传情。既然如此，不明真相的人又如何能武断地说"是"或"不是"呢。

可以确定的是，此说显然暴露出泾渭分明的"梅""孟"两派。"梅"派出于保护梅兰芳，将两人分手的原因归于孟小冬；"孟"派却不甘如此，不能容忍心中的女神名誉受损，而奋起反击。在没有利益关系的外人眼里，孟小冬到底有没有新的恋情，很难说，或者说，不知道，或者说，不清楚。

据说，孟小冬在与梅兰芳分手后不久，就和一个"地位极高"的军人关系密切。不过，正如当时的上海某报所称："孟对外界极端保密。"因此，关于这个军人是谁，地位如何高，孟小冬与之关系密切到何种程度，两人之后有无发展等，外界都一无所知。

有史料说，1931年，在孟小冬聘请的郑毓秀律师和上海闻人杜月笙的调停下，梅兰芳付给孟小冬4万块钱作为赡养费。也有人说，梅兰芳给孟小冬钱，是他访美后回到北京时，得知孟小冬在天津欠了债，于是给了她几万块钱。不管怎么说，给钱是事实。孟小冬收了钱，却似乎并不领情。

在两人分手两年之后，即1933年——他们是1931年分手的，也就是梅兰芳访美归国后近一年——且早已一个生活在天津、一个迁居到上海，孟小冬竟在天津《大公报》头版，连登3天"紧要启事"，似乎因为不堪忍受别人针对她的"蜚语流传，诽谤横生"，为使社会"明了真相"，而略陈身世，并警告"故意毁坏本人名誉、妄造是非、淆惑视听"的人，不要以为她是一个"孤弱女子"好欺负，她不会放弃诉之法律的"人权"云云。

本来孟小冬的这一公开声明，应是针对那些败坏她名誉的人的，可大概是那些人在她看来，是站在梅兰芳一边的，因此迁怒于梅兰芳，将他视作冤头债主，《启事》中，也就有点儿出言不逊了：

> ……经人介绍，与梅兰芳结婚。冬当时年岁幼稚，世故不熟，一切皆听介绍人主持。名定兼祧，尽人皆知。乃兰芳含糊其事，于祧母

去世之日，不能实践前言，致名分顿失保障。虽经友人劝导，本人辩论，兰芳概置不理，足见毫无情义可言。冬自叹身世苦恼，复遭打击，遂毅然与兰芳脱离家庭关系。是我负人，抑人负我，世间自有公论，不待冬之赘言。

从这段话中，可以清晰地看出，梅、孟分手，乃孟小冬自认为梅兰芳"负"了她。也就是说，她当初同意嫁给梅兰芳，是因为梅兰芳答应给她名分，但是后来，梅兰芳"不能实践其言"。换句话说，她嫁了之后，没有如愿得到名分。也看得出来，她是有些怨恨梅兰芳的。那么，梅兰芳该不该给她名分呢？究竟是不是梅兰芳出尔反尔呢？不论其他，但从法律上说，无论梅兰芳内心愿望如何，他都不可能给孟小冬名分。

民国时，法律虽然并不禁止纳妾，但反对重婚，推行的是"一夫一妻"制。既然娶妾并非婚姻，所以纳妾行为并不构成重婚。也就是说，在婚姻存续阶段，一个男人只能纳妾，而不能另外娶妻，否则，构成重婚。王明华去世后，福芝芳扶了正，成为梅兰芳法律上的妻子。在这种情况下，梅兰芳又娶孟小冬，孟小冬的身份从法律上说，只能是妾，而不可能是妻。

梅兰芳是一位爱惜羽毛的人，也一直努力做一个有情有义的人，何况他当时，名气、地位都如何了得，如今却被人公开骂作"毫无情义可言"，应是如何恼火；孟小冬这一来，将给他的名誉带来怎样程度的负面影响，应是如何气愤；而破口骂他的人，乃是自己曾经深爱过的，这又使他如何尴尬，都不难想见。他完全可以从维护自己的名声出发，撰文加以驳斥，可是他却没有那样做。由此即便不能足见他对孟小冬的情

嫁给梅兰芳之后的孟小冬

义，也足见他的涵养与宽容了。

孟小冬在《启事》里，加重语气说到那桩劫案：

> 数年前，九条胡同有李某，威迫兰芳，致生剧变。有人以为冬与李某颇有关系，当日举动，疑系因冬而发……冬与李某素未谋面，且与兰芳未结婚前，从未与任何人交际往来……冬秉承父训，重视人格，耿耿此怀，惟天可鉴。今忽以李事涉及冬身，实堪痛恨！

她说她"与李某素未谋面"，并非事实。有人言之凿凿地说，他们不但谋过面，而且李某还曾数次出入孟府。也许李某是单恋孟小冬，孟小冬对李某并无其他想法。但是，为解脱自己与"血案"的关系而杜撰"素未谋面"，显然不合适，也无论如何不能以时过境迁早已忘记了此人作为借口。

看得出来，孟小冬在此，只知自己怒不可遏，却不顾甚至不知梅兰芳也同样在为那桩劫案承受来自社会的巨大压力。她是如此任性与烈性，也使人略窥两人不得长久的部分原因了。

与杜月笙

忍见双飞劳燕

梅兰芳创办「国剧学会」

《戏剧月刊》为四大名旦排座次

盛大的杜家堂会

早在1925年，孟小冬结识杜月笙

婚姻受挫，孟小冬拟绝食自尽

梅、孟分手，杜月笙从中调解

在与孟小冬重归于好到正式分手的这半年多时间里，梅兰芳没有被感情所牵绊。换句话说，感情问题只是他生活中的一小部分，他更愿意将大部分精力和时间用于艺术实践和理论研究。1931 年，他遭遇了情感挫折——跟孟小冬分手，但也就在这年，他参与创办了国剧学会，他第三次赴香港演出，他以他无可争辩的艺术成就，在四大名旦中位列首席。

众所周知，京剧四大名旦是梅兰芳、程砚秋、尚小云、荀慧生。其中的程砚秋曾经是梅兰芳的弟子，拜过梅兰芳为师，因此，他俩的关系亦师亦友。程砚秋是难得的非常有思想有头脑肯钻研的京剧演员，他关注局势、关注社会，非常注重在剧目中引入政治思想。所以，"程派"戏极具思想性。与此同时，他也很重视将实践提高到理论的高度，他是第一个有明确戏剧观的京剧演员。之所以如此，固然和他本人的性格有关，也因为受到周围朋友的影响。

程砚秋周围的朋友，李石曾是很重要的一个。他和梅兰芳的编剧齐如山一样，也是高阳人，原名李煜瀛，石曾是他的字，笔名真民、真石曾，晚年自号扩武。他出生于晚清的一个显赫官宦人家，其父李鸿藻在清同治年间任军机大臣。他 6 岁时即熟读诗书，有很深的国学基础。据传他年幼时曾被父亲带到慈禧太后面前，慈禧见他行礼如仪，还夸他日后必有出息。也不知道是不是慈禧料事如神，李石曾果然在中国历史上留得一名。

如今提起李石曾，人们有两个方面的记忆：他与张静江、吴稚晖、蔡元培四人被称为"国民党四大元老"；他是第一个留法学生，并和蔡元培开创了赴法勤工俭学运动。

程砚秋与李石曾交往，在思想上和政治主张上都深受其影响。不仅如此，也因为李石曾给予的难得的机会，使他由原先单纯的戏剧实践，开始转向戏剧理论方面的研究，以及对戏剧教育方面的探求。这个"机会"，就是出任中华戏曲音乐院南京分院的副院长。

李石曾利用庚子赔款创办了一系列教育场所，其中有温泉中学和中华戏曲音乐院。他自任中华戏曲音乐院院长，邀请金仲荪、齐如山担任副院长。该院分北平戏曲音乐分院、南京戏曲音乐分院。北平分院的院长由齐如山兼任，副院长是梅兰芳；南京分院的院址设在北平，院长由李石曾兼任，副院长是金仲荪和程砚秋。李石曾之所以聘请程砚秋为副院长，当然不只是因为他俩有相近的政治主张，他看中的是程砚秋对于戏曲音韵方面的独特见地和研究。

北平分院成立后，仅设立了一个院务委员会，由冯幼伟任主任委员，梅兰芳、余叔岩、李石曾、张伯驹、齐如山、王绍贤为委员。但是，该分院却没有实施任何具体的计划。因此，收藏家、诗词家、书画家、著名票友张伯驹事后回忆说，北平分院实际上"徒具空名"。

南京分院的工作却卓有成效。在音乐院设立南、北分院后，中华戏曲专科学校隶属南京分院，首任校长是焦菊隐，教务长是林素珊（焦菊隐之妻）。后来接替焦菊隐担任校长的是金仲荪。最早创办的培养京剧人才的专门学校是1919年张謇、欧阳予倩在南通设立的伶工学社，在它之后，就是中华戏曲专科学校。

与南通伶工学社不同的是，该校男女生合校，这是戏曲教育史上的一个创举。与南通伶工学社的教育模式相近的是，该校也以教授京剧为主，兼授文、史、算术、英文等文化课。京剧老师有迟月亭、高庆奎、王瑶卿、朱桂芳、郭春山、曹心泉等知名京剧演员；文化课教师有著名学者华粹深、吴晓铃和剧作家翁偶虹等。在平时的教学中，学校一方面破除梨园的陈规陋习，一方面大量排演新戏，并给学生更多的演出实践机会。作为南京分院的副院长，程砚秋自然很关心中华戏曲专科学校的建设，也很关心学生的成长，经常"让戏"给戏校学生。

南京分院下设的第二个机构是戏曲研究所，地点设在中南海清末大太监李莲英的曾经居所"福禄居"。程砚秋时常和徐凌霄、王瑶卿、陈墨香、曹心泉等在这里研究戏曲，锐意改革。

第三个机构是《剧学月刊》社。这是一本戏曲理论研究的专门刊物，被称为是我国现代最有影响的戏曲理论刊物之一。主编是徐凌霄。程砚秋和金仲荪、陈墨香、刘守鹤、王泊生、邵茗生、焦菊隐等都是该刊的主要撰稿人。当时，南京分院在创办这本刊物时，对外宣称的办刊"宗旨"是

"本科学精神，对于新旧彷徨、中西糅杂之剧界病象、疑难问题谋得适当之解决，用科学方法，研究本国原有之剧艺，整理而改进之，俾成一专门之学，立足于世界艺术之林"。于是，出于研究的需要，刊物分设论文、专记、研究、曲谱、古今剧谈、京剧提要等栏目，每期登载大量有关京剧历史、剧目、舞台艺术、角色分析、脸谱阐述等方面的文章，有较高的学术价值和理论性。

程砚秋最著名的一篇论文是《话剧导演管窥》，刊登在《剧学月刊》1933 年第 2 卷第 7、第 8 合刊及第 10 期上。这是他在欧洲考察归国后，对话剧导演理论的总结。全文长约 6 万字，从导演权威、修养和分工、剧本选择、演员、排演、副导演、美术导演、布景、服饰、灯光、道具、化妆、发声、舞台管理等方面，进行了全面细致的分析和研究。由此可以看出，此时的程砚秋已经不再局限于京剧的实践和研究，他将研究的触角伸向了其他艺术门类。艺术是相通的，特别是话剧与京剧，更有密不可分的联系。早期京剧改良运动时，就从话剧中汲取了许多现代元素。另外一个方面，他对京剧之外的话剧导演的研究，也表明他似乎有意要摆脱单纯"演戏的"身份，而转向成为研究者、学者。这恐怕也是他争取社会地位的另外一种方式吧。

南京分院工作的轰轰烈烈、热热闹闹给"徒具空名"的北平分院造成了很大的压力。因为北平分院的副院长是梅兰芳，南京分院的副院长之一是程砚秋。与此同时，外界盛传程砚秋以副院长的身份，将要游学欧洲五国，所有经费来自于李石曾所控制的庚子赔款。于是，有人认为程砚秋"有凌驾其师而上之势"，更对李石曾全力扶持程砚秋，而不顾梅兰芳，表示极大的不满。

实际上，在两年前梅兰芳准备赴美演出而为经费发愁时，李石曾曾联合银行界友人，与齐如山、周作民、司徒雷登、王绍贤、傅泾波等人四处奔走，最终在北平为梅兰芳募捐了 5 万元。也就是说，从李石曾的内心来说，他的确没有故意压梅抬程。但是，程砚秋与他政治主张相投，他理应与程砚秋走得更近些。不过，当有人问李石曾，何以如此大力支持程砚秋，无论如何，北平分院也隶属中华戏曲音乐院，庚款却独独流向程砚秋所在的南京分院，而梅兰芳所在的北平分院却囊中羞涩呢？李石曾苦笑道："非我之故！乃张公权之所托耳！"

"张公权"即张嘉璈。此时，张嘉璈任国民政府交通部部长。之前，他和"梅党"成员之一的冯耿光分任中国银行副总裁、总裁，各领一军，不能相容。宋子文入股中国银行 8 千万元并任董事长后，支持张嘉璈任中国银行总裁，冯耿光被排挤。张、冯二人更加势同水火。长期以来，冯耿光一直是梅兰芳身后的经济后盾。既然如此，又因为老友罗瘿公的关系，张嘉璈当然支持梅兰芳的"劲敌"程砚秋。他先出资支持李石曾开办农工银行，继而暗托李石曾用所掌控的庚款力捧程砚秋。

这似乎是公开的秘密，因此梨园界、银行界都有"张冠李戴"之说。

所以说，如果梅兰芳、程砚秋这对师徒真的始终在"明争暗斗"的话，那么，其背后的原因也是因为巨商、政客之间的权力之争而无形中造成的。

梅兰芳的支持者因为对程砚秋的不满，对李石曾的不满，替梅兰芳大鸣不平之下，又有为梅兰芳保全面子、以壮梅兰芳声势的意思，鼓动张伯驹约梅兰芳、余叔岩合作，发起组织了北平国剧学会。学会经费来源于募得而来的各方捐款 5 万元，于 1931 在虎坊桥 45 号成立。

"国剧"一词来源于"五四"时期钱玄同的一篇文章，他这样写道："其要中国有真戏，这真戏自然是西洋派的戏，绝不是'脸谱'派的戏。……引进西方戏剧理论与舞台艺术方式以研究戏剧艺术，从而建立一种新的'国剧'取而代之。"当时的反对派对此观点立即加以驳斥，他们认为所谓"国剧"指的是"上自院本、杂剧、传奇，下至昆曲、皮黄、秦腔等中国旧有戏剧"，对国剧应当"全盘继承，完全保存"。"国剧"一词由此而来。

余上沅、熊佛西、闻一多、赵太侔等留美学生在美国提出过"国剧运动"的口号。1925 年，余上沅、闻一多、赵太侔回国后，在徐志摩的支持下，在北京国立艺术专门学校开办戏剧系，创立"中国戏剧社"，次年又在北京《晨报》副刊开办专门讨论国剧问题的《剧刊》，《剧刊》虽然只维持了 3 个多月，但在《剧刊》上发表的文章后来被新月社汇编成《国剧运动》一书出版，书名是由胡适题写的。但这一切有关"国剧"的运动并未引起社会关注，直到 1931 年，北平"国剧学会"成立，才将国剧运动推向一个新的阶段。

据梅绍武先生回忆，为创立国剧学会，梅兰芳曾一连三次分批宴请各界人士，征求意见，集思广益。当他向张伯驹商议该请哪些人来主持会务活动时，张伯驹以自己和余叔岩均不善于经营为由主张请办事认真、又老成持重的人来做。梅兰芳便又邀请了齐如山、傅芸子等人共同商议。

"国剧学会"这个名称到底是由谁提出的，是由张伯驹约梅兰芳、余叔岩出面组织的，还是齐如山自己所说是由他约他俩的，现在已经无法得到求证，但可以说，国剧学会的创办人应该包括梅兰芳、余叔岩、张伯驹、齐如山、傅芸子等。经过大家商议，学会下设四个组：

教导组：由梅兰芳和余叔岩负责主持教学工作；

编辑组：由齐如山、傅芸子负责主持文字整理和印刷工作；

审查组：由张伯驹和王孟钟负责主持研究提高工作；

总务组：由陈鹤孙、陈亦侯（一说白寿之）负责主持联络工作。

北平虎坊桥 45 号是一所很大的房子，内建戏台一座，四周墙上挂着梅兰芳收藏的数十幅清廷升平署扮像谱。学会成立那天，到会祝贺的有李石曾、胡适、袁守和、于学忠、溥西园、刘半农、刘天华、梁思成、焦菊隐、王泊生、王梦白、管翼贤、徐凌霄等各界人士数十人。成立大会选出梅兰芳、余叔岩、齐如山、张伯驹、李石曾、冯幼伟、周作民、王绍贤、陈亦侯、王孟钟、陈鹤荪、白寿之、吴震修、段子均、陈半丁、傅芸子为理事，王绍贤为主任。

为祝贺学会成立，当天有一场别开生面的演出。演出开始还是沿用旧办法，从跳男女加官开始，接着跳财神，再跳魁星，最后跳灵官。剧目有《庆顶珠》《捉放曹》《芦花荡》《阳平关》《铁笼山》《女起解》，大轴是《八蜡庙》。在《八蜡庙》里，诸角皆反串，梅兰芳戴上白胡子，反串武老生，饰老英雄褚彪，这是他首次戴髯口。演出虽然很轰动，但也遭来非议，有人责问梅兰芳："你们闹什么？都是反串，学会成立第一天，不严肃。"梅兰芳很平静地解释了他们的初衷："一来是为学会成立助兴，大家一乐；二来是从反串中可以看出，一个角儿并非单会本行，对各行当的基本功都掌握了，可以为后学者做个榜样。"

果然，一次反串戏给国剧学会带来了好名声，大家议论说："国剧学会是提倡练真功夫的，连票友都功底不错。"

与程砚秋任副院长的南京分院附设一个戏校，一个戏曲研究刊物这两个机构相仿，国剧学会也下设一所介于科班和票房之间的教学组织"国剧传习所"和两种戏剧理论刊物《戏剧丛刊》《国剧画报》。

梅兰芳早在 1919 年初次访日后，就定下三个心愿：创办学校、建立新剧场、编演新戏。有齐如山等"智囊团"成员的鼎力帮助，编演新戏的愿望早已实现。创办学校、建立剧场并非易事，这不仅有精力所限，更有财力方面的困扰。在筹备成立国剧学会时，梅兰芳就提出国剧学会附设一所教学机构。起初，他们想办一个科班，但因为办科班费用昂贵且班期时间太长，于是作罢；又想办一间票房，但考虑到票房虽也请人教戏，但总归是朋友聚会消遣的性质，不能达到培养下一代的目的。思量再三后，他们决定设立一所介于科班和票房之间的教学组织。国剧传习所由此诞生。

国剧传习所是国剧学会里教导组的一部分，招收的学员有一定的演戏基础，年龄在十六七岁以上且过了倒仓期。传习所主任由徐兰沅担任。1932 年 5 月 12 日，国剧传习所举行开学典礼，梅兰芳致开幕词，王搏沙、徐凌霄、陈子衡、余上沅分别作了《戏剧救国》《戏剧与观众》《戏剧之革命》《国剧传习所的意义》等讲演，当时正访华的法国戏剧家铎尔孟也参加了开学典礼并发了言。最后，梅兰芳致闭幕词，鼓励学员"一要敬业乐群，二要活泼严肃，三要勇猛精进"。

国剧传习所共收了 70 名学员，分为：

老生组：余叔岩、徐兰沅负责。余叔岩因抽大烟，白天经常起不来，所以唱功身段另请人教授，重要的大段唱功，有时则由徐兰沅代说，好在徐兰沅曾经为谭鑫培拉过胡琴，对谭腔很熟悉。

青衣组：由梅兰芳、孙怡云负责。

小生组：由程继先负责。

丑行：由萧长华负责。

净行：由胜庆玉负责。

音乐组：由汪子良负责。

梅兰芳也亲自参加教学。据后来成为上海夏声戏剧学校骨干的郭建英当年所记笔记可以看出，梅兰芳当时讲课内容不仅丰富而又细致，细到每一个细节都不放过，大到身段，小到眼神、手指、脚跟，他都一一讲解，毫不保留。不仅如此，他在讲授每一个具体动作时，都亲自示范，并逐一纠正学员姿势。当讲到旦角如何走一字形路时，他领着学生一遍遍地走，足足走了数十遍；当讲到双手的各种表示时，也是领着学员练习多次。如此一节课讲下来，他已大汗淋漓，衬衫都湿透了。

这个时期的梅兰芳刚从美国载誉归来，头顶"大艺术家""风格大师""世界名人"的头衔，正是春风得意、踌躇满志之时。然而他并没有被既往的荣誉冲昏头脑，也没有躺在成就簿上沾沾自喜，他的内心仍然被追求、理想、向往所充实。此时，他的追求已不单是为他个人再添一把火，而是为了使京剧名副其实地代表国剧而努力，还为了有更多的接班人将国剧继续下去并发扬光大。

为贯彻国剧学会的"以纯学者之态度、科学方法，为系统地整理与研究，期发挥吾国原有之剧学"的宗旨，以达到"阐扬吾国戏剧学术"的目的，国剧学会还编辑出版了《戏剧丛刊》和《国剧画报》。

《戏剧丛刊》的发起人有梅兰芳、齐如山、胡伯平、段子君、黄秋岳、傅芸子、傅惜华。该刊主要内容包括：

一、有关戏曲历史的研究与考证；

二、戏曲表演艺术及服装、脸谱、切末等方面的系统研究；

三、翻译介绍欧美各国研究中国戏曲的文章。

另外，有时还刊登珍稀剧本、根据善本勘校旧籍剧本、评介与戏曲有关的著作和刊物等。主要撰搞人有张伯驹、齐如山、傅惜华等。

《戏剧丛刊》原定每年出 4 期，可始终没有按期出过。论及原因，齐如山说："一是写这种文章的人太少，很难得写一篇；二是订的办法太讲究，必须用连史纸，且用线装，因此用钱较多，经费更难筹划。"因此，该刊陆陆续续一共出了 4 期后就停了。

考虑到《戏剧丛刊》虽然也有些图片，但主要还是以文字为主，因此，国剧学会又编辑出版了《国剧画报》，以"刊登有研究价值的戏曲文献资料图片为主，附以戏曲评论文章"。评论文章"不但不登捧角骂角的文字，连观剧记，戏评等，倘没什么意义，也不采录。而所登文章都要有研究性，间乎游戏小品也与文学有关"。根据此，在《国剧画报》上刊登的文章有齐如山的《京剧之变迁》、懒公的《谭剧杂记》、清逸居士的《票友之艺术》、岫云的《鞠部轶闻》等，以及余叔岩撰写的总结自己表演经验的文章。

既然是画报，自然以刊登图片为主，《国剧画报》上刊登的图片有：齐如山拍摄的"北平精忠庙梨园会所壁画"，余叔岩收藏的沈蓉圃所绘程长庚、徐小香、卢胜奎之《群英会》，朱遏云搜集的升平署文献，梅兰芳珍藏的明清脸谱以及清宫和各省的戏台，与戏剧有关的风景，梨界人士的纪念物，各代名伶照片，清宫内各种旧行头，清宫演戏所用之切末等，其中有许多是相当珍贵的资料。

"九·一八"事变后，形势日紧，次年春，梅兰芳被迫南下，迁往上海，国剧学会因此停止活动，只在虎坊桥会址陈列一些戏剧资料。国剧学会虽然只维持了短短一年多时间，但对戏剧理论研究工作的推动是毋庸置疑的。

早在 1928 年，上海创刊了一本杂志，取名《戏剧月刊》（一共出了 36 期），主编刘豁公。《戏剧月刊》一经面世，即引起广泛关注，并且深受剧界好评。原因是它是全国唯一的一本以京剧为主要内容的杂志，又有全新的创刊目的及宗旨，如刘豁公所说："我以为戏剧这种东西，从表面上看来，好像只能供给人们娱乐，而其实它的力量确能够赞扬文化，提倡艺术，补助社会教育的不足，反之也能增进社会的恶德。因此，对于戏剧的细胞和性能，当然就有缜密研究的必要。"

正因主编有此觉悟和认识，该杂志所刊登的评论文章也就多有文化含量。不仅如此，该刊文章还以简炼精辟是求。其次，该刊容量大——每期平均数十万字的篇幅；内容丰富——有轶闻、掌故、戏园变迁、演员生平、剧评、剧论、词曲、脸谱、剧本等；发行范围广——除上海本地外，还发往广州、梧州、汕头、香港、汉口、长沙、北平、沈阳等地；撰稿人著名——有漱石生、红豆馆主、郑过宜、刘豁公、吴我尊、姚民哀、周剑云、周瘦鹃、梅花馆主等。

1930 年，在梅花馆主的提议下，《戏剧月刊》举办了一个关于"四大名旦"的征文活动，这个活动的全称是"现代四大名旦之比较"。

经过一系列的筹备工作，征文活动正式起始于 1930 年 8 月。为此，主编刘豁公在《戏剧月刊》第 2 卷第 12 期的"卷头语"中，刊发了一则征文启事，首次以文字形式明确了梅兰芳、尚小云、程砚秋、荀慧生为"四大名旦"。

所谓"之比较"，说穿了，就是一个论高低、排座次的问题。《戏剧月刊》的那则征文启事，因为是第一次以白纸黑字的形式，公开称呼"四大名旦"，因此"梅、尚、程、荀"被认为是最早的排序。其实并非如此，最早为他们四人排序的，是剧评家舒舍予。在 1928 年的时候，他在《戏剧月刊》上发表了一篇文章，名《梅荀尚程之我见》。这里，他没有用"四大名旦"这个词，但实际上已经为大众提供了"四大名旦"的信息。

从舒舍予的那篇文章题目中，可以发现，他的排序是：梅、荀、尚、程。但是，这不是他的最终排序结果。他实际上是以不同的情况，进行了多种排序：

以年龄大小论，就是梅、荀、尚、程；

以成名先后论，改为梅、尚、荀、程；

以声誉名望论，又成梅、程、尚、荀。

这也就意味着，《戏剧月刊》的"梅、尚、程、荀"就属于第 4 种排序。

无论是舒舍予，还是《戏剧月刊》，他们对"四大名旦"的排序，有"一厢情愿"的意思，都是出于个人的理解，比较主观。"征文活动"之后，四大名旦的排序，发生了变化。这种"变化"是在理性分析之后产生的，因此多了些科学性。

征文活动历时数月，1931年1月，刘豁公在《戏剧月刊》第3卷第4期的"卷头语"中，这样写道："梅、程、荀、尚'四大名旦'的声色技艺，究竟高下若何，那是一般的顾曲周郎都很愿意知道的。我们编者本可以按着平时观剧的心得，作一个忠实的报告，但恐个人的见解，不能代表群众的心理，为此悬赏征文，应集诸家的评论，择优刊布，以示大公。本期刊布的共计3篇……"细心一些的话，可以发现，《戏剧月刊》对四人的排序已经由征文前的"梅、尚、程、荀"转变为"梅、程、荀、尚"了。这新的排序，来源于什么呢？

《戏剧月刊》是研究性很强的京剧专业理论刊物，读者群并不广泛。"研究之比较"这样的征文，带有研究论文的性质，所以参与的读者也不多。杂志社共收到70余篇应征稿件，热闹程度远不如三年前，即1927年《顺天时报》主办的"五大名伶新剧投票活动"。

经过戏剧评论名家的审阅，最终确定了10位获奖者，分别是苏少卿、张肖伧、苏老蚕、丁成之、朱子卿、王之礼、朱家宝、陈少梅、张容卿、黄子英。刘豁公对前三位作者的作品，尤为喜爱，说它们"言论持平、文笔老练为最佳"。不久，《戏剧月刊》公布了获奖名单，并全文刊发了前三名，即苏少卿、张肖伧、苏老蚕的获奖文章。

实际上，苏、张、苏三人的排序方法，与舒舍予相似，即从不同方面，按照不同情况，在进行分析比较之后，得出结论。与舒舍予只从"年龄、成名先后、声誉名望"这三个方面分析不同，他们的分类更为细致，评论得也更加详细。

一、苏少卿从8个方面，对四个人的艺术进行了全面评述。即唱功、做功、扮相、白口、武功、新剧、成名先后、辅佐人才之盛，然后得出这样的结论：嗓音：首推梅兰芳；唱功：首推程砚秋；扮相：首推梅兰芳；

做功：首推梅兰芳；白口：首推梅兰芳；武功：首推荀慧生；新剧之多：首推梅兰芳；成名之早：首推梅兰芳；辅佐之盛：首推梅兰芳。

从这份列表来看，梅兰芳被"首推"得最多，在9项中占有7项，他位列第一，当无异议。

不管怎么说，苏少卿为"四大名旦"的排序是：梅、程、荀、尚。这是继舒舍予、《戏剧月刊》之后的第5种排序。

二、征文的亚军获得者是张肖伧。与苏少卿的比较方式相似，张肖伧也是从多个方面入手，全面地评价了四旦的艺术。与苏少卿不同的是，他以列表量化的方式，按照主办方公布的"梅、尚、程、荀"的排序，分别给四人打分，最后得出各人的总分，梅兰芳为1230分，程砚秋和荀慧生同为1200分，尚小云为1140分。这样的方式，当然更直观、更清晰。

巧的是，分数出来以后，人们发现，这个结果与苏少卿的极为相似，都是尚小云被排在了最后，而荀慧生和程砚秋因为分数完全一致，不得不放在一起进行二次比较，最后的排序结论也是：梅、程、荀、尚。

三、征文季军的作者是苏老蚕。他的比较方式，与张肖伧相似，也是列表，只不过他只是从扮相、嗓音、表情、身段、唱功、新剧这6个方面进行了打分。最后的结论是梅兰芳575分，程砚秋和荀慧生同为530分，尚小云为505分。

又是一个巧合。除了梅兰芳得分最高，尚小云得分最低外，荀慧生和程砚秋的分数又完全一致。不过，苏老蚕并没有将他俩进行二次比较，而是取"具体问题，具体分析"的客观态度，说："程之唱功绝佳，哀情独步；荀之多才多艺，新剧优，平衡论之不可轩轾，好在第二、第三差别有限，姑作悬案可也。"

除了这三大获奖"征文"外，上海剧评家怡翁也有类似比较。他在《荀慧生面面观》一文中，说："慧生在四大名旦中成名最晚，而进步极速，以资质论，慧生花旦人才，跻身名旦之班，差有微词，然其艺术之博，探讨之深，新剧之名贵，令誉之孟晋，致造成独帜一军之机，亦自有其必然也。……四大名旦中，色以兰芳；唱推小云；格属玉霜；做则推慧生。"

对于"四大名旦"的排序,北方、南方也有所不同。北京观众比较理性,习惯上以成名先后排序,即梅、尚、程、荀。后来,又有所变化,即梅、程、尚、荀。上海观众更感性一些,他们的排序,以苏少卿、怡翁等为代表,更多地从观感出发进行排序,即梅、程、荀、尚。

实际上,无论怎样排序,将梅、程、荀、尚四大名旦进行硬性比较,并不妥当,也不公平。客观地说,他们四人各有所长,也各有所短。四大名旦共同的老师王瑶卿曾经有一个很形象的"一字评":梅兰芳的"相"(一说"样",又一说"象"),程砚秋的"唱",尚小云的"棒",荀慧生的"浪"。据说他说这4个字的时间,是在20世纪20年代末30年代初,也就是社会上广泛为四大名旦排序的时候。按道理,他对四人相当了解,也可以为他们排出一个他心目中的顺序,但他没有这么做,而是用一个字分别概括出他们各人的特点。这种客观理性的态度,最值得称道。不过,不管如何排序,梅兰芳始终位列首席。

1931年6月,上海闻人杜月笙为庆祝"杜氏祠堂"建成,遍邀包括"四大名旦"在内的全国京剧名伶会聚上海,举办了一次规模盛大的堂会。

杜氏祠堂建于上海浦东高桥,建筑十分考究。杜月笙极尽奢华,不仅大摆宴席,更点名南北各行名角儿齐聚上海,大办场面浩大、持续时间长达3天的堂会戏。当时,杜月笙是法租界的帮会组织"青帮"头目,在上海广收门徒,势力很大,约角儿的邀请书直接由门徒送到角儿的手上。除了余叔岩称病未参加外,其他人无一缺席。

操持杜家堂会戏的是"麒麟童"(周信芳)、赵如泉、常云恒。在堂会正式开幕的前一天,即6月8日,上海伶界联合会(上海的梨园自治组织,相当于北京的"梨园公会")开了一个特别会议。会上,周信芳等人又为《跳加官》节目拟定了四条新的加官条子。可见,此次堂会前的准备工作,何等细致。

除了周、赵、常外,还有三位总管,即虞洽卿、袁履登、王晓籁。他们都与杜月笙交谊深厚,所以大小事宜,事必躬亲。另外,洪雁宾、乌崖臣任总务主任;张啸林、朱联馥任剧务主任。孙兰亭、周信芳、常云恒、俞叶封、金廷荪等都是剧务部成员。

那段时间，所有人员无不竭尽所能，卖力工作，甚至到了废寝忘食的地步。

因为祠堂建在浦东，参演的演员、看热闹的百姓和众戏迷都得由浦西赶往浦东，而通往浦东的交通工具，只有渡轮。渡轮不够用，一时间，码头上等待过江的，有近千人之多。人太多，包括梅兰芳、荀慧生、杨小楼、程砚秋、姜妙香、王又宸等在内的名角儿，很多人竟险些过不了江。

比如，梅兰芳遍寻汽车不得，最后不得不坐上小独轮车，由一个老汉推着来到杜氏祠堂。程砚秋、姜妙香都是乘人力车而来。杨小楼、王又宸连人力车、独轮车都没有机会乘坐，只有步行。因为路太窄，一辆汽车竟翻入江中，落水一人，还有人被汽车撞伤了腿。有一艘渡轮因为挤上了太多的乘客，行至江中，竟不堪重力，翻了，等等。

因为如此，原本下午3点开演的戏，不得不延迟。

杜家祠堂的内外都设有一个戏台。9日，祠内的戏正式上演。10日、11日两天，祠内、祠外的戏同时上演。祠外戏，以小杨月楼、林树森、赵君玉、王虎辰、高雪樵等上海本地演员担纲，浦东农民和一般上海市民都可进入。

祠内有三进，第三进门前有巨型石狮子两座，内即神龛所在。右边的十余间房子，陈列着各界所送贺礼，多达数千件。因来宾众多，祠内四周搭席棚百余间。西首便是祠内戏台。戏台异常宽大，台下设席二百余，用以招待上海工商界巨子、帮会中人及各界贵宾代表。之后的会场，可容纳数千人，但那天实际进场的戏迷，多至万人。从荀慧生花了几个小时方由浦西到浦东，就可以感受到那天拥入杜氏祠堂的人，多到什么程度了。就连舞台两侧，也站满了观众，甚至有些观众，站到了戏台上，令维持秩序的张啸林、王晓籁百般规劝、驱赶，正值初暑，忙乎得汗流浃背气、喘如牛。

据资料记载，6月9日的戏码，按照演出顺序排列，分别是：徐碧云、言菊朋、"芙蓉草"赵桐珊的《金榜题名》；荀慧生、姜妙香、马富禄的

《鸿鸾禧》；雪艳琴的《百花亭》（即《贵妃醉酒》）；尚小云、张藻宸（票友）的《桑园会》；华慧麟、萧长华、马富禄的《打花鼓》；李吉瑞、小桂元的《落马湖》；程砚秋、王少楼的《汾河湾》；梅兰芳、杨小楼、高庆奎、谭小培、龚云甫、金少山、萧长华的《龙凤呈祥》。

第二天的戏码，分别是："麒麟童"周信芳、赵如泉合作的《富贵长春》；刘宗扬的《安天会》；谭富英的《定军山》；李万春和蓝月春合作的《两将军》；李吉瑞的《独木关》；王又宸的《卖马》；杨小楼、雪艳琴、高庆奎合作的《长坂坡》；程砚秋、贯大元合作的《贺后骂殿》。最后一出大轴是全本《红鬃烈马》，其中，徐碧云唱《彩楼配》；尚小云唱《三击掌》；周信芳和王芸芳唱《投军别窑》；郭仲衡和赵桐珊唱《赶三关》；梅兰芳、谭富英、言菊朋合唱《武家坡》；谭小培和雪艳琴合唱《算军粮》；谭小培、荀慧生、姜妙香合唱《银空山》；梅兰芳、荀慧生、龚云甫、马连良合唱《大登殿》。那天观看的观众，据荀慧生自己说，"约近万人"。演出时间也从傍晚一直演到第二天早上六七点钟。

第三天的戏，最轰动的便是"四大名旦"以及高庆奎、金少山等合作的《四五花洞》。有人说，这出戏是杜家堂会最精彩的剧目。也许正因为如此，当天，上海"明星电影公司"派专人前来拍摄戏照，其他剧目，他们只拍摄一两个片段，却将《四五花洞》的末场，完整地拍摄了下来。荀慧生回忆说：当时，"台上置炭精灯八座，摄片时八灯全启，光线射人不能逼视。"

据推测，这次合作《四五花洞》极有可能是他们四人第一次以"四大名旦"的身份合作演出一出剧目。也许正因为如此，长城唱片公司的老板张啸林从中看到了商机，促成他们合灌了《四五花洞》的唱片。

从杜家堂会三天的戏目中可以看出，孟小冬没有参加演出。这跟此时她尚未和梅兰芳分手是不是有关系呢？其实，她是认识杜月笙的。那是在1925年，她刚刚由沪迁居北京时。

当时，黄金荣已和露兰春分了手，按理说，露兰春的一切都和黄金荣没了关系。但是，有一天，黄金荣突然又想起了露兰春。此时，露兰春早已离开了上海去了天津。黄金荣却不知露兰春真实去向，隐隐打听到她可能去了北京，便委托杜月笙前往北京寻找。临走，黄金荣特地交代杜月笙，说孟鸿群一家刚刚迁去了北京，孟家闺女小冬在北京也唱红了，到北京后可以去找他们，看他们是不是知道露兰春的下落。

其实杜月笙知道露兰春去了天津，当初，还是他在为黄、露处理好分手事宜后，为露争取了一笔分手费，然后安排她去天津的。但是，事情过去了一段时间，他也不能保证露兰春一定还在天津。再者，黄金荣告诉他露兰春有可能去了北京，他必须先去一趟北京才有所交代。于是，他带着两个手下，没有去天津，而是直接去了北京。

杜月笙手上并没有孟小冬在北京的住址，不过，他自有办法。首先，他看报纸，在演出广告中找到孟小冬正在开明戏院演出。晚上，他让手下人事先雇好车停在戏院门外，他自己先去看孟小冬的戏。散了戏，孟小冬照例乘车返家。杜月笙乘车跟在后面，一路跟到孟小冬位于东四的家门口。

隔了几天，杜月笙在北京实在打听不到露兰春的下落，便直接去找孟小冬。这是两人第一次面对面。孟小冬自然也不知道露兰春在哪里，在找寻露兰春这件事上，杜月笙自然无功而返，但他因此结识了才貌双全气质独特的孟小冬，又觉得此次进京，还是很有收获的。

盛大的杜家堂会之后，梅兰芳和孟小冬分了手。分手之后的孟小冬，也像那些遭遇感情挫折而成弃妇的女人一样，悲痛欲绝、悲愤难抑，一时想不开，决定绝食自尽。一连几天，她不吃不喝，躺在床上只等着死神的降临。父母家人当然不能任由她抛弃生命，规劝、苦劝，又是流泪，又是下跪，总之，想尽了种种办法。最终，她缓了过来。虽不再寻死觅活，但对生活失却了信心。于是，她决定暂且离开伤心地，又一次前往天津，仍居詹姓朋友家以吃斋念佛的方式疗伤。

律师郑毓秀是如何参与到调解梅、孟分手事宜的？据说，是因为"孟迷"沙大风。沙大风知情后，很为孟小冬抱不平。他虽然清楚感情的事无所谓对错，更无所谓谁负谁谁骗谁，但是，他总是认为孟小冬就这样两手空空地离开梅兰芳，对孟小冬来说实在不公平。再说了，既然当初孟小冬是在有媒人有证婚人的情况下嫁给梅兰芳的，梅兰芳就是明媒正娶，那么，如今分手，就不应该只是分手那么简单，用法律语言，应当是离婚。既是离婚，该有个正式的程序上、内容上的完备手续。于是，他向孟小冬建议，去上海聘请著名的郑毓秀律师，由她出面处理善后。

孟小冬接受沙大风的建议，离开天津去了上海。抵达上海后，她没有直接去找郑毓秀，而是先去找她的结拜姐妹姚玉兰，大概是想让姚玉兰陪她一同去面见郑毓秀。此时，姚玉兰已是杜月笙第四房妾了，她是在两年前嫁给杜的。姚玉兰听了孟小冬的打算，认为打官司并不妥当，一来麻烦，完成整个司法程序，既耗时更耗力；二来从名声上说，于孟小冬于梅兰芳，都很不利。想一想，当初两人结合，是不公开的、秘密的，如今分手反倒闹得轰轰烈烈、尽人皆知，不是让人看笑话嘛。孟小冬认为姚玉兰分析得很有道理。

那么，应该怎么做呢？姚玉兰提议不如让杜月笙出面，做个和事佬。杜月笙和梅兰芳也是老相识，又早就对孟小冬有好感，便一口答应姚玉兰的提议。就这样，双方达成协议，梅兰芳支付四万块钱。其实，两人谈分手时，梅兰芳就曾想给孟小冬一笔钱，但孟小冬拒绝了，当然是出于强烈的自尊心。如今，看到姚玉兰、杜月笙的面子上，她接受了。

至于离婚，他俩的结合，从法律上来说，并不合法，孟小冬的身份不论她多么不情愿，终究是妾。在法律不保护妾的情况下，他们的分手，也就无所谓离婚，根本不需要法律上的手续。

有意思的是，孟小冬最初拿到的四万块钱，是杜月笙垫付的。这不是一笔小数目，梅兰芳平时开支巨大，又是借款去的美国，当时手头很不宽裕，竟一时拿不出这笔钱来。后来，为了偿还这四万块，他不得不将无量大人胡同的住宅卖了。两个人的一段真情，最后以四万块钱做了了结，不免有些可悲。

重新登台

霜风渐紧寒侵被

「九・一八」那天，「少帅」张学良正在看梅戏

孟小冬拜师言菊朋、苏少卿

梅兰芳自平迁沪，创排抗日大戏《抗金兵》和《生死恨》

孟小冬心灰意冷，皈依佛门，又重登舞台，再拜师程君谋

梅兰芳第一次赴苏联，世界三大戏剧理论体系形成

从 7 月到 9 月，就在这短短两个月的时间里，孟小冬经历了分手、绝食、赴津，又转赴上海、找律师、找姚玉兰、托杜月笙，最后以四万块钱了结的复杂过程。她的心情也由绝望、愤怒，转为平淡，最后心平气和地接受了四万块钱。两个月的时间，不长；她心境的转变，却是极速的。9 月 17 日，她在天津春和戏院登台了，唱了一出《捉放曹》。当然，这次唱的并非营业戏，而是应沙大风的邀请，参加沙大风发起组织的赈灾义演。第二天，也就是"九·一八"之夜，还是在春和戏院，孟小冬坐在台下，全身心地欣赏了一出"谭派"著名老生演员言菊朋唱的谭派戏。

"九·一八"之夜，梅兰芳在哪儿？在干什么？这牵涉到东北军少帅张学良在哪儿，在干什么。有人证明张学良正与夫人于凤至及红颜知己赵四小姐在北平前门外中和戏园观看梅兰芳的《宇宙锋》。据张学良的弟弟张学铭回忆，一向爱听梅戏的张学良因伤寒症住协和医院已久，心情烦闷，"九·一八"当晚，因病有好转，且为了招待宋哲元等将领，便离院赶至中和戏园观看梅剧《宇宙锋》，随行人员有护士、警卫等，因此，他定了三个包厢。

梅夫人福芝芳也证实，"九·一八"当晚，梅兰芳的确在中和戏园上演全本《宇宙锋》，她是在长安街的平安电影院看完一场电影后才赶到中和戏园去的。在戏园，她看见张学良和赵四小姐坐在一间包厢里看戏。

台上的梅兰芳也看到了张学良，当他演到赵女在金殿装疯时，瞥见有个人匆匆走进包厢，伏在张学良耳边嘀咕了几句，他不知道那人是张学良的侍卫副官长谭海。因为隔得远，梅兰芳无法看到张学良的表情，只看到张学良唿地站起身来，大踏步走出包厢，随后，他的随行人员、陪同他看戏的人陆续离开了戏园。

戏还未演完，却突然一下子走了二三十人，这不仅使其他观众纳闷，也让台上的梅兰芳有所不解，不过，他断定一定是出了什么大事。就张学良的身份和地位，他若不是突遇政治上或军事上的大事，绝不会放弃他一向喜爱的梅剧，特别是他最爱看的戏就是《宇宙锋》，而"金殿装疯"又是此戏的高潮，早在几分钟前，他还随着梅兰芳的唱腔，很陶醉地轻打着拍子呢。

第二天的新闻——"九·一八"事变爆发——证实了梅兰芳的猜测。他意识到此时，他已经和所有中国人一道站在了国家民族存亡的十字路口。

"九·一八"之后两天，孟小冬又连续看了言菊朋的戏。其实在此之前，她曾求教过言菊朋，而且还曾提出过拜师，但此事不了了之。也许是因为后来孟小冬嫁人而且退出了舞台，所以拜师一事也就搁置了。如今，恢复单身的孟小冬显然准备复出。否则，她也不会连日流连戏院，不是自己唱，就是听别人唱。看了言菊朋的演出，她又萌生了拜师之意。

在民国初年，学谭（鑫培）的老生演员，正式演员中，以余叔岩为最好；而在票友中，就算言菊朋为至尊了。不仅如此，有一段时期，言菊朋在老生行，大有超乎余叔岩之势。

言菊朋学谭鑫培，几乎到了痴迷的程度，甚至连老谭生活中的一些"小动作"，他也照学。比如，谭鑫培喜欢闻鼻烟，把两个鼻孔熏得黄黄的。于是，他就有个习惯，到了戏院后台，先洗鼻子，再扮戏。言菊朋并不闻鼻烟，却也在扮戏前，先洗鼻子。诸如此类，还有其他。所以，有人说言菊朋学谭，走火入魔了。反过来说，正是因为这样的痴迷，谭派艺术，除了余叔岩，也就属他学得最像。

但是，言菊朋这个"谭派传人"，在他下海前只被票友和内行认可，戏迷、观众对他并不了解。于是，他要下海。在那个年代，正式演员往往很瞧不起票友下海，梨园之人，有不少人说话都很刻薄。对言菊朋，他们讥为"五小""五子"。"五小"，即小脑门（额头太低）、小胡子（髯口太稀）、小袖子（水袖太短）、小鞭子（马鞭短细）、小靴子（鞭底太薄）；"五子"，即小胡子、小袖子、小鞭子、洗鼻子、装孙子。可想而知，初下海的言菊朋心理压力有多大。

后来，言菊朋唱出来了。因为余叔岩被公认为"谭派传人"。于是，言菊朋自诩"旧谭派首领"。从艺术上来说，他确有长处。在唱腔上，他非常讲究字眼，也就是绝对以"字正"为本。但是，"字正"与"腔圆"有的时候不能统一。谭鑫培、余叔岩等名角儿，有时为了腔圆，而不得不牺牲某个"字"。言菊朋却不同，他坚持"字正"，不惜牺牲某些腔调。于是在耳尖的人听来，他的唱腔（后来被称为"言腔"），有时几乎成为"怪"腔。他却说："腔由字而生，字正而腔圆。"在表演上，他追求"神似，而不能求其貌似"。他虽然不是正宗科班出身，但长年勤学苦练，武功底子也不错。

孟小冬想拜言菊朋为师，请求沙大风帮忙。沙大风同意牵线搭桥。言菊朋听说要收孟小冬为徒，"呵呵呵"地满口答应。这事儿，就这么说定了，就等着选个良辰吉日行拜师礼了。一个月以后的《北洋画报》上刊登了署名"春风"的文章，题目是《孟小冬拜师》，文中这样说：

> 女伶中唱老生者，今日当推孟小冬为巨擘；盖其嗓音纯正之中，具苍劲之韵，可称得天独厚，而使调行腔，既非凡响，神情做派，亦异俗流，落落大方，自非寻常女伶所可比拟也。顾小冬尚谦然以为未足，将于百尺竿头，再进一步，以期深造。
>
> 此前言菊朋来津，在春和露演，小冬排日往观，悉心体会，深为折服，近日乃请人介绍，欲拜菊朋为师，俾可请益。菊朋亦以小冬为女伶英才，欣然允诺。小冬已专函邀请菊朋莅津，将择吉行拜师典。闻菊朋日内即可就道。……

然而，拜师一事再次不了了之。很重要的原因恐怕是当年年底，孟鸿群病危，孟小冬匆匆由津回平照顾父亲，直到次年2月送走父亲，然后又为父守孝，忙乱中就遗忘了拜师礼。事情过后，重新记起这事，双方都已失去了热情。

既然有心拜师，当然应该拜言菊朋这样的大师。但是，孟小冬没有拜成言菊朋，却在回到天津后，拜了一个京剧票友为师，而且像模像样地行了拜师礼。这个"师"，就是曾经为四大名旦排序的苏少卿。苏少卿早年演过话剧，后来迷上了京剧，曾师从陈彦衡学谭派老生，对音韵学方面颇有研究。他祖籍江苏徐州，一直生活在上海。此时他在天津的身份是上海明星电影公司驻津代表。

对孟小冬拜票友为师，议论颇多，大多不能理解。孟小冬自己，则不以为然，在她看来，无所谓正式演员还是票友，有真本事就行，她能从他（她）身上学到玩意儿，就都能成为她的老师。事实上，她不但拜过谭派老生为师，甚至还拜过名旦荀慧生，当然更师从梅兰芳学过梅派戏。她一向好学，正如《孟小冬拜师》一文中所说，她一直"谦然以为未足"。这是她最难能可贵的地方。

孟小冬拜苏少卿，中间人又是沙大风。1932 年 9 月 3 日，在天津的大华饭店，孟小冬正式行拜师礼。

人们发现，这一年多来，也就是说，和梅兰芳分手后，孟小冬长居天津，除了父亲病、亡而回了一趟北平后，似乎始终不愿意回到北平生活。有人猜测，她是准备重新登台的，既然如此，就不能保证不会和梅兰芳见面，为了避免跟梅兰芳相遇，她选择在不同城市生活。

其实，梅兰芳早在孟小冬拜师苏少卿前半年，就已经离开北平南下上海了。1932 年春天，他为淞沪抗战受伤战士筹集医药费在北平义演了 3 天，然后离平。关于他迁居上海的原因，一直以来，有人将此归结为他和孟小冬分手。分手本身，自然是原因，因为两人的关系闹得沸沸扬扬；分手后他为支付给孟小冬四万块钱而不得不将梅宅卖掉，也是原因。按此说法，他似乎是在北平待不下去了才走的。

实际上，梅兰芳携家小移居上海，更重要的原因应该还是和战事有关。"九·一八"后，日本侵略者的猖狂野心和当局的"不抵抗政策"都使他预感到，继东三省后，华北大平原也将不保。如此想来，北平是难以再待下去了。这么说来，他迁居上海，的确是因为"北平待不下去了"，不过，这个"待不下去"并非那个"待不下去"，性质完全不一样。既然如此，梅兰芳第一次想到了"走"。但是，走向何处？

在这之前，梅兰芳多年的朋友冯幼伟已经定居上海，他一直写信催梅兰芳南迁。梅兰芳始终难下决心，一来北平到底是他的家，他舍不得；二来北平又是京剧的故乡，他的中心舞台在北平，他也舍不得。然而，面对

"九·一八"后的政治形势，他也不能不走了。既然要走，就只能去上海。

刚刚在上海落脚，梅兰芳便想着要排演一出有抗战意义的新戏。当时，他暂住在沧州饭店。有一天，几位朋友叶玉虎、许姬传等到沧州饭店看望他。聊着聊着，就聊到了排新戏。那么，应该选择什么样的题材呢？大家一时都没有主意。叶玉虎想了想后，对梅兰芳说："你想刺激观众，大可以编梁红玉的故事，这对当前的时事，再切合也没有了，我想了一个韩世忠在黄天荡围困金兀术的历史题材，突出梁红玉擂鼓助战，由你演梁红玉，不知合适否？"

一句话提醒了梅兰芳，他想起梁红玉的故事，以前舞台上也演过，但"情节简单，只演梁红玉擂鼓战金山的一段"，如今完全可以将内容扩充，写一出比较完整的新戏。大家一听梅兰芳的分析，立即来了精神，叶玉虎更是将剧名都想好了，他说："就叫'抗金兵'如何？"

《抗金兵》演的虽是抗金兵，实则号召民众抗日。这个剧名自然再贴切不过了，大家纷纷赞成。梅兰芳更是兴奋。他请叶玉虎去搜集资料。

编排《抗金兵》时，梅兰芳一改过去先选定题材，由齐如山写出初稿，再由他自己和李释戡、吴震修等人共同商榷进行修改，再分单本设计唱腔、研究服装、道具、布景、串排的创作模式，而是成立了以他自己为主的创作组，由剧作者、音乐工作者、主要演员共同参与编排。大致分工是许姬传负责执笔改编，徐兰沅、王少卿负责设计唱腔、板式，最后由梅兰芳修改审定。三四个月后，《抗金兵》在集体智慧下脱稿。

这是梅兰芳因离开北平而不得不离开他的编剧齐如山（他仍留北平）后编演的第一出戏。

梅兰芳《抗金兵》戏装照

《抗金兵》初次上演是在上海天蟾舞台，主要角色分配是：梅兰芳饰韩世忠夫人梁红玉，韩世忠由林树森扮演，姜妙香饰周邦彦，金少山饰牛皋，萧长华饰朱贵，刘连荣饰金兀术，朱桂芳、高雪樵分饰韩世忠的两个儿子尚德和彦直，王少亭饰岳飞。演员阵容强大，演出效果极好，确如林印在《梅兰芳》一文所说"对当时人民的抗战情绪起了很大的鼓舞作用"。

接着，梅兰芳根据早年齐如山依明代传奇改编的《易鞋记》，重新创作了《生死恨》。按他自己的说法，编演这出戏的目的，"意在描写俘虏的惨痛遭遇，激发斗志"。该剧由许姬传、李释勘执笔编写唱词，梅兰芳、徐兰沅、王少卿设计唱腔。那段时间，他们挑灯夜战，连续奋战了三个通宵。

1936年2月26日，《生死恨》在上海天蟾舞台首演。角色分配是梅兰芳饰韩玉娘、姜妙香饰程鹏举、刘连荣饰张万户。连演三天，场场爆满，收到了预期的效果，却也因此得罪了上海社会局日本顾问黑木，他通过社会局长以非常时期上演剧目要经社会局批准为理由通知梅兰芳不准再演。梅兰芳以观众不同意停演为理由坚持演出。三天后，该戏移至南京大华戏

梅兰芳《生死恨》戏装照

院又演三天，仍然火爆异常，排队购票的观众居然将票房的门窗玻璃都挤碎了。

在民族存亡的关键时刻，梅兰芳已不仅是个京剧演员，更是个鼓舞者、抗争者、爱国者，在他身上，人们看到了一个正直的中国人应有的民族气节和爱国品质。他以《抗金兵》表达了他的抗日主张，以《生死恨》反映沦陷区人民的痛苦生活，从而激励了民众斗志。

这两出戏是梅兰芳在 1949 年前编创的最后两部新戏。从此，直到 20 世纪 50 年代末，因政治环境的原因，他再也没有新戏问世。

梅、孟二人分手后，一个在天津，一个在上海，分隔两地，各过各的生活，似乎一切都归于了平静。然而，那过去了的，却并没有烟消云散。突然有一天，天津某报开始连载一篇小说。明眼人一看便知，这篇小说的内容说的就是梅、孟的故事。如果单纯地以他二人作为生活原型对故事进行重新演绎，或者戏说，也许无伤大雅，只当是娱乐。但是，小说中的几个重要节点，对孟小冬相当不利。比如，在提到"血案"时，小说作者有意无意地暗示此案背后的指使人，可能就是那个坤伶。当然，他（她）也对血案制造者和这个坤伶的真实关系进行了揣测。在"赔偿"问题上，小说又说坤伶狮子大开口，向那个名伶进行了敲诈。

说到底，这是篇小说。小说的要旨是虚构。然而，这篇小说似乎并非完全意义上的虚构。显然，它是有生活原型的。既然如此，就不能将它视作纯粹的小说。事实上，当时人们的确没有只当它是小说而一读了之、一笑了之，而是当了真。于是，大家旧话重提，对梅、孟关系重又议论纷纷。受小说影响，这些议论对孟小冬多加指责。从这个角度说，小说作者颇有些不够慎重。

也许身在上海的梅兰芳没有看到这篇小说，因为对此他没有任何反应。身在天津的孟小冬看到了这篇小说，而且听到了人们对她的议论，甚至感受到了人们的侧目而视。这并非她敏感，而的确是客观存在。她有口难辩，她甚至都不知道该找谁去辩。一怒之下，她很想去质问小说作者。但是，小说没有指名道姓，小说作者大可以以一句"请别对号入座"将她打发。

　　孟小冬重新陷于绝望境地，甚至有崩溃之感。在这种情况下，她又将重生的希望寄托在佛的身上。这次，她不只是长跪佛前捻着佛珠念着佛经，让青烟将自己麻醉。她一口气跑回北平，跑到拈花寺，拜住持量源大和尚为师，然后皈依佛门，成为佛家弟子。许多年后，她向友人坦言："婚姻不如意，才促使我信佛的。"

　　如果佛能平复受伤的心灵，如果吃斋念佛能让躁动的心趋向安宁，如果烧香膜拜能抑制仇恨怨气，那倒也不是坏事。也许孟小冬受伤太深，她不可能在一瞬间放下俗世尘事。就在她潜心向佛时，有人向她进言：别为了他人的别有用心，葬送了自己的艺术生命。再说了，谎言说了千遍，就成了真理。为了不让谎言成为真理，就应该及时揭穿谎言，正本清源，以正视听。

　　在这种情况下，孟小冬奋笔疾书一气呵成了《紧要启事》。启事首发于1933年9月5日的《大公报》上，接着又连续刊登了两天。从启事内容和语气上都可以窥见她仍然愤愤不平的内心。

　　或许《紧要启事》的公布，在一定程度上使孟小冬一直郁结在胸的怨气得到了宣泄。她的心情一下子明朗了很多。在《启事》公开20天后，她

孟小冬《四郎探母》剧照

重登舞台。在北平的吉祥戏园又唱《四郎探母》。她和梅兰芳第一次合作，唱的就是这出戏。她没有因为如此就拒绝这出戏。这次，和她合作的旦角是坤旦李慧琴。同时，她刚拜的新老师鲍吉祥也在剧中串演杨六郎，曾长期辅佐梅兰芳的名小生姜妙香配演杨宗保。可以说，在经历了感情失败后，从此，孟小冬正式复出。

　　天津的明星大戏院得闻孟小冬复出，盛情相邀。孟小冬邀约了名净侯喜瑞，名丑萧长华等赴津，演出于明星大

戏院，三天的"打泡戏"分别是《四郎探母》《珠帘寨》《捉放曹·宿店》。这次在津演出期间，又经沙大风介绍，孟小冬拜有"汉口谭鑫培"之称的谭派名票程君谋为师。在演完一个周期之后，她潜心求教程君谋。然后，她又演一期，三天的"打泡戏"就是经程君谋指点过的《失空斩》《捉放曹》《洪羊洞》。这三场戏，由程君谋亲自为她操琴。

此后两年，孟小冬断断续续在平、津两地演出。之所以说"断断续续"，是因为她的身体日渐衰弱，胃的毛病日益加重。加之时局不好，日本人的侵略野心已昭然若揭，人心惶惶，市面不振，娱乐业更是萧条。

在上海的梅兰芳，演出也大为减少。他甚至有时间跟随一个英国老太太学习英语口语和语法，每周学习两次，分别是周一和周三下午。从1934年春天开始，他就开始为赴苏联访问演出做准备了。

自访问美国后，梅兰芳对世界的了解大大进了一步。为使眼界更加开阔，也便于日后将京剧拓展到欧洲，他萌发了旅欧之念。从美国返回北京后，他又去拜访胡适，一是汇报在美演出情形，另外便谈到拟去欧洲的计划，还是希望胡适给予指点。胡适很赞同他的想法，他劝梅兰芳请张彭春先往欧洲走一趟，作一个通盘计划，再做决定。

就在梅兰芳踌躇满志地准备欧洲之行时，"九·一八"事件爆发，国内局势急转直下。梅兰芳不得已，于1932年离开北京，南下上海，旅欧计划只得缓行。然而，他的弟子、"四大名旦"之一的程砚秋却于1931年深秋抛下国内的一切，只身去了欧洲五国。他此行的目的并不像梅兰芳数次出国那样以演出为主，而是专门考察欧洲戏剧。归国后，他写了一本《赴欧考察戏曲音乐报告》，其中包含了十九点心得，极富理论性。

程砚秋此行再度激发了梅兰芳的赴欧决心，他一方面在上海赶排《抗金兵》《生死恨》等迎合抗战的戏，另一方面积极与驻英、法、德的外交官联系，加紧筹备。就在此时，他接到了苏联方面的邀请，恳请他在赴欧之前先到苏联演出。

当年梅兰芳到美国演出，接受的是民间团体"华美协进社"的邀请，纯粹属于民间文化商业行为，而此番到苏联演出，他却是从苏联驻华大使馆特派汉文参赞鄂山荫那里接到苏联对外文化协会代理会长库里斯科的正式邀请函。也就是说，赴苏演出似乎官方色彩更加浓重一些。这也恰好为苏方是出于政治目的而邀请梅兰芳的说法提供了依据。

其实对于苏方究竟出于何种原因邀请梅兰芳去演出，说法有几种，除了想一睹梅兰芳举世闻名的艺术外，有人猜测是因为当时的苏联艺术界写实派正在没落，而开始盛行象征主义，中国京剧一直被认为是"象征派"艺术；另一种说法便是政治的：当时苏联刚刚将中东铁路卖给了伪满，中国国内对此行为大为不满。苏方为缓和和中国的关系，冲淡中国人民的反苏情绪，遂邀请梅兰芳和电影明星胡蝶一同去苏联演出。对于梅兰芳而言，无论苏方是出于什么目的，他要做的只是为演出而精心准备。

相比到美国演出前的焦虑和担忧，梅兰芳此次的心态平和了许多。当初他对中国京剧是否能被西方人接受是毫无把握的，面对的又将是完全陌生的文化，心中忐忑是不可避免的。如今距访美又过去了四五年，他对世界各国的文化，特别是读过程砚秋的《赴欧考察戏曲音乐报告》之后对欧洲戏剧也有了一定的了解，便也就少了因为不知情所带来的惧怕。

另一方面，当初他去美国演出，不但旅费自筹，演出如果不卖座的话，他将面临破产，因而经济压力是相当大的。此次去苏联就不存在这个问题，因为是苏联政府出面邀请的，衣食住行各方面都由对方负担。

再者，梅兰芳在选择演出剧目时，不得不考虑到苏联与美国是两个完全不同的国家，文化背景也不同，演出剧目自然是要有差别的。尽管如此，当初他为访美而准备的宣传品和演出设备等，则是可以继续延用的。从这一角度上看，客观上也为他减轻了许多麻烦。

其实最重要的是，他在去过两次日本、一次香港和一次美国之后，对于出国演出已积累了不少经验，这些经验也使他比访美要轻松许多。

心态上的差异并没有让梅兰芳轻视访苏。就他对苏联的认识，这个国家虽然是世界上第一个社会主义国家，但它的戏剧传统远优于美国，戏剧人才的文化层次也远高于美国。他在美国面对的是以杜威为代表的学者以及以卓别林为代表的演艺界人士，而在苏联，他面对的将是一批真正的戏剧理论专家。为迎接梅兰芳的到来，苏方特地组织了一个"招待梅兰芳委员会"。该会主席由苏联对外文化协会会长阿罗舍夫和中国驻苏联大使颜惠庆担任，委员有：苏联第一艺术剧院院长斯坦尼斯拉夫斯基、丹钦科剧院院长丹钦科、梅耶荷德剧院院长梅耶荷德、卡美丽剧院院长泰伊罗夫、著名电影导演爱森斯坦、国家乐剧协会会长韩赖支基、艺人联合会会长鲍雅尔斯基、名剧作家特列加科夫等。

　　这份名单包含了苏联戏剧、电影、文学界的最高层次人士。可以说，梅兰芳是怀揣经济压力赴美的，而此次赴苏，他有的便是自感戏剧理论不足所造成的压力。因此，没有厚实的文化底蕴，没有充分的思想和技术准备，他或许不能继在美国演出后再创佳绩。

　　此时，身居上海的梅兰芳已经无法倚仗仍处北平的齐如山，也就是说，这对黄金组合因为分处京、沪两地而拆伙。继续在他身边辅佐筹备工作的是冯幼伟和吴震修，而真正能在艺术上担当重任的仍然是张彭春。在筹备访苏期间，梅兰芳接受胡适的建议，除再次聘请张彭春为剧团总指导外，又聘请戏剧家余上沅为副指导。余上沅是胡适的学生，20世纪20年代毕业于北京大学英文系，后来赴美研究戏剧。据说他之所以接受梅兰芳的邀请，一是出于对梅兰芳艺术的欣赏，二是胡适的极力游说。

　　通过横向比较访日、访美和访苏的不同，便可理解梅兰芳对访苏剧目的选择：日本文化背景与中国相近，因而剧目以《天女散花》《黛玉葬花》《千金一笑》《御碑亭》《嫦娥奔月》《游园惊梦》等这些极富中国古典文化传统的戏为主，目的是为了让日本观众看得懂；中国与美国是两个完全不同的国家，存在着东西方文化的极大差异，美国人想看的是完全中国化的戏剧，因而剧目以传统京剧如《汾河湾》《打渔杀家》《刺虎》《贵妃醉酒》《虹霓关》为主；苏联虽然与中国相距不远，但文化背景毕竟有很大差距，从这方面来说与美国相仿，因此主要剧目不变。但是另一方面，苏联又有深厚的戏剧传统，对戏剧的理论认识显然要高于美国，因此，梅兰芳特地加了一出《宇宙锋》。这出戏不仅是梅兰芳的代表作，也是"梅派"戏中刻画人物最多最深刻，因而文化层次也最高的一出戏。

定好演员及剧目，下一步的工作就是排练，负责排练工作的自然是张彭春。访苏成员之一的姚玉芙曾回忆说："梅剧团赴美演出时，每个节目都经张彭春排练过，于是剧团有一句口头语'张先生上课啦！'"

一切准备就绪，梅兰芳正待上路，又发生了一段小插曲。如果乘火车去苏联，必须经过伪"满洲帝国"。梅兰芳明确向苏方表示：绝不会踏过日本侵略者侵占下的中国土地去苏联，否则宁愿取消此行。苏方见他态度坚决，不得已改派专轮将梅兰芳先接到海参崴，然后再在那里乘火车直达莫斯科。

1935年2月21日，梅兰芳在上海登上了苏方特派过来的"北方号"轮船。行前，苏联驻华大使鲍维洛夫在使馆为他们饯行，祝愿他们演出成功。同船赴苏的除了梅兰芳等剧团成员外，还有返苏回任的驻苏大使颜惠庆博士及其随员、中国电影代表团的明星影片公司经理周剑云夫妇和电影明星胡蝶、《大公报》驻苏记者、戈公振的侄子戈宝权。

经过近一个星期的航行，"北方号"于27日抵达太平洋海岸的重要商港海参崴。苏联国家乐剧协会特派专员罗加支基、海参崴地方当局代表、中国领事馆代表早已等候在码头。简单的欢迎仪式后，梅兰芳驱车前往海参崴最豪华的契留斯金旅馆。他们在海参崴停留了三四天，苏联远东州州长、中国驻海参崴总领事权世恩分别设宴招待。

紧接着，梅剧团和胡蝶等人换乘西伯利亚快车驶向莫斯科。

这个国家自"十月革命"后，已经历了近二十年的社会主义建设。这对刚刚从战乱不断的国家走出来的人来说，都不免心存欣羡。去之前，梅兰芳对苏联的历史进行过全方位的了解，对"十月革命"，对十月革命的领导人列宁充满敬意。因此，他到莫斯科次日便去红场敬谒列宁墓，所献花圈缎带上款写着"敬献列宁先生"，下款"梅兰芳鞠躬"。他是第一个向列宁之墓敬献花圈的中国戏剧工作者。当天下午，他还在高尔基大街上的一家美术品商店购买了一尊列宁半身塑像。

这尊塑像作为当年的访苏纪念，梅兰芳一直放在家中的显眼位置，虽然几经战争或搬迁，但他始终精心保存，一直到共和国成立后，他又将它从上海带到北京家中，放在书房里。在他 1959 年入党后曾对记者提起这尊塑像，说："25 年来，这尊塑像始终没有离开我身边，成为我精神上的鼓舞和支柱。在被日本军阀侵略的残酷处境中，颠沛流离的道路中，我看到他就增加了勇气，意志坚强地同恶势力作斗争。"这塑像却在梅兰芳死后的"文革"中被"造反派"砸毁。

由于此前苏方进行了大规模的宣传造势，"梅兰芳"三个大字以及画着中国宝塔的宣传画，在莫斯科街头到处可见，他被新闻界称为"伟大的中国艺术的伟大代表"。苏联对外文化协会编印了介绍梅兰芳与中国戏剧的小册子，即《梅兰芳与中国戏剧》《梅兰芳在苏联所表演之六种戏及六种舞之说明》等，广为散发，以致莫斯科人手一份。

在这些宣传中，无一提到梅兰芳的性别，所有宣传画中都是他的剧照，因而普通百姓起初都以为梅兰芳是个女明星。恰在那时，电影明星胡蝶也在莫斯科，她那特有的演员气质使得不知情的人都指着她说是梅兰芳。更有些小孩子，见到大街上漂亮的中国女人，便一路追着喊"梅兰芳"。犹如在日本或在美国所掀起的"梅兰芳热"一样，那段时期的莫斯科，人人都在谈论"中国来的梅兰芳"，人人都以看过梅兰芳的戏而深感骄傲。

梅兰芳在苏联的首场演出，是在 3 月 23 日，于高尔基大音乐厅。这间音乐厅中央是正厅、三面是包厢。演出那天，音乐厅两边的包厢分别挂着中、苏国徽，舞台幕布用的是梅剧团特制的绣有一株梅花、几枝兰花和"梅兰芳"三个大黑绒字的黄缎幕，颇具中国特色。

演出前，苏联对外文协会长阿罗舍夫就梅兰芳演艺作了一番演说。接着，中国驻苏大使颜惠庆向观众解释"忠孝节义"，说："中国戏剧的剧情特色就在提倡忠孝节义，了解此要义即可理解中国戏剧的剧情。"最后，张彭春代表梅兰芳向观众致谢词。

当晚的剧目共有 5 出：梅兰芳、王少亭的《汾河湾》；刘连荣、杨盛春的《嫁妹》；梅兰芳的"剑舞"；朱桂芳、吴玉铃、王少亭的《青石山》；梅兰芳、刘连荣的《刺虎》。

和在美国演出时相仿，每出戏之前，都有专人分别用英、法、俄、德文向观众介绍剧情，让观众在了解故事大意的情况下欣赏梅兰芳的表演。演出结束后，掌声如潮，经久不息，在观众的一再要求下，梅兰芳谢幕达10次之多。

4月13日夜，梅兰芳在莫斯科大剧院举行了一场临别纪念演出。这所剧院建于沙皇时代，历史悠久，内部装潢华丽，画栋雕梁，中央为正厅，三面为包厢，共分为六层。它是苏联国家剧院，规定只准演歌剧和芭蕾，而这次却同意梅兰芳在这里上演中国京剧，可以想见梅兰芳在苏联戏剧界的地位是何等之高了。

这天的演出剧目是根据前14场演出情况精心挑选出的最受观众欢迎的梅兰芳、王少亭的《打渔杀家》，梅兰芳、朱桂芳的《虹霓关》，杨盛春的《盗丹》。这场临别纪念演出盛况空前，前去观看演出的不仅有以高尔基为代表的苏联文艺界知名人士，而且还有政治局大多数委员。据说斯大林也亲临剧院，就坐在二楼一个灯光较暗的包厢里，难怪那天的保卫工作很严密，剧院周围都有警察。

算一算，梅兰芳此次在苏联总共待了一个半月，除了演剧、必要的应酬外，他遍访名胜古迹，应邀参观了工厂、戏剧学校、电影学院和莫斯科历史博物馆举办的苏联十七年戏剧艺术展览，还观看了戏剧、歌剧、芭蕾。

反过来，对于苏联的艺术家来说，梅兰芳和他的京剧除让他们大开眼界而大为惊叹之外，理论上也有颇多值得他们研究和学习的地方。正如苏联著名导演爱森斯坦所说："我们研究京剧，毕竟不只是赞赏一下它的完整性就算完结。我们要从中寻求一种可以丰富我们自己的经验的手段。"然而，中国京剧这样一种恪守规范程式的艺术与苏联艺术家的思想体系完全不一致，他们又能从中学到什么？

当时的苏联戏剧界，正盛行戏剧家斯坦尼斯拉夫斯基在继承和发展了欧洲体验派的传统后所创立的表演体系，即：演员在表演时，应生活于角色的生活之中，每次演出都要感受角色的感情，将此内部体验过程视为演员创作的主要步骤。这是戏剧界的第一大流派——"体验派"。比如，演员在舞台上演一个角色时，他将没有了他自己，他将完全变成那个角色，与观众毫无任何交流，他只是通过他的表演去感染观众，尽可能让观众产生他就是那角色的幻觉。

斯氏的这一强调演员要在内心做多方面的深刻体验的理论，自然也影响到了电影界。爱森斯坦一方面是斯氏理论的拥护者，另一方面又在实践中发现演员在有了体验之后，却没有恰如其分的表现手段，而京剧的艺术手法和风格所强调的，却正是他们所缺乏的，所以他认为他找到了要汲取的经验，"就是构成任何一种艺术作品核心的那些要素的总和——艺术的形象化刻画。"

与斯坦尼斯拉夫斯基的"体验派"完全相对立的是德国戏剧家布莱希特的"叙述派"，这是世界戏剧界的第二大流派。布莱希特强调演员在创作过程中，应当理智，应当抽离于角色，即"我是我，角色是角色"，这自然与斯氏的"我就是角色"相悖。在表现手段上，"叙述派"多运用半截幕、半边面具、文字标题的投影、舞台机械与灯具的暴露、不时打断动作的歌曲、间离性的表演以及分离场面的蒙太奇等。手法虽然多种多样，但目的却只有一个，那就是要不断地告诉观众：我是在演戏，并时时提醒观众不要陷入剧情而不能自拔，而应该头脑冷静、理智。

布莱希特的"叙述派"理论体系在 1935 年梅兰芳到苏联演出时还没有成形，那时，他只是有某种朦胧感觉，却并没有清晰的概念。两年前，他因为希特勒疯狂迫害革命人士和进步作家而不得不离开祖国，远走他乡，流亡西欧和美国。梅兰芳到苏联演出时，布氏恰好正在苏联，便有幸观看了梅剧。令他难以置信的是，梅兰芳的戏，给了他极大的启发。次年，他撰写了一篇论述中国戏曲表演方法的文章《中国戏曲表演艺术中的间离效果》。在文章中，他盛赞梅兰芳为代表的中国戏曲表演艺术，认为他"多年来所朦胧追求而尚未达到的，在梅兰芳却已经发展到极高的艺术境界"。

现在看来，梅兰芳演剧中的如"自报家门""吟定场诗""旁白或旁唱"等使人物动作中断的表演手法，与布氏的"演员要抽离角色"的观念一致。这恐怕就是布氏的"叙述派"理论是受到梅氏的启发而最终确立的主要原因。

与布氏的"演员不能进入角色,有时还要站在角色的对立面"的严格
要求不同,与斯氏的"演员要进入角色,与角色浑然一体"的严格要求也
不同,梅兰芳的戏既要求演员在保持头脑高度清醒的同时有时也需要适当
地或深入地进入角色,用真情实感去感动观众,力求做到"有我"与"无
我""似我"又"非我"的辩证统一。为此,梅兰芳常引用"你看我非我,
我看我我亦非我,他装谁像谁,谁装谁谁就像谁"这一戏曲联语,来说明
戏曲表演艺术中创造人物形象的一个基本方法。

用戏剧界流行的术语"第四堵墙"分析,更可清晰地区分三者的不同。
所谓"第四堵墙",通俗地说,就是匣形的舞台的左、右、后用布景构筑的
内景便形成了三堵墙。斯氏理论认为:演员和观众之间,也就是舞台和观
众席之间应该有一道第四堵墙,它隔断了演员和观众之间的交流;布氏理
论则认为:要打破这第四堵墙,让演员和观众之间能够产生交流;对于梅
兰芳来说,这堵墙根本不存在,也就无所谓打破不打破。

如此分析后,可发现斯坦尼斯拉夫斯基、布莱希特的戏剧理论是截然
相对立的,而梅兰芳的戏剧理论却是中立的、折中的,因而更健康、更艺
术。从梅兰芳演剧对布莱希特戏剧理论的影响,以及梅兰芳戏剧理论体系
的最终确立可知:梅兰芳 1935 年的访苏演出,意义重大,影响也最大,甚
至超过了访日和访美。

1981 年,中国戏剧教育理论家黄佐临在一篇题为《梅兰芳、斯坦尼斯
拉夫斯基、布莱希特戏剧比较》的文章中,全面论证了中国传统戏曲的八
大外在和内在的特征,把它提升到理论高度,并率先将梅氏、斯氏、布氏
三者不同的戏剧理论归纳为"世界三大戏剧理论体系"。

与余叔岩

翠袖改倚杜仲树

梅、孟参加杜月笙举办的「义赈会」，却失之交臂

梅兰芳返回北平，和弟子程砚秋打对台

孟小冬南下上海，成了杜月笙的又一个女人

「七七」事变后，梅兰芳拒绝登台

孟小冬赴香港，和杜月笙、姚玉兰会面

梅兰芳赴香港，从此滞留于此

孟小冬拜师余叔岩

梅兰芳曾经救赎余叔岩，余叔岩誓言「甘愿为兰弟挎刀」

从苏联返回上海的梅兰芳，差点儿又和孟小冬相遇。因为此时，孟小冬也来到了上海，她是应邀来沪参加赈灾义演的。同时，梅兰芳也接到了邀请。

这年夏天，长江中下游地区暴发大规模的洪灾，众多省市受淹，导致灾民无数。为了赈灾，杜月笙在上海发起成立了"筹募各省水灾义赈会"，自任会长。义赈会的一个很重要的活动，就是遍邀名伶进行演剧筹款，也就是名伶们常常参加的赈灾义演。为配合义演，黄金荣将其创办的黄金大戏院贡献了出来，供免费使用。整个义演活动，持续了一个月。

按照事先计划，义演分成两期。参加第一期义演的名流、名票和名伶，有杜月笙的姜姚玉兰、上海"流氓大亨"之一张啸林、银楼小开裘剑飞（周信芳的大舅子）等，以及金少山、姜妙香、萧长华、刘连荣、朱桂芳、王少亭、苗胜春、盖三省等，还有就是刚刚从苏联演出回来的梅兰芳。

如果说在这一期里最引起轰动的演员，不是张啸林，也不是梅兰芳，而是姚玉兰。义赈会，是杜月笙发起的；义演，是义赈会组织的重要活动。作为杜月笙的姜，姚玉兰当然备受瞩目。她不但一人独演了《逍遥津》《刀劈三关》《哭祖庙》《李陵碑》等传统老生戏，还反串了老旦戏《钓金龟》。然后，她又和梅兰芳合作了一出《穆柯寨》。最后一天的演出尤为精彩，杜月笙亲自上阵，客串了一出《落马湖》，然后，梅兰芳和姚玉兰合作《四郎探母》。

在这样的一个名伶齐聚的场合，不可能缺了孟小冬。何况这次义演是杜月笙组织的，姚玉兰似乎又是主角，而孟小冬和姚玉兰是结拜姐妹，杜月笙对孟小冬又早已情愫暗生。因此，他们无论如何都会邀请孟小冬的。然而，孟小冬并没有参加第一期的演出。这或许是杜月笙的刻意安排。

于是，孟小冬参加了第二期的义演，和章遏云并挂头牌，主演大轴。原定计划，她是要演12天的，但实际上只演了8天。后面4天，她因病回戏了。这个时候，她的身体非常不好，尽管她此时只有28岁。其实在平、津演出时，她就因为身体原因演完一场后往往会休息好几天。这次在上海，她不得不天天登台，而且演的又都是极度消耗体力的吃重大戏，如全本

《珠帘寨》、全本《法门寺》、全本《四郎探母》等，因此在咬牙坚持了 8 天后，再也撑不下去了。

至于孟小冬的身体何以如此，除了自然体质外，不排除有其他因素。有人曾经分析说，她唱戏，绝对地认真到倾尽全力，甚至一个字、一个腔都从来不马虎、不敷衍，因此她唱一出戏，相当于别人唱几出戏。长年如此，体力消耗极大，无形当中损伤了身体。客观地说，这并非主要原因。很明显，她是在和梅兰芳分手、重新登台后，才表现出身体欠佳的。

自从嫁给梅兰芳后，孟小冬就退出了舞台，人说唱戏的拳不离手、曲不离口，而她一"离"就是四年多。这四年多的疏离，需要数倍于四年的时间和精力才能挽回。和梅兰芳分手后，她痛苦而绝食，然后长年吃斋，无论是身体还是心理，都遭到极大损害。还有一个很重要的原因，那就是她也像梨园行许多艺人一样，嗜好抽大烟。这一切，都使恢复登台的她感到前所未有的吃力。

为此，她更加痛苦。感情受挫后的痛苦，她可以用恢复唱戏来弥补，而不能唱戏的痛苦，该用什么来弥补呢？后来成为梅兰芳秘书的上海戏曲评论家许姬传去探望病中的孟小冬，孟小冬对他说："我是从小学艺唱戏的，但到了北方后，才真正懂得了唱戏的乐趣，并且有了戏瘾，这次原定唱四十天（此说有误），现在突然病倒了，我觉得此后不能长期演出，我的雄心壮志也完了。"

当她和梅兰芳结合后，她以一般女人惯有的思维认定找到了感情归宿，从而甘愿放弃了艺术追求。那时，她没有因为"不能长期演出"而感到"雄心壮志完了"。当她失去了感情依靠时，她这才觉得"能长期演出"是她的"雄心壮志"。只可惜，她醒悟得迟了些。

生活在北平的孟小冬，并不拒绝南下上海；生活在上海的梅兰芳，当然也不拒绝北上北平。一旦有机会，孟小冬明知道梅兰芳生活在上海，也还是心平气和地南下；梅兰芳明知道孟小冬生活在北平，也照样坦坦荡荡地北上北平。只不过，梅兰芳在离开北平长达 4 年之后，才于 1936 年回了一次北平。

此次回北平，梅兰芳做了三件大事：一是收了李世芳为徒；二是见了杨小楼最后一面；三是跟弟子程砚秋打了一次对台。

和梅兰芳一样，杨小楼不仅是京剧界一位举足轻重的人物，也是一位爱国志士。北平、天津沦陷前，冀东24县已经被汉奸所控制，距北平不远的通县就是伪冀东政府的所在地。1936年春，伪冀东长官殷汝耕为庆贺生日，在通县举行大规模的堂会。此时，北平最大名角儿便是杨小楼，他也就成为他们的主要邀请对象。但是，他们无论是以通县到北京乘汽车只用一小时为由，还是允诺给加倍的包银，甚至提出加倍的包银还嫌少的话，任由杨老板开，杨小楼始终不松口而加以婉拒。

梅兰芳回北平后，去探望杨小楼，和他说起此事，劝说道："您现在不上通县给汉奸唱还可以做到，将来北平也变了色怎么办！您不如趁早也往南挪一挪。"

杨小楼似已做好了"北平变色"后的准备，他说："很难说躲到哪儿去好，如果北平也怎么样的话，就不唱了，我这么大岁数，装病也能装个十年八年，还不就混到死了。"

一年后，北平沦陷，杨小楼果然称病再也不肯登台，不久就病逝了。因此，梅兰芳这次和杨小楼相见，竟是他俩的最后一次。

众所周知，"四大名旦"中的梅兰芳和程砚秋关系最为特殊。程砚秋曾经拜师梅兰芳，两人有师徒情谊。今天重提这对师徒，许多老戏迷仍然津津乐道于他俩的两次"打对台"，一次是在1936年，一次是10年后的1946年。对于某些不怀好意的人来说，他们也很愿意看到师徒对台的情景，因为他们又有了挑拨离间、煽风点火的机会。但实际上，这样的对台戏，是一种正常的艺术竞争。

宽泛地说，他俩的第一次打对台并不是在1936年，而是在1924年4月间。当时，程砚秋连续公演了两部新戏，《赚文娟》和《金锁记》，上座极盛，按照程师罗瘿公的说法，为京师剧场之冠。这个时候，能与程砚秋抗衡的，只有梅兰芳。虽然梅兰芳此时只有一部新戏，那就是《西施》，但他毕竟是旦行翘楚，声名无人能挡，无论演新戏，还是重拾旧剧，都极具号召力。因此，罗瘿公在写给朋友袁伯夔的一封信里，这样说："近者，偌大京师各剧场沉寂，只余梅、程师徒二人对抗而各不相上下。梅资格分量充足，程则锋锐不可当，故成两大之势。"

严格说来，这次对台并非真正意义上的打对台，只是不凑巧，在整个京剧界颇有些萧条的情况下，只有他俩仍然活跃在各自的舞台上。从程砚秋的内心来说，此时，他也并没有要故意与师傅打对台。

程砚秋不仅没有这方面的想法，甚至在有机会与师傅打对台时，竟然为顾及师傅，主动放弃了一次对台的机会。那是在两年后，他结束在香港的演出，回平途中路过上海。在他去香港前，曾与上海"共舞台"的老板约好，待他自港回来后，在上海唱一个月。然而，当他回到上海，准备履行他之前的承诺时，意外地发现，梅兰芳受上海"丹桂第一台"之约，正准备来沪演出。考虑到此时留沪演出一个月，期间势必要与梅兰芳打对台。他对梅兰芳是尊敬的，他不愿意看到师徒对台的情景，他认为这样做，是对师傅的大不敬，肯定会伤害到梅兰芳，尽管他这个徒弟并不一定能赢得了师傅，但他还是决定避开为好。于是，他和"共舞台"商量后，提前返平。

在梨园界，师徒之间、长辈与晚辈之间打对台，是经常发生的事。大多数情况下，都不是他们故意要和对方过不去，而只是巧合不幸遇上罢了。

梅兰芳迁居上海后，北平戏院旦行的领袖人物也就是程砚秋了。在这几年里，尽管程砚秋出国考察了一年多，但相比梅兰芳，北平的观众还是看程多于看梅的。因此，1936年，当离平数年的梅兰芳首次北返，并且重新登台，自然吸引了大量渴求已久的梅迷们。加上他将票价只定为1.2元/张，并不昂贵，而且与他配戏的演员阵容十分强大，有老生杨盛春、小生程继仙和姜妙香、丑角萧长华等，演出的剧目又多是梅派名剧。所以，包括杨小楼在内的名角儿自知不是对手，也就主动减少演出场次，避开梅的锋芒。只有程砚秋毫不畏惧。

这个时候的程砚秋也早已不再是只为吃饭而唱戏的普通演员了，他有了自己独特的艺术思想，也对戏剧有了更深的认识。他出国了一次，不是演出，而是考察，他对自己长期的演出实践进行了理论总结。同时，他对师徒关系，对打对台戏，也有了不同于以往的认识。他不再以为与师傅打对台就是对师傅的不敬，相反，他认为只有一代超越一代，社会才能不断进步。更重要的是，出于自身生活的考虑，也为了不影响全团演员一家老小的生活，面对师傅的强大号召力，他也不能退缩。于是，他执意在前门外的中和戏园，在杨小楼等人每周只敢演一场的情况下，坚持每周演出两场。

虽然程砚秋的演员阵容也十分强大，演出剧目也都是程派拿手戏《金锁记》《碧玉簪》《青霜剑》《鸳鸯冢》等。但是，在这场师徒对决中，他还是不敌梅兰芳。除了梅兰芳的号召力，以及久未在京城露面的原因外，也有其他客观原因。比如，程砚秋所在的中和戏园离梅兰芳所在的第一舞台相距只有两里路，观众花同样的价钱，不如去看梅兰芳。另外，中和戏园只能容纳 800 人，比第一舞台要小许多。所以，单纯就观众人数论，程砚秋也不可能胜得了梅兰芳。

此番师徒对台，外界传言甚众，多是说徒弟程砚秋故意为之，实有不敬之嫌。当然，支持程砚秋者也有不少，他们觉得他能够不惧师傅声威，勇于挑战的精神着实令人敬佩。这于他自己，于中国戏剧都有益无害。

整个 1936 年，孟小冬因为身体原因，很沉寂，不怎么登台，甚至不怎么露面。梅兰芳返回北平的消息，她是应该知道的，哪怕没有人特意告诉她，她也能从报纸上刊登的演出广告中获悉，只不过，无人能知道她当时的真实内心。也许暗起波澜，也许无动于衷。

完成在北平的那三件大事后，梅兰芳重返上海。次年 5 月，孟小冬南下上海。这次，她是应邀来参加黄金大戏院搬迁后的开幕典礼。

开幕典礼很热闹，除了孟小冬，戏界还有专程从北平赶来的"四大名旦"之一的尚小云、名武生李万春，还有老生马连良、名旦张君秋、"芙蓉草"赵桐珊，以及叶盛兰、马富禄等。杜月笙笑言，这"可称得上是一场'群英会'了"。典礼后的第一场戏，是马连良和张君秋合作的《龙凤呈祥》。不过，最出人意料、也最出彩的一个环节，是开幕仪式中的剪彩礼。主办方别出心裁，特别设计了孟小冬、陆素娟、章遏云三位女伶参与剪彩。

令人奇怪的是，既然又是一个名伶齐聚的场合，主办方大费周章从北平邀请名伶，却为什么单单缺了生活在上海的梅兰芳呢？难道为了避开孟小冬？其实，梅兰芳此时并不在上海，而是去了长沙和汉口。3月左右，他到长沙演出。之后，他第四次赴汉口演出，随行的有萧长华、奚啸伯、王少亭、刘连荣、王泉奎、朱桂芳等。演出的主要剧目，是他新创排的迎合抗战的大戏《生死恨》。

因此，不论有意还是无意，此次，梅、孟二人又一次失之交臂。又不知是有意还是无意，主办方特别邀请了陆素娟，而且让孟小冬和陆素娟共同剪彩，这不免让人浮想连翩。

人称"第一美人"的陆素娟出身于京城的八大胡同，曾经是韩家潭西口"环翠阁"的名妓，自幼嗜剧，12岁时开始学戏，初学老生，串演过《珠帘寨》，后转学青衣，主工梅派，师从朱桂芳，更频繁观摩梅兰芳演出，渐渐地就成了梅派传人了。

在梅兰芳迁居上海后，北平的梅迷们看不到正宗的梅戏，只能看梅派传人的梅戏，特别爱看陆素娟的戏。一来陆素娟学梅学得有板有眼，很得精髓；二来梅兰芳走后初期，他原来的班底赋闲了下来。他们跟惯了梅兰芳，眼界很高，不太愿意跟其他人。但时间长了，没有收入生活成了问题，他们也只好屈就。挑来挑去，就跟了陆素娟——毕竟是唱梅派的嘛。在没有梅兰芳的情况下，陆素娟率梅剧团的其他成员唱梅戏，多少也能让戏迷们望梅止渴。

如今，孟小冬跟正宗的梅派传人陆素娟站在一起，使好事者们血脉贲张。他们似乎又看到了孟小冬和梅兰芳，忍不住又想起他俩过去的种种。有了这样的"噱头"，黄金大戏院的这次开幕典礼，赚足了世人的眼光。

孟小冬此次赴上海，对她来说，是她人生的一次重大转折——她成了杜月笙的又一个女人。促成他俩关系的，正是杜月笙的四姨太姚玉兰。

姚玉兰嫁给杜月笙后，因为只是四房，所以未能住进杜公馆，而只能另择新屋。杜月笙的前几房太太都是苏州人，很齐心，共同抵制姚玉兰。长期以来，姚玉兰孤立无援，心情一直很郁闷。她知道杜月笙对孟小冬有好感，而且很想占为己有。如果出于女人本能的嫉妒心，她似乎应该很排斥孟小冬。事实却相反。

也许是因为她一方面很清楚杜月笙的为人，自己绝不可能是杜的最后一个女人，既然如此，还不如为杜物色一个跟她有亲密关系的人。这样一来，杜肯定会对她感激万分而不至于有了新欢而厌弃旧爱，她也因此能长保自己的地位；另一方面，她也需要有人跟她结成妾的同盟，共同对抗杜的那几个苏州女人。孟小冬显然是很合适的人选。她也是北方人，她们又是结拜姐妹，杜月笙早已对她垂涎三尺，而她刚刚经历感情挫折，正处于感情脆弱期。

于是，这次，在孟小冬抵达上海后，姚玉兰万分殷勤地邀请她住进她和杜月笙的家。孟小冬照办了。三人同在一个屋檐下，该发生的事就发生了。也许一开始孟小冬有被迫的成分，但是后来，她还是接受了既成事实。

虽然外人很难因此指责孟小冬，但许多人对她的选择还是表示出不解和遗憾。如果说她和梅兰芳结合，很大程度上是出于感情的需要，那么，她跟杜月笙在一起，是出于什么呢？是因为钱？是因为权？还是也因为感情？外人无从知晓。从另一个方面说，当初，她绝然和梅兰芳分手，不是因为她不能容忍"妾"的身份吗？她不是认为梅兰芳负了对她"两头大"的承诺吗？那么，如今，她又为什么愿意跟有四房姨太太的杜月笙牵扯在一起，而且还无名无分？或许，只是因为她寂寞，她孤独，她脆弱，她需要依靠。

从 5 月到 7 月，孟小冬和杜、姚同住了两个多月。"七七"事变后，国内形势严峻，杜月笙和姚玉兰为避战祸，离沪去港。孟小冬没有同去。此时，她没有名分。于是，她只好孤身一人返回北平。

孟小冬刚刚离开上海，梅兰芳结束在外地的巡回演出后，返回了上海。上海已继北平"七七"事变、上海"八·一三"淞沪抗战后沦为日寇天下。全国人民开始进入艰苦的八年抗战时期。

树大招风，就梅兰芳的名气，日本人、汉奸都是不会放过他的。当然，他们也不至于无缘无故将他抓去杀了，但请他唱戏以"劳军"、作些"大东亚共容"之类的宣传还是大有可能的。在日本人看来，他曾两次访日，与日本的关系非同一般。如果他不情不愿，性命也是难保的，梅兰芳深知自己的处境。

果然，在他回到上海不久，就有人找上门来，希望他到电台播一次音，至于播什么音，说什么话，自然是明摆着的。梅兰芳既然早已明白自己的处境，所以对此也早有准备，他沉着冷静地以正准备赴香港和内地演出，实在抽不出时间为由给了来人一个软钉子。

虽然取得了第一个交锋的胜利，但梅兰芳深知有第一次就会有第二次、第三次。不久，又有人找上门，苦口婆心地劝他演几场营业戏，并声称"营业戏与政治毫无关系"。说实话，这句话确实有些让梅兰芳动心。唱戏的以唱戏为生，唱戏是唱戏的职业，是饭碗，是赖以养家糊口的工具，不唱戏则意味着将一无所有。梅兰芳有些犹豫，但始终又拿不定主意，于是去找几位朋友商量。

大家对此众说不一，有的说："虽然上海陷落，为了养家糊口，做生意的照常做生意，我们唱戏的唱几场营业戏，是给老百姓看的，又不是为敌人演出，有什么关系呢。"对此，冯幼伟表示反对，他的理由是："虽然演的是营业戏，可是梅兰芳一出台，接着日本人要你去演堂会，要你去南京、东京、'满州国'演出，你如何回绝呢？"

1957 年，梅夫人福芝芳回忆当时的情景时说："我们家的大主意都是大爷自己拿，这一回我可是插了句嘴。我悄悄地提醒他：'这个口子可开不得！'还真和他碰心气了，他当时把香烟一下子掐灭，立起身来大声说：'我们想到一块儿了，这个口子是开不得！'"就这样，他再次拒绝登台。

不能说梅兰芳说要到香港演出完全是欺骗，他确有此考虑。那时候的人要想逃离日寇统治区只有两条路，不是去内地就是去香港。"播音事件"的发生促使梅兰芳下定了尽快离开上海去香港的决心。他首先利用冯幼伟到港公干之便请他预为布置，又委托交通银行驻香港分行的许源来代为与香港利舞台联系赴港演出事宜。

一切安排就绪后，梅兰芳于1938年春率梅剧团到达香港。在利舞台演出了一段时间后，剧团其他成员北返，梅兰芳就此留在了香港，住在香港半山上的干德道8号一套公寓里达4年之久。

到了香港后的梅兰芳这才发现杨小楼所说"很难说躲到哪去好"的确是有先见之明的。香港不是世外桃源，上海的流氓恶势力早已蔓延到了香港。梅兰芳在利舞台演出期间，就曾发生过一起冯幼伟被流氓毒打事件。

冯幼伟因为帮助梅兰芳赴港演出得罪了上海的一个流氓头子芮庆荣（外号小阿荣）。当时，芮庆荣很想包办梅兰芳赴港演出事宜，多次找过梅兰芳，但没有成功，他怀疑冯幼伟从中使坏，便伺机报复。到港后，冯幼伟按惯例每晚到利舞台看梅兰芳演出，戏散后，他还要到后台与梅兰芳闲谈几句，然后再回位于浅水湾的住宅。

一天夜里，冯幼伟未等梅兰芳卸完妆就先告辞了，可走后不久又满脸满身鲜血跌跌撞撞地回来了，把正在卸妆的梅兰芳和正陪梅兰芳说话的许姬传吓得不轻，他们打了急救电话后，方问冯幼伟事情经过。原来，他走出利舞台不远，突然感觉有人从身后冲过来，未及反应，就被一闷棍打倒在地，幸得路人相救。凶手见周围人太多便丢下作案的凶器，一根外面裹着旧报纸的圆铁棍。这根铁棍是圆的，否则，冯幼伟也就不会是流点

梅兰芳一家人在香港（1938年）

血那么简单了。不过，他的伤足足养了半个多月才见好转。

离开了上海，梅兰芳起初以为就此可以安心了，冯幼伟被打一事让他已经放下的心复又悬了起来。流氓打的是冯幼伟，不能不说还含有威胁他梅兰芳的意思。香港也不安全，他还得加倍警惕。演出结束后，他便深居简出，以学习英文和世界语、画画、打羽毛球、集邮、与朋友谈掌故、收听广播打发每一天，偶尔外出看看电影，有时晚上拉上窗帘悄悄唱几段，吊吊嗓子。

梅兰芳不曾想到，这年年中，孟小冬也悄悄来了一趟香港。

自从和杜月笙、姚玉兰于上海分别后，孟小冬回到北平。时局动荡，戏自然是无法演了。她一方面安心休养，一方面也可能是因为百无聊赖，竟收养了一个小女孩为养女。这个女孩乳名大玉子，后来人称"玉妹"。此时，孟小冬实足30岁，仍然孤身一人，没有自己的家庭，更没有子女。"没有子女"的说法并不准确。据说，她在北平时生过一个女孩，后来送了人。或许她对未来能否有一个正常的家庭生活感到失望，这才动了收养的念头吧。

远在香港的杜月笙无法忘却孟小冬，也为她仍身处日寇占领下的北平而感到不安。于是，他通过留在上海的账房先生黄国栋，给孟小冬写了一封信，让她也去香港。可以想见，在如此恶劣的环境下，孟小冬收到杜月笙的信，该是如何的心暖。她或许会认为，杜月笙对她是真心的，也只有他（当然还有姚玉兰）能够给予她温情。于是，她立即收拾行装，动身去了香港。

不知为什么，孟小冬在香港只逗留了几个月。然后，她又孤身一人，途经上海返回了北平。颇为神秘的是，去港时，孟小冬身边只有一只皮箱；北返时，她带了五只皮箱。与此同时，杜月笙写信给黄国栋，让他负责护送孟小冬北归，并确保她，还有那五只皮箱的安全，并特别嘱咐不能让日伪查扣皮箱。黄国栋虽然并不知道那些皮箱里装了什么，但他恪尽职守，以手上的一张"特别通行证"将孟小冬安全送抵北平。至于皮箱里的东西，无人能知。

1938 年的梅兰芳，在人们的视线中消失了，他卸下名人光环，抛下一切辉煌，在香港过着深居简出的平凡生活；1938 年的孟小冬，却很高调。这年 10 月，也就是她自港回平后不久，正式拜老生泰斗余叔岩为师，并在众人的祝贺声中，照老规矩行了拜师礼，成为余叔岩唯一的女弟子。

对于余叔岩，梅兰芳和他颇有渊源。

大约在 1918 年秋天的时候，梅兰芳在喜群社挂头牌。有一天，冯幼伟来找他，对他说："前两天，李（经畬）先生来找我，和我商量叔岩搭班一事，他曾劝叔岩搭班，说是不能总是长此闲居，叔岩表示'只愿为兰弟挎刀'，所以，李先生来找我，让我来问问您的意思。"

"叔岩"便是余叔岩。他比梅兰芳大 4 岁，名第祺。和梅兰芳一样，他也出身梨园世家，祖父余三胜与程长庚、张二奎并称为老生"前三鼎甲"。他的父亲余紫云是著名的旦角演员，也是"花衫"行当的奠基人。余叔岩自小宗谭（鑫培）派，天资聪慧而有"小小余三胜""小神童"之名。也正因为如此，他沉沦一时，倒嗓后，嗓子难以恢复而憾别舞台。他曾对梅兰芳感慨道："咱们这一行，刚出门，红起来时，的确得有人看着，太自由了，就容易出岔儿。"

好在余叔岩清醒后，对过去的行为，很后悔。这时，他结交了不少外行朋友，这些朋友中有的是父亲余紫云的故交，有的是自己的新朋，他们无不赞叹他在"小小余三胜"时代的辉煌，对他倒仓后嗓子的衰败无不惋惜万分。他们力劝他钻研剧本文学，讲求声韵，辨别精粗美恶，并且注意生活作风。在大家的规劝下，他从此振作起来，开始学习谭派艺术。

经过几年的刻苦锻炼，余叔岩的嗓子有所恢复，也恢复了自信。这时，梅兰芳已经大红。余叔岩一心想跟梅兰芳合作，就是按照他自己的说法，"为兰弟挎刀"。梅兰芳也很乐意，他提议让余叔岩加入喜群社。

对于梅兰芳的提议，喜群社其他人纷纷表示反对。他们认为班社里已有头牌老生王凤卿，再加入一个也唱老生的余叔岩，戏码不好分配，而且还要增加开支。梅兰芳坚持说："我已经答应了叔岩，你们务必把这件事办圆了。"他们看在梅兰芳的面子上，只好同意，但表示余叔岩的戏码排在倒三，戏份是王凤卿的一半。

当时，梅兰芳戏份是每场 80 元，王凤卿是每场 40 元。这样，余叔岩只能拿到每场 20 元。梅兰芳认为给余叔岩的戏份过低，试图再为他争取一些。王毓楼、姚佩兰以余叔岩还要带钱金福、王长林等陪他唱的配角同时加入，这些人也要另开戏份，所以以负担过重为由拒绝了梅兰芳的要求。梅兰芳考虑到王毓楼、姚佩兰也存在着实际困难，便也不再坚持，但他很担心余叔岩不答应。意外的是，余叔岩毫不在乎戏份，满口答应。从此，两人开始了一段时间的合作。

不久，两人首次合作《游龙戏凤》。这天晚上，吉祥戏园座无虚席，许多内行、票友都赶来要一睹梅、余的初次合作。

在后台时，梅兰芳发现余叔岩有些紧张，摸摸他的手，果然是冰凉的，他知道余叔岩肯定在担心自己的嗓子在关键时刻出问题。余叔岩之所以紧张，不完全是为了他自己，也担心如果自己出问题而连累了梅兰芳。梅兰芳安慰他："三哥，沉住了气，这出戏，我们下的功夫不少，大家都烂熟的了，您可别嘀咕嗓子。"

余叔岩怕梅兰芳因担心他而影响心情，便连忙挤出笑道："我听您的。"说完，他故作镇静劝梅兰芳不必担心他，梅兰芳就回到了自己的扮戏房。

开锣后，余叔岩首先出场，梅兰芳在门帘边听到喝彩声，始终提着的一颗心才算慢慢放下来，但他仍听得出余叔岩因为还有些紧张的原因，嗓音有些闷。梅兰芳出场后，余叔岩好像有了依靠，或者说得到了鼓励，他的心情这才慢慢得以平静，越唱越好，嗓子也随之唱开了、唱亮了。

之后，余叔岩的嗓子越变越好，名声随之越来越大，渐渐超过了喜群社里另一个老生王凤卿。但是，按照事先说好的，余叔岩的戏份只能是王凤卿的一半。如果两位老生同台，余的戏码还必须排在王之前。这一切，都让余叔岩心里有些不舒服。梅兰芳也看在眼里。有一次，喜群社在开明戏院演出。梅兰芳特地将余叔岩主演的《珠帘寨》列为大轴，而他自己，在戏里配演了一个小角色。明眼人一看便知，梅兰芳试图以此方式安慰余叔岩。

1920年，杨小楼组织了"中兴社"，邀请余叔岩加入。余叔岩认为是该离开梅兰芳的时候了。梅兰芳舍不得他走，一再挽留。不过，他的心里很清楚，所谓"一山容不下二虎"，喜群社里有王凤卿，余叔岩就难有出头的机会。如果他跟王凤卿分手，余叔岩肯定就会留下来的。但是，那样做又对不起王凤卿。反过来，余叔岩当初进入喜群社，是知道自己在社里的身份的，梅兰芳当初并没有欺瞒他。那时，余叔岩无甚名气，正处于默默挣扎的状态，自然不计较。如今，红了，名声大了，却又对这样的身份感到不满了。对此，很多人都看不惯，背地里议论他翅膀硬了，就要飞了。

梅兰芳却很大度，他甚至这样对余叔岩说："这一年多来，让三哥挎刀，确实委屈您了。可是凤卿与小弟合作多年了，我第一次赴上海，打开南方的局面，靠的就是凤卿，如今我又怎能撇开他呢？一切都请三哥包涵了。"

余叔岩表示他是很感激梅兰芳的。客观地说，没有梅兰芳，也就没有他余叔岩的今天。他其实是依傍着梅兰芳，才重新崛起的。所以，他对梅兰芳，自然毫无怨言。只不过，人往高处走，他的去意已定。梅兰芳见拦不住，也就不说什么了。两人约好，最后合作一次《游龙戏凤》。

那天的演出，观众情绪十分高涨，他们知道，这是梅、余二人的分手演出。戏演到一半，出问题了。当时，观众席中有不少直系军阀的军人，一直一边看一边指手画脚议论着。当演到梅兰芳演的李凤姐和余叔岩演的正德皇帝的一段对话时，观众席中炸开了锅。这段对话是这样的：

李凤姐：有三等酒饭。

正德：哪三等？

李凤姐：上、中、下三等。

正德：这上等的呢？

李凤姐：来往官员所用。

正德：中等的呢？

李凤姐：买卖客商。

正德：这卜等呢？

李凤姐：那下等的么——不讲也罢。

正德：为何不讲？

李凤姐：讲出来怕军爷着恼。

正德：为君的不恼就是。

李凤姐：军爷不恼？那下等的就是你们这些吃粮当军之人所用。

听到这里，座中那些军人不高兴了，闹了起来，大骂："好你个梅兰芳，胆敢侮辱我们军人！"

然后，他们大吵大嚷，戏院大乱，戏被迫停了下来。后台管事连忙跑出来，又是拱手又是作揖，解释道："各位军爷，请息怒，这是剧本上规定的台词，绝不是故意骂军爷的。如果军爷不满意，我们马上就改台词。"

终于，戏得以继续往下演。但是，演的，没了精神；看的，也没了精神。这一场临别纪念戏，就这样草草收了场。

从此，余叔岩离开了梅兰芳。之后，梅（兰芳）、杨（小楼）、余（叔岩）三人鼎足而立，被称为"三大贤"。

"三大贤"的梅兰芳，是旦；杨小楼，是武生；余叔岩，是老生。因此，学旦的，都想拜梅为师；学武生的，都想拜杨为师；学老生的，都想拜余为师。孟小冬学老生，自然也很想拜余叔岩为师。其实，她和梅兰芳生活在一起的时候，如果要拜余，大可以通过梅兰芳的介绍。以梅兰芳和余叔岩的旧交，相信余叔岩不会不答应。但是，也正因为她和梅兰芳结合，连登台都是不可能的了，怎么还能拜师呢。错过了这个机会，当她离开梅兰芳后，再想拜余，就不那么简单了。

在孟小冬拜言菊朋为师时，言菊朋曾向她提议，还是应该拜余叔岩，因为他们的路子相合。孟小冬何尝不想呢？不过，以余叔岩的身份，是不会轻易答应收徒的。而且他为人孤傲，一般人很难接近。言菊朋就明确向孟小冬表示，他无法当介绍人。于是，孟小冬转托他人，向余叔岩表达想拜师的愿望。

余叔岩的女儿余慧清在其撰写的《忆父亲余叔岩》一文中，这样说："在梅兰芳身边的'捧梅集团'中，又因梅的两个妾的关系而分成'捧福派'和'捧孟派'。梅的原配王氏夫人在世时，孟小冬同她比较合得来；王氏夫人故世后，在'捧福派'和'捧孟派'的较量中，前者占了上风，孟小冬不甘继续为妾，遂离婚出走。当时的'捧福派'有冯耿光、齐如山等。由于父亲当时尚未收孟为徒，但她已私淑余派，其天赋很为我父亲所看重。因此在梅周围的两派争斗时，父亲就偏向于'捧孟派'。"

既然如此，当余叔岩得知孟小冬想拜师后，没有一口回绝，便是可以理解的了，他甚至有心应允而收下这个徒弟。不过，他的这个想法遭到夫人陈淑铭的大力反对。她反对的理由其实很简单：孟小冬是个女人，又是个年轻的、容貌出众的女人，而且是个曾经做过梅兰芳妾的女人。她担心余叔岩收这样的女人为徒，将来保不住会惹出什么麻烦。余叔岩无奈，通过中间人回绝了孟小冬。但是，他向孟小冬推荐了鲍吉祥。就这样，孟小冬拜了鲍吉祥。

不久，陈淑铭因病去世。一年后，即1934年年底，北洋政府陆军次长杨梧山由沪抵平，北平警察局秘书长窦公颖设宴为杨接风，特别邀请了余叔岩和孟小冬。余叔岩和杨梧山是旧识，而且关系很密切。席间，有人重提孟小冬拜师一事。孟小冬也乘此机会请求拜师。余叔岩有些犹豫，此时，他有顾虑，一来是因为夫人已死，孤寡一人，收个女徒，怕遭人猜忌；二来还是因为孟小冬和梅兰芳的关系。他一直称梅兰芳为"兰弟"，孟小冬自然是他的"弟妹"。他担心他在死了夫人之后收孟小冬为徒，会引起误会而伤害到梅兰芳。

孟小冬本来就一直对她和梅兰芳的关系耿耿于怀，又见余叔岩是因为这个原因而拒绝她，一时气急，竟脱口说了一句狠话："如果你不收我，我就自杀。"余叔岩一下子被吓住了。在座的又你一言，我一语地劝说余叔岩。在这样的情况下，余叔岩就是不答应也不行了。余叔岩答应了收徒，不过，他要求不要大张旗鼓地行拜师礼。几天后，在杨梧山家，举行了一个小范围的程序简单的拜师礼，孟小冬只磕了一个头。

1935年1月19日的《天津商报画刊》刊登了孟小冬拜余叔岩为师的报道。不知为什么，文中没有指名道姓，而用"须生大王某伶"代替余叔岩，用"坤伶皇帝某"代替孟小冬，还提到了梅兰芳，用"博士"代替。

文章这样写道：

> 谭派传人须生大王某伶自去岁断弦后，曾经友人建议，不再续弦，拟纳一小星，年前曾看定一人，嗣因八字不合，作为罢论。坤伶皇帝某，自与博士脱离后，重理旧日生涯，屡恳友人代为介绍，拟拜某伶为师，某伶因断弦之初，与某有性别嫌疑，始终未允，嗣经其至友杨某，一再说项，始得首肯，月前已在杨宅举行拜师典礼。

还是为了避嫌，孟小冬拜师后，不上余宅听教，而是隔三岔五地到杨宅。也就是说，余叔岩将授教的地点，设在杨梧山的家里。就这样持续了将近四年，直到 1938 年 10 月，他们的师徒关系，始终处于半保密状态，除了杨梧山等少数几个人，外界很少有人知道。

这年 10 月 19 日，余叔岩收李少春为徒，在泰丰楼饭庄举行了隆重的拜师礼。应邀参加的有朱家奎、鲍吉祥、叶龙章、郝寿臣、王福山、吴彦衡、李洪春、高庆奎、王凤卿、谭小培、阎世善、慈瑞全、李玉安、丁永利、尚小云和袁世海等，场面十分热闹。在拜师礼上，李少春呈给师傅的礼物有：四季衣料、一件水獭皮大衣、一顶水獭皮帽，以及给师娘、师姐妹们每人一份礼品。

也就在这次的拜师礼上，有不知情者为孟小冬打抱不平，半真半假地"斥责"余叔岩重李轻孟，理由是李少春提出拜师，他就收了；孟小冬很早就提出要拜师，他却始终不肯。据说，当时，余叔岩为自己辩解的理由，还是孟、梅关系。有人开玩笑说那就让梅兰芳出面表个态，又有人提议如果为了"男女授受不亲"的问题，那就让余的二位女儿陪学，也可避免闲话。余叔岩含笑无言。

乘此机会，在李少春拜师两天后，即 10 月 21 日，还是在泰丰楼，由杨梧山出面张罗，又补办了一个拜师礼。这次拜师的就是孟小冬。事实上，这个拜师礼只是一个对外公开余、孟师徒关系的形式。从此以后，孟小冬明正言顺地立雪余门，更加用心地学习余派。

息演

云淡碧天如水

孟小冬求教余叔岩，甚少演出

梅兰芳蓄须明志，谢绝舞台

抗战胜利，孟小冬参加电台播音

梅兰芳复出，在上海演昆曲

杜月笙由港回沪，孟小冬再次入住杜公馆

梅兰芳在上海，第二次和弟子程砚秋打对台

孟小冬参加杜月笙庆寿演出，这是她最后一次登台自从泰丰楼拜师后，孟小冬不再上杨宅见师了，而是直接登师门，由余师的两个女儿慧文、慧清伴学。有的时候，李少春也在一旁听教。当时，余慧清是春明女中的高中生，酷爱京剧，但余叔岩一直不主张女儿下海，但不反对她们学戏。

孟小冬很会做人，在慧文、慧清面前很像是一个大姐，每次去余府，都要为两个"妹妹"带些礼物，不是上等衣料，就是高级饰品。当然，她更不忘常给师傅、师娘（余叔岩后来又娶姚氏）送礼品。此时，她早已很少登台，应该说经济状况不会太好。唱戏的一天不登台就少一天的戏份。然而，她却仍然出手阔绰。余家人都不知道，她的经济后盾，是杜月笙。

余慧文、余慧清都很喜欢孟小冬。当孟小冬向她们打听学戏时的注意事项时，她们和盘托出。比如，师傅开始说话时，徒弟要站立；学唱时，师傅不说坐，徒弟绝对不能坐；师傅授课时，徒弟不能用纸笔记而只能用心记等。余叔岩发现这个女徒弟越来越懂规矩了，心下大喜。因为不能用笔记，很多时候，孟小冬无法记全余叔岩所教授的唱腔。余慧清从旁帮忙，先用简谱记下，下课后让小冬对照着简谱复习，帮助回忆。孟小冬自然很感激慧清、慧文。后来，余慧文结婚时，她送了全堂西式家具；余慧清结婚时，她送了全部嫁妆。

对慧文慧清如此，对余叔岩和姚氏生的女儿慧玲，她也照顾有加。这时，慧玲只是一个婴儿。每次去余府，她都要抱一抱这个小妹妹。好多次，非常讲究仪容的她被慧玲吐了一身，而且还抓散了她的头发。尽管她心里多少有些不舒服，但她始终隐忍不发。这一切，让余叔岩对她十分满意，也就更努力地教她。

余叔岩教给孟小冬的第一出戏，是《洪羊洞》。1938年12月的一天，孟小冬在新新戏院公演这出戏。这天，她很早就到后台扮戏。过了一会儿，余叔岩也到后台，不是帮助她酝酿情绪，就是亲自指导她化妆。有师傅把场，孟小冬拜余后的首场演出，十分轰动而成功。

从1938年正式拜师到1943年余叔岩去世，孟小冬跟了余叔岩五年。这五年，余叔岩的身体由时好时坏发展到病魔缠身。最后几年，他因癌症折磨，终日疼痛不已。即便如此，他还是强忍着从病榻上爬起来一招一式亲自示范。常常地，他气喘吁吁、大汗淋漓却还是坚持着让孟小冬扶着他，又唱又做。此时，孟小冬泪流满面。学完了戏，她的身份由徒弟转换成看护，细心周到地照顾师傅的病体。师徒情谊之深，可见一斑。

就在这种情况下，孟小冬学会了近十部戏的全剧，除了《洪羊洞》，还有《捉放曹》《失空斩》《二进宫》《乌盆记》《御碑亭》《武家坡》《珠帘寨》《搜孤救孤》等。余叔岩教授李少春时，孟小冬旁听了《战太平》《定军山》等。其他一些戏，如《十道本》《法场换子》《沙桥饯别》等，余叔岩教了她一些片段或选段。还有的戏，如《八大锤》《李陵碑》《连营寨》《南阳关》等戏，他也进行了指点。

如此一来，粗略算算，孟小冬立雪余门几年，学了30多出戏，深得余派精髓。余叔岩曾告诫孟小冬："我传授你的每一腔每一字，都已千锤百炼，也都是我的心血结晶，千万不可擅自更改。"孟小冬牢记在心，从不敢篡改。尽管和李少春相比，她刚劲不足，但更具韵味。余叔岩总结这位女弟子的学艺成绩，认为她演唱为七分，念白为三分。这是余派弟子中得分最高的。所以后来，人们将她当作余派的"活标本"，以及领略余派的"活渠道"。

孟小冬学余派，除了余叔岩悉心传授外，还有一个人，也功不可没，他就是琴师王瑞芝。他原是言菊朋的琴师，但对余派也有很深的研究。孟小冬曾拜言，后又拜余，王瑞芝也由言派转向余派。每天下午三四点，他都准时到孟家，为小冬吊嗓、说戏，帮她复习前一天的所学。后来，余叔岩也很欣赏他的琴艺，让他当了兼职琴师。

在学余派的这几年时间里，孟小冬很少登台演出，一来正处抗战时期，娱乐业萧条；二来她也没有经济压力。有的时候，她只是应邀参加一些堂会。比如，1941年7月，她去了一趟天津，在英租界的陈某人家的堂会上，唱了一出《失空斩》。大部分时间，她都在王瑞芝的陪同下，专心向余叔岩求学。

也就是孟小冬立雪余门这几年，余叔岩的身体每况愈下，1941年确诊为膀胱癌，在一家德国医院动了手术。第二年，癌细胞扩散，他住进了美国协和医院。这时，美、日刚刚交战，协和医院遭日本人封闭，美国人都撤出了医院，撤出了北平，而中国医学专家大多去了后方。余叔岩拒绝日医诊治，病情日重。即便如此，孟小冬和琴师王瑞芝时常去余府，余叔岩精神不振时，他们就算是去探望、照顾余师；余叔岩精神振奋时，他们就照常学戏。

有一次，孟、王又到余府。刚坐定，余夫人姚氏来给余叔岩注射营养剂。针刚扎下，有客到，姚氏回头招呼，不想余叔岩胳膊扎针处冒出血来。余叔岩大怒，一把推开姚氏，让姚氏将针筒交给孟小冬，让她帮他扎。孟小冬很尴尬，但也不敢违抗师命，只好照办。姚氏本来就不喜欢孟小冬，这下就更迁怒于她了。

熬过了1942年，1943年到来了。余叔岩更加频繁地发病。5月16日，他几度昏迷。除了他的亲人，夫人、女儿等，还有孟小冬、窦公颖等都陪侍在侧。医生也来了，但已回天乏力。三天后，5月19日，他终于去世。

6月9日，梨园界在北平原田寺为余叔岩举行公祭。梅兰芳托人送来了挽联：

> 缔交三世，远武同绳，灯火华堂，赞乐独怀黄幡绰；
> 阔别七年，赴书骤报，风烟旧阙，新声竟失李龟年。

余门最得意的弟子，孟小冬也送上了挽联：

> 清方承世业，上苑知名，自从艺术寝衰，耳食孰能传曲韵；
> 弱质感飘零，程门执贽，独惜薪传未了，心丧无以报师恩。

孟小冬更亲至原田寺，参加公祭。她在师傅像前诚心磕头，在香炉前虔诚焚香，然后流着泪往鼎镬里扔锡箔。正在这时，姚氏哭着而来。她往鼎镬里扔的不是锡箔，而是余门祖传的"余派秘笈"，其中包括祖传戏本、余叔岩亲自修订过的手抄戏本、工尺曲谱本、听谭戏的笔记，还有戏照、戏衣等。余叔岩刚去世时，就有人四处打听这些异常珍贵的秘笈的去向。

他们有意将它们从姚氏手中买来，然后交给孟小冬。在大多数人看来，只有孟小冬最有资格继承这批余门资料。

眼睁睁看着这批秘笈被姚氏扔进火中，孟小冬本能地想冲过去火中取栗，却被姚氏的保姆拦住了。她伤痛不已，欲哭无泪。然后，主持人高呼："起灵！"按照事先安排，由余叔岩的两个弟子孟小冬、李少春，余叔岩原小舅子陈少霖，余叔岩外甥女婿程砚秋四人抬灵出寺。至此，孟小冬结束了她的学余经历。

整个抗战时期，孟小冬以学为主，甚少登台。梅兰芳呢，他自从1938年去了香港后，完全脱离了舞台。八年的时间，他的生活可以分成两个部分，前半部分，他生活在香港，后半部分，他隐居在上海。

在香港时，他学习英文、画画、打羽毛球、集邮、与朋友谈掌故、收听广播、偶尔外出看看电影。表面上看，他的生活虽然简单但很充实，更无惊无险。然而对于像他这样一个视舞台为全部生活中心甚至视艺术为生命的人来说，不能演出，不能创作，无异于虚度生活浪费生命。为此，他极度痛苦。很多时间，在夜深人静时，他关紧所有的门窗，再拉上特制的厚厚的窗帘，拂去胡琴上的浮灰，悄悄地自弹自唱。

在日军围攻香港期间，梅兰芳住的靠近日本驻港领事馆的公寓成了他的不少朋友避难的好地方，但那儿也并不是绝对的安全。有一天早上醒来，他们居然在女佣的房间里发现了一枚穿墙而入的炮弹，幸好在这之前梅兰芳安排所有人都住在有三道砖墙而可以防弹的房间，女佣才避免遭难。

梅兰芳不但要保障大家的安全，更要为十几口人的三餐操心。在炮火连天的情况下，已不能下山购买粮食，他只有动用家中的存粮和一些罐头，但他又无法预测香港究竟要被围困多久，而有限的存粮和罐头总有吃完的一天。因而，此时的梅兰芳隐藏起艺术家的豁达和大气，多了些"斤斤计较"和"吝啬小气"，他小心计划着分配每个人的口粮，规定：每顿饭每人只有一碗饭，不许再添，每顿饭只打开一个罐头，由他分配一人一筷子，有时候炸一小块咸鱼，每人只能分到一丁点儿。

在苦熬了18天之后，香港终于沦陷，日军全面占领香港，粮食和水全部中断，偏偏在这时，家里的存粮和罐头也已经吃得差不多了，全家十几口人面临挨饿的威胁。梅兰芳思忖良久，毅然将两个儿子乔装打扮后，派他们下山偷运粮食。

生活上的困顿，梅兰芳能够耐受，生活中无处不在的危险，他也能直面，但他难以压抑精神上的苦闷，也深知难以抗拒即将到来的时时刻刻的骚扰，他用过太多的拒绝的借口，已经难以为继，他要重新设计新的理由，那便是"蓄须"。老奸巨猾的日本驻港部队司令酒井一眼就看穿了梅兰芳蓄须的目的，但面对这样一位世界级的文化名人，这样一位受日本人民爱戴的艺术家，他着实有些无可奈何，况且梅兰芳以"我是个唱旦角的，年纪老了，扮相不好看了，嗓子也坏了"为由拒绝登台，也合情合理。

然而，"蓄须"也不是一劳永逸的。当他从香港返回上海之后，日本人、汉奸三番五次登门，或者说"小胡子是可以剃掉的嘛"，或者说"年纪大不再登台，也可以，出来说一段话，和年纪大和胡子都是没有关系的嘛"。诸如此类，梅兰芳一方面坚持留须，一方面不惜自伤身体。为了拒绝日伪的邀请，他请私人医生为他注射伤寒预防针，致使连日高烧不退，为此差点丢掉了性命。

隐居在上海时，梅兰芳因为长期不登台，生活日渐困顿。虽然家里还有一点儿积蓄，但他的负担也很重，不但要养活一大家子人，还要接济剧团的一些生活困难的工作人员。不得已，他靠银行透支。通过朋友的关系，上海新华银行答应给他立个信用透支户，但这种"吃白食"的行为让梅兰芳颇为难受。有一次，为了买米又要开支票了，他摇着头说："真是笑话！我在银行里没有存款，支票倒一张一张地开出去，算个什么名堂？这种钱用得实在叫人难过。"

所以，他尽量不开或少开支票，而开始变卖或典当家中的古玩及其他一切可以变卖典当的东西，包括古墨、旧扇、书画、磁器等。有一年除夕，与梅兰芳一家住在一起的福芝芳的母亲遍寻一个每逢过年过节都要取出来使用的古瓷碗而不得，梅兰芳得知后悄悄对她说："老太太，别找了，早就拿它换米啦！"老太太真是哭笑不得。

上海各大戏院老板在了解到梅兰芳经济生活陷入窘状后，以为这是请他"出山"的大好机会，便纷纷找上门来，有的甚至夸下海口："只要梅老板肯出来，百根金条马上送到府上。"中国大戏院的经理百般劝说道："我们听到您的经济情况都很关心。上海的观众，等了您好几年，您为什么不出来演一期营业戏？剧团的开支您不用管，个人的报酬，请您吩咐，我们一定照办。唱一期下来，好维持个一年半载，何必卖这卖那的自己受苦呢？"

无论怎么说，梅兰芳不为所动。他又想到了一个办法：卖画。

1945 年春，梅兰芳和叶玉虎在上海福州路的都城饭店合办的画展正式开幕。梅兰芳的作品有佛像、仕女、花卉、翎毛、松树、梅花及部分与叶玉虎合作的梅竹，和吴湖帆、叶玉虎合作的《岁寒三友图》，还有一些摹作，共 170 多幅。画展结束后，售出大半。如果包括照样复定的画件，可以说，所有的画作全部售出。其中摹改七芗的《双红豆图》，当场有人复定了 5 张；《天女散花》图也是抢手货。这次画展使他的经济状况大为改善。

苦熬了八年，终于盼来了日本投降。为庆祝抗战胜利，北平的广播电台特别举办了一个国剧清唱庆祝节目，孟小冬应邀和"四大名旦"之一的程砚秋合唱《武家坡》。尽管只是在电台里清唱，尽管孟小冬因病体力不支

梅兰芳所绘梅花

只唱了一句［导板］"一马离了西凉界"，但因为久别重听，又是在胜利之后的特别心情之下，所以，戏迷们还是直呼过瘾。

随后，北平京剧界在"怀仁堂"为刚刚抵达北平的蒋介石夫妇举办了一场京剧晚会。据《中国京剧史》记载："1945 年 12 月，蒋介石到北平，当局曾在怀仁堂召集了一批著名的京剧演员演出了一场欢迎戏。程砚秋、孟小冬、李世芳、谭富英、马连良等登台献艺，为北平多年来所仅见。剧目有谭富英的《空城计》；孟小冬、李世芳的《武家坡》；程砚秋的《红拂传》；马连良、李万春的《八大锤》。这天随蒋介石一起观看演出的还有宋美龄、国民党其他官员及'盟军'数百人。"

抗战胜利的消息让人振奋。那天，上海梅家聚集了一屋子的人，有亲人更有朋友，他们像过年一样见面就道喜、拥抱。他们谈笑风声之后，才发现主人并不在客厅里，正纳闷，突然看见梅兰芳出现在二楼楼梯口。只见他身着笔挺的灰色西装、挺括雪白的衬衫，绛红色的领带打得端正，脚上一双黑皮鞋闪着亮光。大家看不到他的脸，因为他的脸被他用一把折扇挡着。他就这么半遮着脸，以与年龄大不相符的却如旧式小姐一样的轻盈步履，缓缓走下楼来。走到大伙面前，他猛地拿下折扇，一张干干净净的脸。起初，大家不明就里。片刻功夫，他们发现了，他的唇上，蓄了 3 年多的胡须，没了！这意味着什么？不言自明。

从胜利那天起，梅兰芳重新焕发了艺术生命，他要抓紧时间争取尽快重登舞台，将八年的损失夺回来。于是，已经 51 岁的他每天的生活紧张且充实，早上他起得很早，在院子里练功，下午吊嗓子，晚上看剧本，他像一个披挂整齐的将士，随时等待着出发号令。两个月以后，他正式复出。

严格说来，梅兰芳在 10 月 10 日、11 日两天的演出不能算是复出演出，只能算是预演。因为它们只是义务性质，剧目是《刺虎》。演出地点在上海的兰心剧场。那天白天，梅家聚集了很多中外记者，他们围着他问这问那，既问他关于当晚的演出，也问他关于抗战，更问他关于将来。在记者的包围中，他的嘴几乎不曾歇过。问题问完，记者们又忙着为他拍照片，拍新闻片，他就一会儿被拉到东一会儿被拉到西，一会儿站姿，一会儿坐姿，如此整整忙了一天。晚上，他匆匆吃了点东西就赶往剧场。

毕竟离开舞台已经八年，在舞台上"驰骋"了四十年的梅兰芳此时对舞台也产生了些许陌生。当他化妆时分明感到手不够灵活，化好的妆，他左看右看不顺眼，他问一直陪在身边的几位朋友："你们看我扮出来像不像？敢情搁了多少年，手里简直没有谱了。"大家认为虽然还谈不上不像，但的确不够当年的标准。然而他们不能照实对他说，怕让他失了自信，便异口同声说，扮得不错。

梅兰芳自己也意识到他这天的演出今非昔比，回家后便自我批评道："今天的戏演得太不像样，嗓子、表情、动作和台上的部位都显得生硬，这固然因为我忙了一天没睡觉，最要紧的还是八年不唱的缘故。"然而，他并没有陷于自责之中而愁眉不展，仍然兴高采烈，在和大家吃宵夜时还谈笑风声，吃得多，酒也喝了不少。戏虽然不算高水准，但总没有失败，关键是这场演出标志着他已经正式重登舞台。

庆祝演出结束后，各个剧场都要求梅兰芳尽快恢复演出营业戏，观众的更是急切地等待着重新观看与他们分别太久的"梅戏"，梅兰芳当然也想满足观众的愿望。不过，当时虽然抗战已经胜利，但南北交通尚未恢复，剧团成员远在北平，一时无法抵达上海。没有剧团，他演什么呢？正在他为难之时，有人提议道：姜妙香、俞振飞和"仙霓社"传字辈的几位演员以及昆曲场面都在上海，京戏唱不成，何妨改唱昆曲？梅兰芳一听是个好办法，便积极准备演出昆曲。

这时，他的嗓子还没有完全恢复，便请俞振飞每天来为他吊嗓子。不久，他在美琪大戏院演了一期昆曲，剧目有与俞振飞合作的《断桥》《奇双会》《思凡》，与程少余合作的《刺虎》，另外还有一出《思凡》。

演出前，梅兰芳还有些担心是否能满座，不曾想，海报刚一上墙，就引来无数观众蜂拥购票。三天的票在很短的时间里便被抢购一空，最后竟将美琪大戏院的门窗都挤破了。其实观众想看的是梅兰芳，至于他演什么戏那是无关紧要的。因此，每场演出，戏院门口都挤得水泄不通，好多人是从外地特赶来的。那些天，街头巷尾到处都能听到梅兰芳这个名字，百姓议论梅兰芳，不仅欣喜于他重新登台，更赞叹他蓄须明志的高尚品格，对他虽然息影舞台八年却"功夫不减当年"佩服不已。

唱到第三天时，时任上海市副市长的吴绍澍来通知大家，说"蒋委员长、蒋夫人、孙夫人当晚要来看戏，还要和梅先生见面谈话"。当晚，蒋介石、宋美龄、宋庆龄按时来到戏院，戏院楼上的 5 个包厢坐满了便衣侦缉队。梅兰芳唱完《刺虎》后，换上西服偕夫人福芝芳、儿女梅葆玖、梅葆玥在楼上休息室里与蒋介石夫妇见了面。宋美龄对梅兰芳说："你能坚持不为敌伪演出，使全世界都知道中国有个不怕刺刀的演员，给中国人长了志气。"

演了一段时间的昆曲后，梅兰芳又积极为恢复演出京剧做着准备。为了恢复演出京剧，他于 1946 年 4 月重新组班，首次与王琴生合作演出了《宝莲灯》《汾河湾》《打渔杀家》《御碑亭》《法门寺》《四郎探母》《武家坡》《大登殿》《抗金兵》等，演出地点在上海南京大戏院。

之后，他们又移师位于西藏路的皇后大戏院继续演出。演出期间，皇后大戏院和南京大戏院一样，门口车水马龙，票很难买得到，一些小流氓因买不到票心怀不满而起了歹念。一次上演《汾河湾》，梅兰芳正在台上专心演戏，突然台下观众一阵骚乱，原来，有人从二楼扔下一个小炸弹，但小炸弹没有爆炸。梅兰芳很镇静，丝毫没有惊慌。他的态度既感染了其他演员，也稳定了台下观众的情绪。很快，戏继续往下演，一切趋于平静。

不久，梅兰芳演出于中国大戏院，为防止每次演出，戏院门口都被挤得水泄不通的情形出现，中国大戏院经理想出了一个办法，用霓虹灯做了一个字牌，上写"客满"二字，然后高高挂起，让老远的人都能看见，特别到了晚上，这两个大字在霓虹灯的映照下格外醒目，人们看见这两个字，也就不必挤在门口了。这种方法从此被延用了下来，成为梅兰芳演艺史上的又一个创举。

梅兰芳恢复演出后，每场卖座都很好，观众像八年前一样喜欢他，甚至因为他的蓄须明志而更多了一份崇敬。

就在梅兰芳重振精神，兴致勃勃地奔波在上海各个戏院，大唱特唱时，孟小冬南下，也来到了上海。不过，她此次赴沪，不是为了登台，而是应了杜月笙的召唤。杜月笙和姚玉兰也是在太平洋战争爆发后，由香港返回重庆的。抗战刚结束，他独自一人急不可耐地返回了上海，姚玉兰还留在重庆。因此，孟小冬抵达上海后，很自然地住进了杜公馆。从此，他俩的关系算是公开了。

表面上看，梅兰芳和孟小冬自分手后彼此彻底断了联系，特别是孟小冬，心里有怨，更不愿意和梅兰芳扯上任何关系。事实上，她在暗地里还是很关注梅兰芳的。在梅兰芳于上海复出后，在孟小冬南下上海后，她对梅兰芳的一举一动并非无动于衷。外界有这样的传说，正是因为孟小冬在无意之中促成梅兰芳和程砚秋于1946年在上海第二次打了对台。

传说是这样的：抗战胜利后，程砚秋也来到上海，住在银行家张嘉璈的小妹妹张嘉蕊的家里。张嘉蕊是典型的程派戏迷，她与丈夫朱文熊住在茂名路著名的"十三层楼"和"十八层楼"中间的一幢小洋楼里，那里曾经是安利洋行安诺德兄弟的住宅。"十八层楼"里住着的正是杜月笙和孟小冬，他们的家与张嘉蕊的家仅一窗之隔。

当时，程砚秋正在为全面恢复唱戏做准备。孟小冬听说梅兰芳已组织好了强大阵容，将在中国大戏院盛大演出。有一次，她在跟张嘉蕊闲聊时，有意无意地将梅兰芳的情况说了出来。张嘉蕊听说后，着急万分，为了程砚秋。因为她是程迷，一心一意希望程派胜过梅派，也期望程砚秋的名望超越梅兰芳。于是，她赶紧将从孟小冬那里听到的情况转告程砚秋，并问他："你打算怎么办？"

程砚秋有些茫然，不要说他始终没有找机会与梅兰芳打对台的想法，此时就是有这种想法，他也难以实现。因为他久别舞台多年，早已没有了自己的班社。又因为他孤洁的性格，平时也少与梨园界人士来往。一时间，让他到哪里去组织人马？在如此仓促之下，他能以什么与梅兰芳打对台？

张嘉蕊似乎比程砚秋还着急，见火烧眉毛之下，程砚秋还是一副不急不忙的样子，更急。她问："难道你就这样看着那一边轰轰烈烈，你这里悄无声息？"

程砚秋被问得急了，也有些沮丧："那我还能怎么办？我这么些年不唱了。"

张嘉蕊不依不饶："那你还想不想唱？"

"那当然。"程砚秋的回答很干脆。

"想唱就好。"张嘉蕊到底是社会活动家，她当机立断，说，"我带你去见一个人！"

张嘉蕊带程砚秋去见的人，正是杜月笙。她让杜月笙帮忙，立即为程砚秋组织人马，搭好班子。杜月笙与张家交谊深厚，对张嘉蕊的请求，他自然不敢怠慢，满口应承。

从程砚秋的内心来说，他是极不情愿去"求"杜月笙的。他一向不屑与流氓、大亨、商贾、权贵打交道。他与大银行家张嘉璈早就认识，但从来不利用这层关系，请张在经济上做他的后盾。从杜月笙家出来，他的神情很落寞，丝毫不见欣然。走了一段路后，他竟然长叹一声，对张嘉蕊说：

"我今天权作上了趟梁山啊！"

张嘉蕊与程砚秋多年的交情，怎能不知道他此时复杂的心情，便安慰道："你要吃这碗饭，就只好这样做！"

杜月笙还比较守信，动用能动用的关系，很快就唤来了谭富英和叶盛兰。程砚秋就是在这种情况下，以极快的速度组织好了班底，并应天蟾舞台的"大来公司"之请，在天蟾舞台开锣。此时，梅兰芳在"中国大戏院"也如期登场了。

这个传说，有几个事实是不确的：一、程砚秋当时并非孤身一人，没有班底，他早在抗战结束后不久，就重组了他的班社"秋声社"，而且在去上海演出时，已经在北平长安戏院恢复了演出。二、这一年，他两次去上海，的确住在张嘉蕊的家里，但是，他并非在上海积极准备重登舞台。上半年，他是和梅兰芳一起应宋庆龄儿童福利基金会邀请，分别率团前往演出的，下半年，他俩又各自应中国大戏院、天蟾舞台的邀请，在沪演出营业戏。三、据程砚秋的老搭档吴富琴回忆，邀请谭富英与程砚秋合作的，是天蟾舞台经理王准臣。

但是，我们似乎也不能说程、梅此次在上海打对台，完全是无意间遭遇的。虽然程砚秋没有刻意为之，他也不可能事先安排，因为他不一定知道天蟾舞台正好也在此时邀请他赴沪。但是，在他的内心深处，并非没有此念头。因为他心中有怨又有气，这怨气，不是针对梅兰芳个人，而是针对捧梅的那股势力。

上半年，程砚秋应宋庆龄儿童福利基金会之邀赴沪演出。之前已经说好，去时的路费由基金会负担，返回的路费由演出地中国大戏院负担。两位旦行名角儿都在中国大戏院演出，但上海社会局局长吴开先不知是因为看低程艳秋，还是故意挑拨梅、程关系，执意要求梅兰芳演出时，票价为两元；程砚秋演出时，票价必须低于梅兰芳，为 1.8 元。

这个要求让程砚秋很恼火。他不是斤斤计较于区区 0.2 元的差异，而是不满于差别待遇。在他看来，人都是平等的，不能人为地分成三六九几个等级。况且，演出票价是由市场决定的，不能由所谓的官员硬性指定。如果市场决定梅兰芳的票价是两元，而他程砚秋的票价只能是 1.8 元，他无话可说。最重要的，此次演出并非各自演出营业戏，票价可以有高有低。他们都是由基金会邀请来演出的，理应是平等的。

程砚秋的刚直性格决定他对此要求有着强烈的抵触情绪，他坚持非两元票价不唱。中国大戏院一方面不愿意得罪吴开先，一方面也不愿意惹恼程砚秋，便提议程砚秋去找杜月笙，实际上是让他去拜杜月笙，让杜出面摆平此事。程砚秋很干脆地表示："不去！"僵持了很久，程砚秋终于为自己争得了与梅兰芳相同的两元票价，但是，中国大戏院又以此为由，拒绝为他支付返回的路费。程砚秋谁也不拜、不求，写信给夫人。在收到夫人电汇过来的路费后，他这才回了北平。

这件事在程砚秋的心里留下了疙瘩。0.2 元的票价差异，实际上意味着他在外人眼里，层次上是低于梅兰芳的，这让他的心里很不舒服。于是，他的心里憋着一口气，他也在等待着能够证明自己的机会。

可以确定的是，此次对台，程砚秋是在天蟾舞台，梅兰芳是在中国大戏院。这两家戏院的幕后老板都是吴性栽。作为商人，他当然是极乐意看到师徒对台这样的情景的，因为这会给他带来极旺的人气和丰厚的利润；

对于程迷和梅迷们来说，他们也希望他俩对台，因为他们彼此一直都在较劲，都想利用这样的机会一决高低；媒体一向唯恐天下不乱，有这样的事情发生，他们更加血脉贲张，激动万分了，准备好好渲染一番。于是，一场师徒对台戏，在众人的期待中，在程砚秋的复杂心理驱动下，正式开战。

与1936年的那一次对台相比，此次，为梅兰芳担心的人明显多了不少。原因是，相对来说，程砚秋此次的演出似乎要强于梅兰芳的，除了谭富英、叶盛兰，程砚秋的班底还有花脸袁世海；旦角芙蓉草；武旦阎世善；丑角刘斌昆、曹二庚、李四广、盖三省、梁次珊、慈少泉等；老生王少楼、张春彦；小生储金鹏等。这样强大的阵容据说只有在堂会或义务戏中才得一见。

其次，从年龄这个角度来说，梅兰芳此时已届五十，而程砚秋刚满四十，正值盛年，体力上自然更胜一筹。然而，此时的程砚秋也存在致命的短处，他因脱离舞台数年，胖了很多。台湾青衣演员顾正秋在其回忆录《舞台回顾》中，提到这次梅、程对台时，这样写道：那时，"程已经是大胖特胖了，以身材论，可以说已不够旦角条件。"但是，她又说，"他的水袖好，腿的功夫，身段的运用完全遮去了粗笨的样子"。

从演出剧目上来说，梅兰芳抗战期间只有《抗金兵》和《生死恨》两出新戏，而程砚秋的新戏有《荒山泪》《春闺梦》《亡蜀鉴》《锁麟囊》《女儿心》。很明显，程派戏更有优势。

程砚秋虽然摆明了要与师傅抗一抗，但是，在他的心里，对师傅还是心怀歉意的。他很矛盾，一方面为了重返舞台，他不得不利用这样的机会；另一方面，他又实在不愿意与师傅打对台。况且，形势又似乎对他有利，他就更加过意不去了。挣扎了很长时间，他还是决定亲自去向师傅致歉。那一天，他特别到梅宅，与梅兰芳进行了很好的沟通。

梅兰芳是个极其温和的人，他大度宽容。对于程砚秋这个弟子，他喜爱有加。尽管砚秋后来居上，与他同列"四大名旦"，几乎与他平起平坐，这使他一度有强烈的危机感，但他并不因此忌恨砚秋。当外界盛传砚秋与他打对台，于他不敬时，他却不以为然。在他看来，青出于蓝而胜于蓝，长江后浪推前浪乃自然规律。如今，面对砚秋真诚地致歉，他安慰说："放心去演，排除外界干扰尽可能去发挥。"听师傅这么说，程砚秋悬着的一颗心总算是放下了。他完全没有了顾虑，全身心地投入了即将来临的对决中。

虽然梅兰芳并不介意弟子的挑战，但他身边的人还是很为他担心的。正式对台后的每天早晨起床后，冯幼伟总是要打个电话给梅兰芳，报告天气情况，如天气晴朗，他就说："今天好天气，一定能卖满堂。"如果是阴雨天，他就会给梅兰芳打气说："下雨没关系，反正戏码硬。"

此次对台，程砚秋的戏码以新戏为主，老戏只有一出《玉堂春》，这也是他的拿手戏；梅兰芳则正好相反，以老戏为主，新戏只有一出《抗金兵》。从戏码来说，他俩各有所长，并不能分出高低。程砚秋所在的天蟾舞台太大，能容纳4000观众，而梅兰芳所在的中国大戏院观众席只有天蟾的一半。因此，表面上看，程砚秋的戏，每每不能满座，而梅兰芳的戏，则常常爆满，但从售票数来算，他俩是差不多的。

一个月的对台下来，外界的评价是：不分上下，打成平局。但也有人说，平局只是表面上的，实际上，程砚秋作为梅兰芳的弟子，不延袭梅兰芳的老路，勇于创新，新戏不断，从这个角度上说，他其实是这场对台的胜者。

梅兰芳和弟子的对台戏打完了，孟小冬也要走了，回北平。她为什么要走？是因为姚玉兰从重庆回来了。她和姚玉兰是结拜姐妹，虽然同是杜月笙的女人，但是，姚玉兰尽管只是一个妾，好歹有名有分，而她孟小冬无名无分。既然如此，她如何和姚玉兰平起平坐？何况她知道，杜月笙肯定更偏爱她，这符合男人喜新厌旧的本性，相对而言，姚玉兰是旧人，她是新人。那样的话，姚玉兰会不吃醋，会不恨她？与其将来彼此撕破脸，还不如趁早退出。

杜月笙自然十分不舍，姚玉兰对他而言，是旧爱，孟小冬则是新欢，他怎么能守着旧爱舍弃新欢？不过，孟小冬去意已决，姚玉兰似乎看出端倪，也没有强留。杜月笙无奈，只好将孟小冬送走。临走，他送给孟小冬一万美元，并许诺他会另给一笔钱让她在北平重新买个好房子。

不到一年，孟小冬再一次南下上海，还是为了杜月笙。

1947年8月30日，是杜月笙六十大寿。按惯例，他又要举办盛况空前的堂会作为庆寿。不过，因为战事正紧，他担心在这个时候过于奢华遭人忌恨。想来想去，他将祝寿堂会改为"祝寿赈灾京剧义演"。此前，许多地区遭遇了水灾。相比 1931 年杜家祠堂建成后的那场豪华堂会，此次杜家祝寿堂会的规模要小一些，但也动用了千辆汽车，参加人数达数千，连政府高层，如宋子文、汤恩伯、吴国桢等都到场祝贺。蒋介石不但派了代表，还特地让儿子蒋纬国夫妇前往庆寿现场，当场拜寿。

有人认为在这个非常时期，将南北京剧名角儿集合在一起，实属不易，要求在原定 5 天的基础上增加 5 天，票价分为七等，从 5 万元到 50 万元不等，黑市价被炒到百万。当时的米价是 30 多万元一石。

说是义演，杜月笙也声言一分不要，将义演所得悉数捐出。但是，还是有人早就看穿其中真假。杜月笙的祝寿赈灾，真的是为了赈灾吗？在这个物价一日涨过一日的非常时期，今天的祝寿赈灾所得，到明天，又值多少钱呢？这场赈灾义演又有多少实际意义呢？最终，还不都是为杜月笙忙活一场。事实上的确如此，祝寿义演结束后，收到义款 20 多亿元，都随收随存于银行。当杜月笙将这笔钱取出捐出去时，大米早就由 30 万一石涨到了 50 多万一石。于是，这 20 多亿元义款缩水了近一半。

早在 5 月初，杜月笙就写信到北平盛邀孟小冬，恳请她一定要来参加庆寿。不仅如此，他还特别嘱咐姚玉兰也给孟小冬亲笔去信。他是担心孟小冬顾忌到姚玉兰，而找借口不来。姚玉兰没有理由拒绝，照办了。于是，孟小冬来了，入住位于华格桌路（今宁海西路）的杜公馆。

7 月，杜月笙的几个门徒陆京士、徐采丞、顾嘉棠等组织成立了"庆祝杜月笙先生 60 寿辰委员会筹备处"，遍邀散布在全国各地的名伶。正在上海的梅兰芳，当然更不能错过。梅、孟又有了一次同台演出的机会，甚至有人翘首期盼两人能够再度合作《四郎探母》。他们以为，两人已经分手 16 年，早已事过境迁，应该能够不计前嫌忘却过去，而重新走到一起。可是，事与愿违。

杜月笙在和戏提调金廷荪商量演出安排时，故意将梅、孟分开，不但坚决不让他们合作，甚至连同台、见面的机会都"剥夺"了。有人猜测，这其实是孟小冬特意要求的。况且，此时的孟小冬已经是杜月笙的人了，杜月笙又怎么可能让他的女人和前夫见面呢？

演出从 9 月 3 日开始，持续到 9 月 12 日，整整十天。

在这十天里，梅兰芳演了 8 次大轴，分别是 9 月 3 日、5 日、10 日和李少春、谭富英、马连良、袁世海、叶盛兰、周信芳等合作《龙凤呈祥》；9 月 4 日、6 日和马连良、马富禄、袁世海等合作《打渔杀家》；9 月 9 日和小翠花等合作《樊江关》；9 月 11 日、12 日和李少春、姜妙香、叶盛长、谭富英、马连良等合作《四郎探母》。

在这十天里，孟小冬演了 2 次大轴，分别是 9 月 7 日、8 日和赵培鑫、裘盛戎、魏莲芳等合作《搜孤救孤》。

也就是说，梅兰芳演两头，分别演了四天，孟小冬只演了中间两天。尽管小报纷纷揣测二人将同台，将见面，甚至杜撰同台、见面的具体时间和地点，以及合作的戏目等，但他俩始终没有给他们看笑话的机会，甚至没有留下一丝一毫的"把柄"。有梅兰芳参加演出的那 8 天，孟小冬根本不去戏院，借口身体不适，而且当天也没有她的戏；有孟小冬参加演出的那两天，梅兰芳也没有去戏院。最后一天，杜月笙和全体演员合影，梅兰芳参加了，没有孟小冬。不要说杜月笙刻意将他俩分开，就连他们自己，都避免见面。虽然事过境迁，但留在他们心里的阴影始终没有消散。

孟小冬初到上海时，确定的戏码是《失空斩》和《搜孤救孤》，一天演一出。当时，她的琴师仍是王瑞芝。由王瑞芝介绍，人称"鼓界三杰"之一的魏希云司鼓。戏码定好，又有了琴师和司鼓，她便开始排练了。在排练过程中，她发现她的身体已经无法承担《失空斩》这样的大戏了。不得已，她放弃了这出戏，重新确定只演《搜孤救孤》，连演两天。

这出戏取自于《史记·赵世家》和《列国演义》第 57 回，一直以来都是余叔岩的拿手戏。孟小冬选择这个时候唱这出戏，正如她自己所说，一为宣传余派艺术，二为怀念去世了的老师。

两天的演出，似乎盛况空前都不足以用来形容。首先是一票难求，票价连翻了好几个筋斗，就连马连良也无法买到票，只得央求戏院前台经理在过道里加张凳子，和别人挤坐在一起。演出开始，除了戏迷挤满戏院，参加祝寿演出的角儿们都齐齐地站在后台，侧耳聆听。余叔岩在台湾的挚友孙养农特地坐飞机赶到上海观看孟小冬的演出。据说，梅兰芳虽然没有在现场观看，但他也没有错过——他在家里通过电台收听实况转播。

演出结束后，余派名家刘叔诒评论道："这戏真给'冬皇'唱绝了，不但唱腔白口，身段眼神，活脱赛如余老板，尤其是连扮相都酷肖余老板。咱们的祖师爷赐福给孟爷的，真是太厚了。"

然而，谁也没有料到，这两场《搜孤救孤》，竟是孟小冬最后的绝唱。从此，她完全谢绝了舞台。从她五六岁开始跟着父亲跑码头，从她九岁正式登台，到她唱完这两场祝寿义演，除却她和梅兰芳结合的那四年，她在舞台上度过了近三十个春秋。可以说，她将青春献给了梅兰芳，更献给了舞台。

义演结束后第二天，孟小冬借口离家数月惦念老母而匆匆辞别杜月笙和姚玉兰。杜月笙还是舍不得，但也无奈，只得赠予名贵金银首饰以表心意。孟小冬只收下了一块刻有杜月笙名字的金表，笑言留作纪念，然后推辞了其他财物。显然，她已经做好了告别舞台的准备，因为她将演出《搜孤救孤》里程婴穿的一件褶子留了下来，也说是留作纪念，其他的戏衣，她全部送了人。

这年，她40岁。梅兰芳一直唱到66岁，而孟小冬只唱到40岁，只因为他们一个是男人一个是女人吗？似乎不完全是。很多人对此很惋惜。孟小冬也十分无奈。她退出，只因为她的身体吃不消。她曾对人这样说："一戏之耗费精力太多，非体能所胜也。"

永远的分离

恨落天涯念孤旅

齐如山劝走，梅兰芳却留在了大陆

杜月笙劝走，孟小冬先去上海，后离沪赴港

梅兰芳参政议政，做了政府官员，却遭遇了一场政治风波

孟小冬嫁给杜月笙

梅兰芳重返北京

杜月笙死，孟小冬搬出杜公馆

梅兰芳赴朝慰问

有人劝说孟小冬回大陆，未果

梅兰芳入党，绝唱《穆桂英挂帅》

1961年，梅兰芳去世

1967年，孟小冬迁居台湾台北

十年后，冬皇去世

在解放战争的 3 年间，梅兰芳的主要活动依然以演戏、拍戏、收徒为主，基本不去过问动荡的时局。1947 年 3 月，他应邀参加了田汉的祝寿活动。其实这不是一次普通的祝寿，而是一次以祝寿为名向国民党当局示威的带有明显政治色彩的活动。发起这次活动的是于伶、陈白尘等上海左翼戏剧家。但是，这并不意味着这个时候的梅兰芳已经开始热衷政治。

忙忙碌碌间，1948 年也已进入尾声。随着国民党在军事上的节节败退，每个中国人，无论是一向关心政治的，还是与政治格格不入的，都不得不面临着人生的一大选择：去还是留？死心塌地跟着国民党的人当然不乏其人，他们没有犹豫地携家带口去往台湾。坚定的共产主义者也大有人在，他们满怀兴奋，压抑着激动，无限憧憬着新时代。一时拿不定主意的是那些既不是国民党，也不是共产党，既不信任国民党，对共产党也不甚了解的人。梅兰芳应该属于"中间人"。

客观地说，梅兰芳对共产党并没有太多的认识，他一向专注于艺术，并不在意是国民党还是共产党统天下。在他看来，无论谁统天下，演戏的还是得靠演戏吃饭。这样一想，他就倾向于留下了。因而，当他得知齐如山执意要去台湾后，还劝他："你一向不管政治，只是从事戏剧的工作。我想到那时候，我们还在一起工作，一定也不会有什么问题。"他的这句话其实正好反映了他的态度，即"只管戏剧工作，不管政治"。

齐如山坚持赴台，倒也不完全是追随国民党，按照他自己的说法，是去台湾投靠小儿。对于梅兰芳的劝说，他也认为有道理，他甚至觉得梅兰芳留在大陆并没有不好，因为"他是一个艺术家，与政治无关，且到过苏联，共产党对他一定另眼相看"。不过，他对梅兰

中年时的孟小冬

芳留在大陆并非没有担心。于是，当他从北平南迁途经上海时，与梅兰芳谈过多次，算是规劝，也是忠告。总之，他对梅兰芳说他担心梅将来会被利用。

对于所谓的"被利用"，梅兰芳的认识或许比齐如山还透彻。因而，对于齐如山对他"被利用"的担心、顾虑，梅兰芳并没有同感。见梅兰芳并不为所动，齐如山便以戏中常见的一句台词结束了唠叨："再思啊再想！"

送走了齐如山，梅兰芳的确又"再思啊再想"了一番，终觉留下并没有什么不妥，何况还有不少同业需要他的照顾，他的宽厚和善的个性不允许他撇下他们一走了之，他无论如何于心不忍。

当共产党以摧枯拉朽之势逼迫国民党一步步后退时，国共两党也加快了争取文化名人的步伐。就在国民党的一些高级官员频频以优厚的生活待遇诱惑梅兰芳的同时，共产党上海地下组织也加紧了活动。于是，梅兰芳便在寓所院子里捡到了一本《白毛女》剧本。传说，他曾被安排在中法大药房药剂师余贺家里，和周恩来秘密会见。周恩来劝梅兰芳不要随国民党撤去台湾，表示欢迎他留下。

随后，上海地下党委派夏衍和熊佛西先后赴周信芳、梅兰芳家，再请他们留在上海，迎接解放。周信芳很早就与郭沫若、夏衍、于伶等左翼戏剧家有过接触，也曾与田汉等一起共事过。应该说，他对革命的理解比梅兰芳要深，对共产党的认识也比梅兰芳要清。所以不用劝说，他便向夏衍、熊佛西表示："请放心，我绝不跟国民党走，坚决留在上海迎接解放。"随后，他陪夏、熊二人来到梅家。梅兰芳很为共产党的诚意所感动，何况他早已有了决定。于是，未费夏、熊二位多少口舌，他明确表示："我是哪儿都不会去的。"

梅兰芳最终留在了大陆。

孟小冬则相反，她虽然没有直接去台湾，但她最终还是离开大陆去了香港。

在结束上海的祝寿义演、完成艺术绝唱后，孟小冬返回北平。随即，杜月笙出资为她在位于崇文门的顶银胡同购置了一处宅院。她搬入新居后，过了一段可以说是浑浑噩噩的生活，睡觉、吃饭、打麻将、偶尔也抽大烟，当然，她还吃药，她的身体继续衰弱，胃病加重。

说到抽大烟，在抗战胜利后，孟小冬曾参与组织过伶人戒烟。在过去的梨园界，伶人抽大烟，是普遍现象，普遍到大多数伶人与鸦片有染。"四大名旦"中的尚小云的母亲、妻子都抽鸦片，作为孝子的尚小云，每晚都会给母亲烧烟，但他身在烟中却不沾一口，意志力之强令人难以置信。

那么，伶人为什么会迷恋鸦片呢？除了社会环境的影响、个人毅力的强弱外，更多的是出于演戏需要。梨园盛传，鸦片这个东西，能够定心、降火、预防中年发福，还能助气，帮助思维，减轻压力。尽管他们都知道这东西是个祸害，但要想彻底戒除，谈何容易。

抗战胜利，政府强令戒烟。梨园艺人大多数生活贫困，有心入院戒烟，却又付不起医疗费。孟小冬和马连良等几位名角儿自发组织起来，筹募资金，假市立第三医院的地方，开办了"北平国剧人的戒烟会"，动员需要戒烟的伶人入会戒烟。很快，戒烟会聚集了百余号伶人，其中30多人有经济能力的，自费；其余70多人，全部免费。戒烟会的条件很不错，共有8间房，每人每天都吃白米饭、一菜一汤。每天定时有医生上门打针喂药，监督戒烟成效。

一段时间以后，第一批成功戒除了烟瘾的出会了。其中有金少山、谭小培、王瑶卿、马连良、叶龙章、刘砚芳、谭富英、杨宝忠、徐兰沅等；紧接着，第二批、第三批先后出会，其中有万子和、茹富兰、茹富蕙、王连平、方宝泉、张子寿、李玉泰等。最后，"戒烟会"里只剩下四五个人。也就是说，该会的戒烟成功率，还是非常高的。可惜的是，孟小冬似乎没有完全彻底地戒除。

1948年下半年，战事日紧，孟小冬不免有些心慌，也有些不知所措。正在这时，她接到姚玉兰的信。在信中，姚玉兰让她尽快离开北平去上海躲避战祸。不仅如此，杜月笙考虑到陆路交通已经中断，便亲派门徒、黄金大戏院的后台经理汪其俊乘专机赶到北平接她。她没有犹豫，立刻就走了，而且是坐杜月笙的专机走的。从此，她再也没有回过北平。

来到上海后，孟小冬又一次住进"十八层楼"杜公馆。这次，姚玉兰也诚心诚意地力劝孟小冬安心住下，和他们共同生活在一起。她说了一句话令孟小冬感动不已："让我们像一家人一样。"从此，他们就真的像一家人一样了。此时，六十出头的杜月笙身体不好，哮喘频发，孟小冬和姚玉兰轮换照顾他。杜月笙在两个爱妾的细心照料下，心情十分舒畅。

这样的平淡、安稳生活只维持了不到半年，1949年4月，眼看人民解放军即将打过长江，上海似乎不保，因此人心惶惶。杜月笙也面临人生选择：一方面，蒋介石召见他，好言相劝让他去台湾；另一方面，民主人士黄炎培、章士钊也来劝他，转达共产党的意见，请他留下。杜月笙有些矛盾，有些挣扎，很费了一番思虑，又再三权衡，最后，他决定，不去台湾，也不留在大陆，而是携家带口去香港。这个"家"这个"口"，包括孟小冬。

也许孟小冬曾经有过犹豫，她这样跟着杜家一起走，算什么呢？不过，回头想想，她不跟着去，又该怎么办？对于无依无靠又无家无口、孤独寂寞的她来说，她早已将杜月笙、姚玉兰当作她的亲人。在杜家，她虽然无名无分，但她能真实地感受到亲人的温暖、家的温馨。所以她选择走，正如梅兰芳选择留，都很单纯，没有政治因素。

4月23日，解放军占领南京。4天后，孟小冬随杜月笙一家人乘坐荷兰"宝树云"号客轮离开了上海。从此，她再也没有回过上海，甚至没有回过大陆。

抵达香港后，孟小冬他们住进位于坚尼地台18号的一套公寓。这套公寓有三室一厅，在香港这个弹丸之地，还算是不小的。但是，杜家人口多，住在一起挤挤轧轧。杜月笙又另外租了房子，让子女们搬了出去。这样，孟小冬也就有了属于她自己的一间房。她的房间布置得很清雅，墙上挂着大大小小的剧照，还摆放着一把胡琴。有一幅《武家坡》的剧照很特别，它好像是被人从中间撕开的。于是有人怀疑，那被撕掉的"人"，可能是梅兰芳。看得出来，尽管她已经远离了舞台，但在内心深处，对于过去了的舞台生涯和过去的人，还是很怀念的。她并非有些人想象的那样，抛弃了过去的一切。

远离了战火，远离了动荡，孟小冬感觉生活一下子变得清静起来。平时，她仍然以照顾杜月笙病体为主。闲时，特别是杜月笙心情大好时，杜家呼朋唤友，在家里举办一个小型的堂会。这时，马连良、杨宝森、张君秋，还有琴师王瑞芝都在香港。然后，姚玉兰唱一段，孟小冬唱一段，大家合唱一段，杜月笙也即兴来一段，气氛颇为热烈。

孟小冬在大陆的最后半年，是在上海度过的。这个时候，梅兰芳也在上海。不过，他俩没有机会见面。即便有机会，恐怕他俩也不会见面。在梅兰芳决定留下的时候，孟小冬走了。梅兰芳选择留，使他从此身不由己地越来越靠向政治；孟小冬选择走，使原本就远离政治的她离政治更远了。

孟小冬走后一个月，解放军占领上海。梅兰芳对共产党的真正认识，就是从在上海街头看到解放军开始的。梅夫人福芝芳曾经回忆说："上海解放那天清晨，兰芳就上街了，隐隐还有枪声。去到建国东路，看见有不少解放军战士睡在马路边。他回来高兴地告诉我们，共产党的军队确实已解放上海，纪律好极了。""纪律好极了"的共产党军队给梅兰芳留下了深刻、良好的印象。

1949 年前，他与共产党并无太多的接触，始终不知道共产党曾经以特有的方式保护过他。那是在抗战胜利之初，他接到过驻上海中共办事处工作人员转来的周恩来的问候。于是，他向周信芳表示想去拜访周恩来。然而，周恩来没有同意。当时，梅兰芳只猜测周恩来有些为难，却不知道周恩来是为了保护他。周恩来预料到国共合作随时会破裂，如果此时与梅兰芳等文化名人交往过多，一旦国共关系恶化，梅兰芳必将受到国民党的迫害。因此，他拒绝与梅兰芳见面。果如他所预料，国共关系破裂后，素与共产党关系比较密切的周信芳就倍受国民党特务的恐吓，而梅兰芳安然无恙。

中华人民共和国成立后一年间，梅兰芳被各种政治活动所包围。在这段日子里，他频繁参加上海、北京的各种会议，发表了各种大小讲话。最重要的是，他的思想、观念随着这大大小小的会议、活动而有了明显变化。

1949 年 7 月，全国第一届"文代会"在北平召开。梅兰芳作为上海文化界的代表应邀出席。在会上，他认真听取了中共中央副主席周恩来的政治报告和郭沫若题为《为建设新中国的人民文艺而奋斗》的大会总报告以及茅盾、周扬分别总结国统区和解放区革命文艺运动的报告。

这些报告让梅兰芳眼界大开，他不禁为自己过去只专注于塑造美女佳人的形象而略感惭愧。因而，这些报告中所表达出的"文艺工作者要学习，要改造思想，要与新社会的主人——'工农兵'相结合"的思想以及郭沫若提出的"接受毛主席的指示，创造为人民服务的文艺"的口号对梅兰芳的触动很大，他突然意识到自己以前的"服务对象究竟是什么是模糊的"。

这以后，他认真学习了毛泽东《在延安文艺座谈会上的讲话》，逐渐明确了文艺应该首先为工农兵服务的方向。他说："明确了这个方向，我觉得自己的艺术生命才找到了真正的归宿。"正因为如此，梅兰芳从此的演出活动无一不紧紧围绕着"为工农兵服务"这个宗旨。按照他自己的说法，他"到过京、津、沪、汉与几个工业区如石家庄、无锡及东北 8 个城市，参加了鞍钢三大工程的开工典礼，同时，还光荣地参加了赴朝慰问中国人民志愿军和朝鲜人民军的工作，后来，又到华南慰问中国人民解放军。"从中我们可以看出，他的观众已由过去的达官贵人、文人雅士转变为了工农兵。

两个月以后，梅兰芳又一次北上，参加了全国政协会议，而且还当选为全国政协常务委员。会议闭幕后次日，即 1949 年 10 月 1 日，他以全国政协常务委员的身份参加了庆祝中华人民共和国和中央人民政府成立典礼并观看了阅兵式。以后，他又先后当选为全国人大代表、中国文联副主席、中国戏剧家协会副主席、中国戏曲研究院院长、中国京剧院院长，还被周恩来总理任命为中国戏曲学院院长。从此，他不再是单纯的演员或艺术家，而一跃成为政府官员。

身份的巨大变化使他发自内心地感慨道："我在旧社会是没有地位的人，今天能在国家最高权力机关讨论国家大事，又做了中央机构的领导人，这是我们戏曲界前所未有的事情，也是我的祖先们和我自己都梦想不到的事情。"然而，身份的改变并不意味着他就此懂得了政治、认清了政治，他其实还是原来那个艺术家梅兰芳，还是没有成为政治家梅兰芳。

在北京开过全国政协会后，梅兰芳应天津市文化局局长阿英邀请，率团赴天津作短期演出。此间，他接受了天津《进步日报》文教记者张颂甲的专访，参加访谈的还有秘书许姬传。当时，全国戏曲界正轰轰烈烈地致力于戏剧改革。很自然地，访谈的话题便集中在京剧艺人的思想改造和京剧剧目的改革。

当张记者问梅兰芳"京剧如何改革，以适应新社会的需要"时，梅兰芳直言："京剧改革又岂是一桩轻而易举的事！不过，让这个古老的剧种更好地为新社会服务，为人民服务，却是一个亟须解决的问题。"然后，他具体分析说："我以为，京剧艺术的思想改造和技术改革最好不要混为一谈。后者在原则上应该让它保留下来，而前者也要经过充分的准备和慎重的考虑，再行修改，这样才不会发生错误。因为京剧是一种古典艺术，有几百年的传统，因此，我们修改起来，就更得慎重些。不然的话，就一定会生硬、勉强。这样，它所达到的效果也就变小了。"最后，他概括道："俗话说，'移步换形'，今天的戏剧改革工作却要做到'移步'而不'换形'。"

梅兰芳著名的"移步不换形"的京剧改革理论就是在这样的情况下诞生的。

不几天，张颂甲记者就此访谈，撰文《移步不换形——梅兰芳谈旧剧改革》，全文刊登在《进步日报》上。

一石激起千层浪。此文一出，立即在文艺界引来批评声一片。由于提出批评的多是北京文艺界的知名人士，因此，影响颇大。他们反对的理由是："事物的发展总是内容决定形式，内容变了，形式必然要随着变化。"于是，他们提出"移步必须要换形"。

如果单纯从艺术上讨论这个问题，那倒也罢了。问题是在当时的历史背景下，有人上纲上线，说梅兰芳之所以主张"移步不换形"，是在宣传改良主义，阻碍京剧的彻底改革。这样说来，性质就严重了。幸好时任中共中央宣传部部长陆定一及时制止了事态的进一步扩大。他认为"梅兰芳是戏剧界的一面旗帜，对他的批评一定要慎重"，然后将有关材料转到中共天津市委，请市委书记黄敬和市委文教部部长黄松龄妥善处理。

梅兰芳的情绪一落千丈。他是满怀热情拥抱政治的，却不曾想被政治狠狠地蜇了一下。就他和善、温良的个性而言，他的心里充斥着后悔、懊恼、着急，却恰恰没有气愤。记者张颂甲却很气愤，他以为"对京剧改革各抒己见，何罪之有"，他觉得是他的文章为梅兰芳捅了娄子，便准备自己承担责任。秘书许姬传也表示由他背黑锅，试图帮梅兰芳解脱。梅兰芳并不是个敢说不敢当的人，他当即拒绝，并明确表示一切后果由他自己承担。

事情的最终解决办法是：天津市戏剧曲艺工作者协会出面召开一个旧剧改革座谈会，请天津知名文艺界人士参加，也请梅兰芳、许姬传参加。也就是说，这个会议实际上提供了一个让梅兰芳"改正错误"的平台。梅兰芳也就在这次会上，很"及时"地修正了自己的观点。他说："关于内容和形式的问题，我在来天津之初，曾发表过'移步而不换形'的意见。后来，和田汉、阿英、阿甲、马少波诸先生研究的结果，觉得我那意见是不对的。我现在对这个问题的理解是，形式与内容不可分割，内容决定形式，'移步必然换形'。"

梅兰芳当初之所以说"移步不换形"，并非信口开河，而是他多年京剧改革创新经验的深切体会。从 1913 年创排时装新戏开始，他一直没有停下创新改革京剧的步伐，虽然他因为内容与形式的矛盾而放弃了时装新戏，但随即将精力放在了古装新戏的创排上。无论如何变化，他始终遵循一条，那就是绝不背离京剧的艺术规律。他的戏较之传统京剧有了很大的变化，但依然是"京剧"。由此可判断，他所说的"形"其实并非仅仅指形式，而是京剧的艺术规律、京剧的特有风格。所谓"不换形"，便是不违背京剧的艺术规律和特有风格。

显然，梅兰芳后来修正的"移步必然换形"肯定不是他的真实意思表示。但是，在当时的情况下，他不这样做，又能怎样？对于人生始终还算平顺的他来说，这次风波着实让他领教了政治的厉害。从此，他重新变得沉默。

在大陆的梅兰芳逐渐走向政治，在香港的孟小冬继续着她无名无分的平淡生活。从她和梅兰芳的关系上看，她是追求名分的。然而，她跟杜月笙多年，似乎早已淡化了名分。在外人看来，她习惯了没有名分的生活，她对生活的淡然、从容似乎让她达到了一种无所需、无所求的境界。其实不尽然，外人哪里知道她内心的真实感受。这种无名无分的生活，并非她愿意的。但是，她心里也很清楚，有些东西，比如名分，不是你想追求就能够追求到的。她之所以从来没有要求杜月笙给她名分，只是在耐心地积累，耐心地等待着时机。

1950 年秋，时机到了！之前，留在大陆的杜月笙的师傅黄金荣受政府委托派人到香港劝说杜月笙返回大陆。与此同时，夏衍、潘汉年、章士钊也到香港面劝他返回大陆。风声传到了台湾。台湾方面本来就对杜月笙始终不肯去台湾心存不满，如今又听说他和大陆方面"眉来眼去"，更加恼火，于是放出风来，警告他小心行事，否则后果会如何如何。

杜月笙当初既不选择留在大陆，也不选择去台湾，实则选择了一个两头不靠、两边观望的中间状态。他以为，香港对他来说，是最安全的避风港。如今，他被双方夹击，他感觉香港也待不下去了。他要重新选择一个安生之地，哪里？法国。于是，他立即召集全家人，说了他的想法。家人自然不敢反对。随即，他让管家万墨林为全家人申请护照。数数人头，一共是 27 人。

就在这时，始终未发一言的孟小冬突然说了一句话。这句话，让杜月笙，让在座的所有人惊骇不已。她说："我跟着去，算使唤丫头呢，还是算女朋友呀？"这简直可以说是一句话唤醒梦中人了。杜月笙也好，姚玉兰也好，其他人也好，都猛然觉醒：对呀，她孟小冬算是杜家的什么人呢？

很多人有疑问，当初孟小冬跟着杜家由上海迁往香港时，为什么没有说"我跟着去，算使唤丫头呢，还是算女朋友呀"这句话。那时，她也既不是使唤丫头，也不是女朋友，还不是无名无分地跟着走了嘛。为什么如今在杜家又要迁居的情况下，突然发此感慨呢？其实，这正是她的聪明之处。

　　所谓今非昔比。那时,她由北平南下上海住进杜公馆不过半年。仅仅这半年,她还不可能牢固她在杜家的地位。何况,她在孤立无援的情况下被姚玉兰盛情相邀,她对姚玉兰充满感激。因此,她有太多的顾忌,不敢因为争名分而得罪姚玉兰,更不想为此使杜家鸡犬不宁,从而使杜月笙对她有所反感。否则,她很有可能又一次失去"亲人",失去"家"。眼下情况不同了,他们在香港一年多了,在这段时间里,她细致照顾杜月笙的病体,喂汤送药、饮食起居,事无巨细。在杜月笙精神好的时候,她还会唱几段,让他过过瘾。可以说,在身体上、在精神上,杜月笙都离不开她了。

　　关于她和姚玉兰的关系,并没有随着共同生活的长久而更加融洽,反而日渐疏离。具体原因,谁也说不清楚,有人说孟小冬孤傲,很难让人接近;有人说她脾气古怪,不易跟人相处;有人说姚玉兰因为杜月笙偏爱孟小冬而对她充满嫉妒。总之,拥有同一个男人的两个女人,根本就不可能和平共处。据说,在香港居住时,杜家各自为政,就连吃饭,也因口味的不同而各吃各的。杜月笙因身体原因,吃烧得很烂的面条;姚玉兰躲在自己的房里吃水饺;孟小冬独自一人啃面包。两人的关系到了这个地步,孟小冬似乎也就无所惧了——不争名分都如此,就算是争名分,她姚玉兰又能怎样?何况,她觉得,这是她应得的,更是杜月笙对她这些日子以来无微不至照顾的补偿。

　　杜月笙很认真地回味了孟小冬所说的那句话,越想越觉得太亏欠她了。他了解她和梅兰芳的那一段情,因此他也知道她对于名分的看重。他突然想到,自己年老体弱,小冬不过才四十出头,万一自己先离世,她该怎么办?这么多年来,她跟着他、陪着他、照顾他,给他安慰,给他精神慰藉,她付出了一切,难道给她一个名分不是理所当然的嘛。于是,他当即决定,将去法国的事儿放一放,先刻不容缓地办一件大事:举办婚礼。

　　不久,在九龙饭店,62岁病入膏肓的杜月笙和42岁风韵犹存的孟小冬举办了一个隆重的婚礼。对此,姚玉兰有些不情不愿,她倒不是反对孟小冬嫁给杜月笙,实际上,孟小冬早就是杜月笙的人了,在外人眼里,他俩早就是夫妻了。因此,举办婚礼,不过就是一个形式而已。她只是觉得,杜月笙那么大年龄了，又病歪歪的还不知能活几天，这样大操大办婚礼，实在有些丢人现眼。反过来说，她对孟小冬长年无名无分地生活在杜家，也总有些心存不安。

婚礼上，杜月笙很认真地让儿子媳妇女儿女婿们给孟小冬磕头，称呼她一声"妈咪"，称呼姚玉兰为"娘娘"。之前，孟小冬是他们的"阿姨""孟阿姨""小冬阿姨""孟小冬阿姨"。一声"妈咪"之后，孟小冬分别给儿子、女婿们每人一套西服衣料，分别给女儿、儿媳们每人一块手表。

这声"妈咪"，也意味着孟小冬从此有了名分。然而，这就是她追求的名分吗？显然不是。如果这是她追求的名分，那么她当初为什么还要离开梅兰芳？难道做杜月笙的第五房姨太太，要好于做梅兰芳的第三个妻子吗？性情刚烈的她，为了摆脱"妾"的命运，毅然离开梅兰芳，却又心甘情愿地做了杜月笙的妾。也许当初她跟梅兰芳，是出于感情，感情至上的时候，她不能容忍妾的身份；后来，她跟杜月笙，更多的可能是出于依靠。既然如此，她也就不计较那么多了。所以，不能说她命该如此，因为这是她自己的选择。

孟小冬和杜月笙在香港举办婚礼的时候，梅兰芳口述的回忆录《梅兰芳的舞台生活》开始在上海的《文汇报》上连载，引起各界的广泛关注。然而，在这部回忆录中，梅兰芳只字未提孟小冬。

随后，梅兰芳携家带口，由上海返回北京。早在1949年7月，梅兰芳赴北平参加"文代会"时，周恩来曾专程看望了他，诚恳地表示希望他到北平工作，并嘱有关方面尽力促成此事。梅兰芳不好拂逆周恩来的一番好意，加之他后来先后出任中国戏曲研究院院长、京剧研究院院长等职，进京自然更利于工作。从此，他在护国寺街定居了下来（这里后来成为梅兰芳纪念馆）。

孟小冬和杜月笙举行婚礼后不到一年，1951年8月16日，杜月笙病逝。弥留前，他将财产做了分配。孟小冬只分到两万美元。据说，她脱口而出："这怎么够？"不够又能怎样。也幸好之前他们举行了婚礼，她是有名分的——五姨太，否则，她连两毛钱恐怕都拿不到。

　　即使两万美元不够，她也不得在办完杜月笙后事后，黯然迁出坚尼地台 18 号杜寓——她难以和姚玉兰同住一个屋檐下——迁居使馆大厦的一套公寓。当年，她和梅兰芳生活了四年，最后以四万块钱了结了一切。从 1937 年算起，她跟了杜月笙长达十多年，最后以两万美元了结了一切。不同的是，前一个男人，走了；后一个男人，死了。

　　此后，孟小冬在香港的生活，又变得单纯起来。她没有家庭，更没有子女；没有人让她牵挂，更没有人需要她伺候。她身边也没有什么朋友。这个时候，马连良、张君秋、杨宝森早已离开香港返回了大陆，艺人们聚在一起办个小型堂会的机会也没有了。她以什么打发时间？抽大烟。唯一的朋友，是琴师王瑞芝。平是，他给票友吊嗓说戏，以此为生。他偶尔会去看看孟小冬，在杜月笙死后，她一个人的时候，他成了她唯一期盼的朋友。

　　有一天，王瑞芝又来看她。闲谈中，他提到有一个唱余派的人想拜她为师，这人叫钱培荣。关于授徒，她似乎非常不热衷。她是不好为人师吗？也许是，但以她自己的话说，是体弱多病，没有精神。其实还有一个很重要的原因，那就是在她内心深处，似乎并不想将自己的艺术传承下去。据说，晚年她定居台北时，来了吊嗓的兴致，居然将窗子关得严严实实，还将窗帘拉上，生怕被别人偷听到。有人认为她相当自私。其实，旧时代的艺人，大多不愿传艺。"艺不传艺"是那个时代的约定俗成，原因是艺人地位低下，生活不易，生怕教会了徒弟，饿死了自己。孟小冬只是遵循了旧俗而已。

　　很多人都想拜孟小冬为师，但也都知道她不收徒。钱培荣之所以大胆提出拜师，是因为在几年前，他作为杜月笙的弟子到杜府吊嗓时发生的一件事。当时，孟小冬听到他唱《武家坡》，就对杜月笙说："这是余派圈内的唱法。"杜月笙说："那你干脆教教他。"孟小冬说："他是你的学生，又不是我的学生。"从她的口气中，钱培荣听出来，如果他是她的学生，那她一定会教他的。这让他看到了拜师的希望，于是先说服王瑞芝，让他做说客。

　　王瑞芝旧事重提，孟小冬也记得当时他和杜月笙的那段对话。看在王瑞芝的面子上，她有些动摇。又想想她如今孤身一人，无所事事，还不如收个徒弟，为他吊吊嗓子说说戏，也好打发无聊的时间。就这样，她点了头。

钱培荣高兴极了。不过，他了解孟小冬的脾气，不敢擅自登门。有王瑞芝做中间人，他似乎还嫌不够，又恳请余叔岩的挚友孙养农代为引荐。当时，孙养农正在编写《谈余叔岩》一书，常常劳烦孟小冬。孟小冬很支持此事，积极配合协助。后来，她还亲笔为该书撰写了题为《仰思先师》的序言。有王瑞芝，又有孙养农，收徒的事，便说定了。不过，孟小冬第一次收徒，不仅收了钱培荣，由钱培荣推荐，她同时还收了曾经跟她合作过的赵培鑫。赵培鑫特地从台湾赶到香港，和钱培荣共同参加拜师礼。

之后，孟小冬又先后收了黄金懋、李嘉有、蔡国蘅、吴中一、严许颂辉、许密甫等为徒。颇有意味的是，她收的徒弟，没有职业演员，都是票友。其中缘由，无人确知。难道是对她失守"不收徒"诺言的一种代偿？

1952年秋，孟小冬参加了一个很重要的私人聚会。聚会的目的是为画家张大千送行。早年，张大千和余叔岩交谊深厚。当时，参加聚会的还有著名小生演员俞振飞、黄曼耘夫妇。酒过三巡，有人提议孟小冬唱一段。她没有推托。令人意外的是，她自说多喝了两杯，有些醉意，因此唱一段《贵妃醉酒》似乎最合适。而且，她让俞振飞夫妇客串高、裴二力士。

三人即兴唱了起来。对于演唱本身，无甚可说，关键是她唱的是《贵妃醉酒》。谁都知道，这出戏是"梅派"名剧，是梅兰芳的拿手戏。俞振飞曾经和梅兰芳合作过这出戏。孟小冬真的是因为有些醉意而想起了《贵妃醉酒》，还是看见了俞振飞而想起了曾经跟他合作过的梅兰芳呢？何况，她唱这出戏，有十足的"梅派"风韵——当年，梅兰芳教过她，可以说，她是梅兰芳最亲密的弟子。人在醉意之下，最能显露内心深处的隐秘。在失去了杜月笙后，她是不是又想起梅兰芳了呢？

张大千的确想起了梅兰芳。他清楚地记得他跟梅兰芳交往的每一个细节。有一次，他到梅家，梅兰芳正在画画。见到大画家，梅兰芳诚恳求教："八爷，您说说画美人的道理。"张大千笑言："你为什么问我如何画美人呢？你自己就是一个美人。"1949年前夕，在上海，梅兰芳为张大千送行。
席间，张大千对梅兰芳说："你是君子，我是小人，我先敬你一杯。"梅兰
芳不解："您怎么自称是小人呢？"张大千笑言："你是君子——动口；我是
小人——动手。"

说到"君子"和"小人"的故事，大家都笑。唯有孟小冬，以醉意掩
藏了自己。谁也不知道，此时，她的内心，是波涛汹涌，还是心如止水？

留在大陆做了政府官员的梅兰芳的生活不可能像孟小冬那样清闲，他
忙碌而充实。自从由沪迁京后，他的社会活动更加频繁：他参加首都各界
庆祝抗日战争胜利六周年大会；他出席全国政协一届三次会议；他与首都
50万群众一起参加了庆祝"五一"节游行活动；他与郭沫若、周扬、丁
玲、冯雪峰、曹禺、赵树理等50余位文艺界代表出席了全国文联为纪念毛
泽东《在延安文艺座谈会上的讲话》发表十周年举行的座谈会；他随以宋
庆龄为团长、郭沫若为副团长的中国代表团赴奥地利首都维也纳，出席世
界人民和平大会；他出席中国人民政治协商会议第一届全国委员会第四次
会议；他参加全国第二届文学艺术界代表大会，并被推选为全国文联副主
席；在全国剧协改组为中国戏剧家协会后，他任副主席。

尽管政治活动、社会活动十分频繁，但梅兰芳内心钟爱的仍然是京剧
表演。即便是政治地位起了翻天覆地的变化，头上的政治光环越来越多，
他依旧难忘他为之奋斗了半生的京剧事业。因而，从1949年初到他去世前
的十来年里，他除了为中央领导演出、庆典演出、赈灾义演外，也从来没
有停止过营业戏的演出。当然，他最多的是上山、下乡、进部队、上前线
四处慰问演出。他自己曾作过比较，共和国成立前他只到过几个大城市演
出，共和国成立后他到过的城市达17个省。在所有的演出活动中，梅兰芳
自说"工农兵观众占了最大的比重"，而最让他难忘的、意义也最重大的莫
过于随朝鲜慰问团赴朝演出了。

不知道孟小冬对梅兰芳的这些活动究竟了解多少，但是，从旧时代走
进新时代的艺人们的社会地位有了不同程度的提高，她应该有所耳闻。然
而，她似乎没有返回大陆的想法。马连良、张君秋他们回去了，她不为所

动。后来，俞振飞也回了大陆，她仍然无动于衷。就连她的琴师王瑞芝也于 1955 年返回上海，加入上海新民京剧团。对此，她还是没有动心。

一直以来，有这样的传说，梅兰芳曾于 20 世纪 50 年代到过香港，和孟小冬秘密相见，目的就是为了劝她回去。此说令人怀疑。有人自大陆到香港，面见孟小冬。闲聊中，孟小冬很随意地问起留在京、沪的京剧艺人，却单单不问梅兰芳。此人也不避讳，主动提起梅兰芳。她没有拒绝倾听，但她什么话也没说。即便此说是事实，结果也很明显：她仍然滞留在香港。也许正因为连梅兰芳都不能说服她，之后，章士钊也好，奉周恩来之命的马连良也好，就更不可能让她改变心意了。对于她坚持不回大陆，有人猜测，原因很简单，一是因为梅兰芳，一是因为杜月笙。她知道梅兰芳当时的政治地位，他已经是政府的人了，而杜月笙早年曾经参与过屠杀共产党。她跟梅兰芳有过一段情，她又是杜月笙的妾，回去后的命运会如何？她难以想象。

转眼到了 1959 年。这年是中华人民共和国成立十周年。在这一年里，梅兰芳完成了两件大事，一是加入了中国共产党；二是公演了他中华人民共和国成立后的首部大戏《穆桂英挂帅》。自抗战初期梅兰芳编排了《抗金兵》和《生死恨》之后，二十多年来，他再也没有一部新戏问世。除了抗战八年暂别舞台和共和国成立前三年政局混乱外，中华人民共和国成立后的十年间，他也未能拿出新戏，这不能不令人遗憾。要论原因，不是他不想，而是实属无奈。这是时代所致，梅兰芳迫不得已。

当共和国迎来十周岁生日时，戏曲界凭借得天独厚的优势竞排新戏作为献礼，有历史戏也有现代剧，一派百花齐放、欣欣向荣的灿烂景象。梅兰芳也顺理成章地有了创排新戏的理由。然而，经过近十年的政治磨砺，他已不再对政治完全茫然无知，他很清醒地认识到，此次创排新戏与从前是不同的。作为献给祖国的寿礼，也作为庆贺他入党，这部新戏要反映出他对共和国对共产党由衷热爱的心声。因此，早已摆在他案头的《龙女牧羊》，就不是最合适的了。在颇费了一番踌躇后，他选中了《穆桂英挂帅》。"穆桂英"这个角色及其"我不挂帅谁挂帅，我不领兵谁领兵"的豪气正能体现梅兰芳老当益壮、老骥伏枥的奋斗精神。

当然，抛开政治性不谈，在艺术上，《穆桂英挂帅》这出戏不仅称得上是梅兰芳老年的代表作，更是他的经典之作。也许是他对祖国对人民发自肺腑的热爱，也许是他穷尽毕生对艺术的感悟和体验，也许是积聚在心中的能量的总爆发。总之，这出戏展示了他的全部艺术才华，也是他舞台生活 50 年的集中体现。

然而，仅仅过了两年，1961 年 8 月 8 日凌晨 4 点 45 分，梅兰芳因急性冠状动脉梗塞并发急性左心衰竭，遽然而逝。仅仅在前一天的晚上，他的精神状况似乎不错，还笑着安慰夫人福芝芳："这几天我已好多了，你也不要太操心了，你有高血压病，不要来得太早，要在家多休息，要多保重身体。"然后，他让长子葆琛送母亲到病房对面的休息室去休息。这是他留给家人的最后一句话，随后他便沉沉睡去，再也没有醒来，享年 67 岁。

《人民日报》等多家报纸均在头版发表了大幅讣告，并刊登了由周恩来等 60 多人组成的由陈毅担任主任委员的治丧委员会名单。与此同时，世界许多国家的报纸也报道了这一噩耗。国内外的唁电多达近 300 封，除了国内的，还有来自苏联、越南、德国等数十个国家。郭沫若、田汉、萧三、邓拓、陈叔通、叶恭绰、王昆仑等更赋诗作词，痛悼一代艺术大师。

8 月 10 日上午，北京各界两千余人在首都剧场举行了隆重的梅兰芳追悼大会，由陈毅副总理主持，他代表中共中央和国务院向梅兰芳的亲属表示慰问。文化部副部长齐燕铭致悼词，高度称颂梅兰芳光辉的一生。参加追悼会的除了中央和北京有关部门的负责人，包括周扬、夏衍、林默涵等外，还有苏联等各国驻华使节和外交官员以及正在北京访问的一些国际友人。

据《胡适日记》记载，台湾的报纸转发了日本电讯，他由此得知梅兰芳去世。就连台湾都刊发了消息，可以想见，在香港的孟小冬也一定获悉了实情。不知她当时的真实心理。也许，她会默默地感叹一句："只是一切都过去了。"

六年后，即 1967 年，一个意外，孟小冬和早就迁居台湾的姚玉兰取得了联系。当时，有个人劝孟小冬投资做点小生意，孟小冬拒绝了。后来，她听说此人即将赴台湾，准备找姚玉兰投资。她赶紧给姚玉兰打了电话，让她提高警惕以免上当受骗。就这样，这对因为共同拥有一个男人而断交数载的结拜姐妹重修旧好。在姚玉兰的多次劝说下，孟小冬于这年的 9 月 11 日登上太古公司的"四川"号轮船离开生活了 18 年的香港，奔赴台湾。

在台湾台北，孟小冬生活了十年。在这十年里，她的生活主要由姚玉兰、杜美霞母女照顾。一切都过去了，姚玉兰对孟小冬早就无所怨恨。两人都步入老年，有了相依相靠的归宿感。虽然孟小冬独居信义路上的一个公寓，但几乎天天和姚、杜见面。姚、杜也几乎天天到孟寓，杜美霞照顾她的饮食起居，姚玉兰陪她聊天。后来，孟小冬由衷地对人说："真奇怪，她来这儿一坐，我就觉得很定心，她要是有一天不来，我就不知道这日子怎么过了。"

除了和姚玉兰聊天，孟小冬的日常生活主要是授徒、打麻将。一个人的时候，她临写"孟法师碑"、刻图章、打太极拳、捻佛珠、诵经文、养狗、看电视。每年，她都要到法华寺执香拜佛。其实，她更多的时候是被病魔折磨。她有胃病，有哮喘，年事愈高，身体愈差。她的弟子李嘉有说过一句话，很能概括她最后十年的台北生活："十年台北，多半病中。"

1976 年农历十一月十六日，是孟小冬虚龄七十。她的友人和弟子们为她做了寿，活动持续了两天。前一天，在她的家里，摆了两桌酒席。然后，在杜美霞的陪伴下，她又去法华寺诵经。这是她每年生日那天必做的"功课"。第二天，在金山街金山航业公司招待所举办了正式的寿礼。其间，孟小冬和弟子钱培荣合作了一段《定军山》，和曲艺演员朱培声和张宜宜合作了一段上海滑稽戏。看的出来，她非常兴奋。

也正是因为又劳累，又兴奋，寿礼过后，她患了感冒，加剧了哮喘病。她一向不愿意进医院。于是，医生被请到了家里，建议她尽快住院。她没有答应，只说了一句："你们等我决定，听我的信儿。"姚玉兰、杜美霞也都劝她。她烦了，说："你们谈点别的好不好？不如看电视吧。"见此，大家也就不好说什么了。

5月，她的肺部有了积水现象。她还是不听劝，坚持不住院。25日，她哮喘大发作，竟致昏迷。就这样，她被强行送进了医院。虽经全力抢救，她仍昏迷不醒。第二天晚上，她以肺气肿、心脏病并发症，在台北忠孝东路中心诊所去世。

在病发前，她或许已经有了预感，嘱咐友人将她生前所录唱片和音带全部烧毁。这可以理解为她一贯的行事作风——无意让后人将自己的艺术传承下去，也可以理解为她不想让自己的声音留在人间——她厌恶这个世界。

两个星期后，在台北的市立殡仪馆，杜府为孟小冬举办了丧礼。众多社会名流，如严家淦、张岳军、陈立夫、黄少谷、张大千等赠送了挽联，给予"艺苑扬芬""绝艺贞忧""菊坛遗爱"等评价。

梅兰芳去世后，夫人福芝芳唯一的要求就是"不能火化只能土葬"。为此，周恩来建议将存放在故宫博物院的一口楠木棺材作价4千元卖给福芝芳。这口棺材原本是给孙中山预备的，因为孙中山去世后用的是苏联送来的一口水晶棺材，所以它就一直闲置着。于是有人说："梅先生在世时当领袖（他有'伶界大王'之称），去世后睡的是皇帝的棺木（孙中山曾位居大总统）。"

在他去世前几年，梅兰芳就和夫人福芝芳商量好百年后要葬在香山碧云寺的万花山，那儿已经长眠着他的前夫人王明华。如今，他去了。福芝芳按照他生前遗愿，嘱咐孩子们将他安葬在万花山。王明华的棺木在他墓穴的右侧，左侧是福芝芳的寿穴。

按照周恩来的指示，有关部门准备为梅兰芳修建墓地，梅兰芳的长子梅葆琛参加设计制图。然而，未及正式施工，"文革"开始了，修墓一事暂时搁浅。"文革"期间，当造反派、红卫兵扛着工具冲向万花山试图挖掘梅兰芳的坟时，却因为墓前尚未立碑始终找不到坟的准确位置而无奈作罢。直到1983年，梅葆琛关于修缮梅兰芳墓的报告得以批准。墓地最终采用的是梅葆琛的设计："汉白玉墓碑高2.5米，宽1米，被镶嵌在墓后的虎皮石弓形围墙的中间，在墓碑前正中间安置长方形花岗石墓头，四周是一朵四

瓣花形的梅花"。这朵四瓣花形的梅花极具象征意义，象征着"梅氏兄妹四人，一人一边陪伴在父亲的身后"。（梅葆琛语）

孟小冬一生信佛。尽管她很迷信，忌讳说"死"，但她早就安排了自己的最终属地——佛教公墓。她曾悄悄地托友人陆京士代为物色墓地。陆京士找来找去，找到台北县树林镇山佳佛教公墓。这块墓地的原主人因为移民美国而急于转手。陆京士获悉后，赶紧告诉孟小冬。孟小冬随即将墓地买了下来，然后请人设计墓园。设计图画了两稿，她一直不满意。5月24日，也就是她发病前一天、她去世前两天，她才终于认可了设计图。公祭过后，孟小冬的灵柩被送往墓地。墓碑上的"杜母孟太夫人墓"由张大千题写。

从此，梅兰芳和孟小冬，一个长眠于大陆，一个沉睡于台湾。生前，他俩始终回避着对方；死后，一道海峡将他俩永远隔开。也许，这符合他俩的心愿。恩已断义已绝，那情，也早已消失。

真的一切都过去了。